記号一覧表

記　号	意　味	
C	消費	Consumption
C_0	基礎消費	autonomous spending
C_1	限界消費性向	propensity to consume
D	預金	Deposits
E	均衡点	Equilibrium point
e	名目為替レート	exchange rate
EX	輸出	Export
EX^A	アメリカの輸出	Exports in America
EX^J	日本の輸出	Exports in Japan
f	関数	function
G	政府支出	Government purchases
g	国民所得の成長率	growth rate of GNI
H	ハイパワード・マネー	High-powered money
I	投資	Investment
IM	輸入	Import
L^D	労働需要	Labor Demand
L^S	労働供給	Labor Supply
M^D	貨幣需要	Money Demand
M^S	貨幣供給	Money Supply
M_1	貨幣の取引需要（動機）	Money for transaction motives
M_2	貨幣の資産需要（動機）	Money for speculative motives
m	現金	Cash currency
NX	貿易収支（純輸出）	Net export
p	価格	price
Q	取引量	Quantity of transaction
R	日銀当座預金	Reserves
r	利子率（名目金利），資本収益率	Interest rate, Capital rate of return
S	貯蓄	Saving
T	租税（税金）	Tax
Y	国内総生産（GDP）	Yield
Y^D	総需要	Aggregate Demand
Y^{DA}	アメリカの総需要	Aggregate Demand in America
Y^{DJ}	日本の総需要	Aggregate Demand in Japan
Y^S	総供給	Aggregate Supply
Y^F	完全雇用 GDP	Full employment GDP
Y_d	可処分所得	disposable income
α	現金・預金比率	m/D
β	法定準備率	R/D
ε	実質為替レート	Real exchange rate
π	利潤（利益）	Profit

韓 福相
Han Bocksang

マクロ経済学入門

Introduction to Macroeconomics

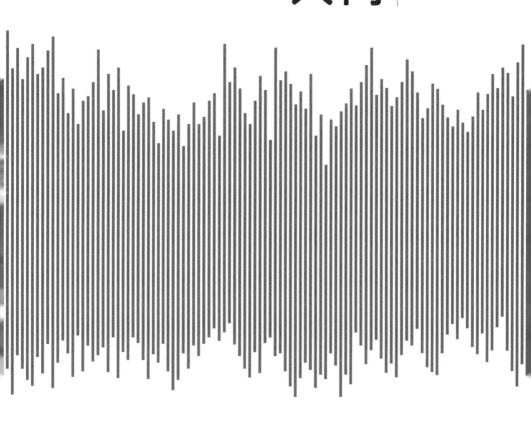

ナカニシヤ出版

まえがき

　本書は，いままで一度もマクロ経済学を学んだことのない人，これからマクロ経済学を学ぼうとする人，そして，すでにマクロ経済学に挑戦したことのあるものの，いまだによく理解できずにいる人を対象としています。したがって，本書は，マクロ経済学の基礎理論とその理論をベースにした政策手段が，実際にどのように機能しているかについて，わかりやすく解説したマクロ経済学の入門書です。

　まず，本書の特徴を紹介するために，マクロ経済学（macroeconomics）の簡単な説明からスタートしましょう。マクロ経済学の「マクロ経済（macro economy）」とは，「1国経済」を意味します。したがって，日本人にとってマクロ経済とは，「日本経済」にほかなりません。もちろん，日本経済だとしても日本の国内経済だけではなく，外国との経済活動やその成果も含まれます。したがって，通常マクロ経済学とは，1国のすべての経済主体（家計や企業や政府）による経済活動はもちろんのこと，外国との経済活動から派生するさまざまな経済現象や経済問題を研究する学問です。

　ところで，マクロ経済学が研究対象とする1国経済の経済現象や経済問題とは，いったいどのようなものでしょうか。それは，私たちがふだんマスコミを通じて見聞する経済ニュースであると考えても的外れではありません。たとえば，「日本はなぜ経済成長の勢いを取り戻せないのか」，「なぜ日銀はマイナス金利政策を採用したのか」，「消費税の増税は必要なのか」，「外国人労働者の受け入れは妥当なのか」，「日本の所得格差は拡大しつつある」などのニュースは紛れもない日本の経済現象であり，また日本の経済問題でもあります。

　上に取り上げた例は，日本経済が抱えている経済現象や経済問題の一部にすぎませんが，それぞれの背景にはマクロ経済の不安定や低成長の問題が横たわっています。さらに，近年ますます深刻化している所得分配の不平等化

（所得格差）によって，市民社会が一握りの高所得者と大多数の低所得者に2分されていることも看過できない問題といえます。

　マクロ経済学は，以上のような課題を解決するのに不可欠な学問ですが，本書ではマクロ経済学の主な役割（以下，「マクロ経済学の三大役割」と呼びます）を以下のように定義します。すなわち，それは，①**マクロ経済の安定化**，②**マクロ経済の成長化**，③**所得分配の平等化**です。

　これらのマクロ経済学の三大役割をわかりやすく説明するために，本書では以下のように工夫しています。①本書はマクロ経済学の入門書として，マクロ経済学の理解に必要な最小限の理論をはじめ，専門用語をわかりやすく説明することに努めています。②本書では，マクロ経済の全体像を総需要と総供給の両面から捉え，**総需要＝総供給**という一つの均衡式に依拠して，マクロ経済学理論やマクロ経済政策が体系的に展開されています。

　このような工夫は他の教科書では見られない初めての試みなので，もう少しかいつまんで説明しましょう。まず，マクロ経済学の最初の役割であるマクロ経済の安定化について考えてみましょう。マクロ経済は常に不安定な状態であると考えたほうが現実的ですが，その時，まず不安定要因を明確に把握する必要があります。結論を先にいえば，その不安定要因は，上に取り上げた総需要と総供給の不均衡（「総需要＞総供給」か「総需要＜総供給」）によるものです。したがって，安定化のためには，総需要か総供給の増減が必要であることが簡単にわかります。

　2番目の経済成長化はどうでしょうか。現実の経済が低成長を続けているとすれば，それを是正することはごく自然なことです。マクロ経済学理論では総需要の増加が経済成長を可能にすると教えています。すなわち，総需要の増加⇒総供給の増加となって，経済成長は可能となります。

　3番目の所得分配の平等化ですが，平等化以前に最も重要なのは経済成長といえます。なぜなら，経済成長を実現することによって分配の対象となる所得が増大するからです。しかし，近年日本をはじめ，ほとんどの地域や国で，経済成長が実現されたのに，所得分配の平等化は実現されずにいるケースが多く見られます。その主たる原因は，市場機能の限界にあると考えられますが，所得分配の不平等化を解決するためには，政府による公的サービス

の提供や福祉制度の強力な制度設計が不可欠です。

　以上のことを踏まえて，本書の構成について簡単に紹介しましょう。本書は 11 章立てになっています。まず第 1 章では，マクロ経済学とはどのような学問であり，その役割は何かについて説明します。そして，第 2 章と第 3 章は，第 4 章以降の内容を理解するのに必要な経済学の基礎理論を紹介したものです。とりわけ，総需要と総供給の均衡がマクロ経済の安定条件になる理由について具体的に説明します。つぎに，第 4 章では上記の均衡式の右辺（総供給）の構成項目を，第 5 章と第 6 章では上記の均衡式の左辺（総需要）の構成項目を取り上げ，それぞれの構成項目がどのような要因によって決定されるかについて学びます。つぎの第 7 章では，国内経済（閉鎖経済）の理想的な安定条件を示すとともに，さまざまな不安定のケースとその原因を取り上げます。さらに，第 8 章では，国内の財市場，貨幣市場，労働市場において総需要と総供給が一致しない不安定な状態のとき，どのようなマクロ経済政策が有効であるかについて検討します。引き続き第 9 章では，国際経済（開放経済）における GDP の決定や経済成長，そしてマクロ経済政策の効果について解説します。第 10 章では，マクロ経済学が生まれる以前からあった新古典派（ミクロ経済学）の経済成長理論を取り上げ，その理論の特徴や限界について学びます。そして，最後の第 11 章では，所得分配の不平等の実態とその対策について説明します。

　その他にも，本書は以下のような特徴があるので，学習要領としてご参考にしてもらえればと思います。

• 本書は，マクロ経済学にまったく基礎知識のない一般人や，大学 1・2 年生をはじめ，大学受験を控えている高校生も対象としています。
• 初めて接することの多い「専門用語」は，なるべく「日常用語」に置き換えて説明することに努めました。さらに，巻末には「基本用語解説」のページを用意し，マクロ経済学の理解がいっそう深まるように工夫しています。
• やむをえず，数学は 2～3 か所で使われていますが，それは基本的に割り算や掛け算で十分理解できるレベルのものです。

まえがき　　*iii*

• 途中で内容がわからなくなった場合，必ず前に戻って読み直すことをお勧めします。

　最後に，本書の出版に当たっては，ナカニシヤ出版の石崎雄高氏に大変お世話になりました。石崎氏は本書の内容だけではなく，ネイティブではない私の文章を辛抱強く丁寧にチェックしてくださいました。もちろん，本書に残存するであろう誤りや不備などは，ひとえに私の責任であることは言うまでもありませんが，この場を借りて，石崎氏に心よりお礼を申し上げます。

　　令和元年 7 月 20 日　生駒山麓にて

韓　　福　相

目　　次

まえがき　*i*

第1章　マクロ経済学とは何か ……………………3

1.1　経済と経済学 ………………………………… 3

1.2　マクロ経済学 ……………………………… 10

1.3　マクロ経済の循環 ………………………… 14

練習問題　22

第2章　経済学の基礎：需要と供給 ……………24

2.1　需要と供給の分析 ………………………… 24

2.2　総余剰 ……………………………………… 34

2.3　余剰分析の応用例 ………………………… 40

練習問題　43

第3章　マクロ経済の安定化 ……………………45

3.1　総供給と総需要 …………………………… 45

3.2　マクロ経済の安定 ………………………… 47

3.3　不均衡の調整理論 ………………………… 55

練習問題　63

v

第 4 章　GDP と輸入 ･･････････････････････････････ 65

4.1　国内総生産（GDP）･･････････････････････････ 65

4.2　輸入の決定 ･･･････････････････････････････････ 77

練習問題　82

第 5 章　消費と投資 ･･････････････････････････････ 85

5.1　消費の決定 ･･･････････････････････････････････ 85

5.2　投資の決定 ･･･････････････････････････････････ 90

5.3　投資と利子率 ･･････････････････････････････････ 95

5.4　貨幣供給量の調整方法 ･･･････････････････････ 98

練習問題　103

第 6 章　政府支出と輸出 ････････････････････････ 105

6.1　政府支出の決定 ･･･････････････････････････････ 105

6.2　輸出の決定 ･･･････････････････････････････････ 112

6.3　均衡 GDP の決定 ･････････････････････････････ 113

6.4　乗数効果 ･･･････････････････････････････････････ 118

練習問題　124

第 7 章　国内市場の安定化 ･････････････････････ 126

7.1　財市場の均衡 ･････････････････････････････････ 126

7.2　貨幣市場の均衡 ･･･････････････････････････････ 133

7.3　財市場と貨幣市場の同時均衡 ･･･････････････ 140

7.4　労働市場の均衡 ································ 143

　　練習問題　145

第8章　国内経済とマクロ経済政策 ··········· 147

8.1　財政政策 ································· 147

8.2　金融政策 ································· 155

8.3　労働市場の不均衡調整 ···················· 161

　　練習問題　166

第9章　国際経済とマクロ経済政策 ··········· 168

9.1　為替レートの決定要因 ···················· 168

9.2　開放経済と GDP の決定 ·················· 176

9.3　変動為替相場制のもとでの政策効果 ········· 184

　　練習問題　187

第10章　経済成長 ····························· 189

10.1　経済成長の必要性 ······················· 189

10.2　経済成長理論 ·························· 192

10.3　技術進歩と経済成長 ···················· 199

　　練習問題　208

第11章　所得分配の平等化 ····················· 209

11.1　所得分配 ····························· 209

11.2　所得不平等の計測方法 ···················· 212

11.3 所得不平等の実態 ……………………………………………… 219

11.4 所得の再分配政策 ……………………………………………… 224

練習問題 227

*

基本用語解説 229

索 引 239

マクロ経済学入門

第1章

マクロ経済学とは何か

本章の目的：
- 本章では，マクロ経済学を本格的に取り上げる前に，「経済」と「経済学」とは何かについて簡単に説明します。
- マクロ経済を担っている経済主体の経済活動（消費活動や生産活動）について具体的に取り上げます。
- マクロ経済の仕組や循環をはじめ，マクロ経済学の役割について学びます。

キーワード：
▶経済　▶経済学　▶マクロ経済学　▶経済主体　▶経済活動　▶経済学の分類
▶マクロ経済の循環　▶三面等価の原則　▶マクロ経済学の役割

1.1　経済と経済学

　マクロ経済学について本格的に取り上げる前に，まず，**経済**（economy）とは何か，その意味（定義）から説明しましょう。私たちの日常生活を振り返ってみると，日頃さまざまなモノ[1]が必要であることに気付きます。たとえば，生命を維持するために必要な食べ物をはじめ，衣服や住宅はもちろん，音楽や映画なども日常生活に欠かせない貴重なモノです。

　一般に，私たちの日常生活とは，生活に必要なモノを手に入れるために働

---

[1]　モノには形のあるものと形のないものがあり，経済学では飲食品，衣服，住宅などのように形のあるものを「財」，音楽，教育，医療などのように形のないものを「サービス」と呼びます。本書で使う「モノ」とは，「財＋サービス」の意味です。

き，働いた結果によって得られた収入で生活に必要な**財・サービス**（goods and services）を購入して消費することです。いわば，働くという**生産活動**（production activity）と生活に必要なモノを購入して使うという**消費活動**（consumption activity）によって私たちの日常生活は成り立っています。さらに，私たちの日常生活を注意深く観察してみれば，それぞれ生産活動と消費活動を同時に行う者がほとんどであることもわかります。

　たとえば，私（大学1年生）の家族が，祖父母と両親をはじめ，既婚の兄と未婚の姉，最近生まれた1人の姪で構成されているとしましょう。今の時代には珍しい4世帯の大家族ですが，祖父と祖母はすでに定年退職して，現在，年金で生活しています。父と母は現役で，父は中小企業を経営しており，母は自宅の近所にあるコンビニでバイトをしています。そして，兄はIT企業で，姉は市役所で働いていますが，兄嫁は育児と家事に専念している専業主婦です。以上のような私の家族の場合，各自の日常生活を生産活動と消費活動の観点から単純に整理すると，つぎのようになります。

　　・生産活動＋消費活動：父，母，兄，姉
　　・消費活動：祖父母，兄嫁，私，姪

　つまり，父（社長）をはじめ，母（バイト），兄（会社員），姉（公務員）は生産活動や消費活動を同時に行っていますが，祖父母をはじめ，兄嫁，私，姪は消費活動しかしていないことがわかります。ここで私の場合，大学生として学業に専念し，バイトをしないことを前提にしていることに注意しましょう。そうではなく，もし放課後にバイトをするのであれば，私も生産活動と消費活動を同時に行うことになります。

　結論として，経済とは私たちの日常生活そのものであり，さらに具体的にいえば，日常生活とは生産活動と消費活動にほかなりません[2]。

> **経済＝日常生活＝生産活動＋消費活動**

　赤ちゃんや学生，定年退職した年寄り以外のほとんどの人々は，ほぼ毎日

のように各自の職場で働いています。繰り返しになりますが，その目的は生活に必要な財・サービスを手に入れるのに必要な収入（所得）を得るためです。つまり，私たちの日常生活とは，職場に行って生産活動に参加し，その見返りとして給与をもらって，それを生活に必要な財・サービスの購入に使うことです。もちろん，休日の旅行や登山などの余暇活動（遊び）も重要な生活の一部分ですが，その余暇活動にもさまざまな財・サービスの消費が必要であり，当然ながら，余暇活動も経済活動の一環であるといえます。

　以上の説明から，私たちの日常生活は，生産活動と消費活動で成り立っていることがわかります。特に，私たちの日常生活を円滑に営むためには，衣・食・住に関わる商品をはじめ，さまざまな財・サービスが必要です。そういった，私たちが必要とする財・サービスは，必ず誰かが生産しなければなりません。また，生産されたものが，私たち消費者をはじめ，それを必要とする全ての**経済主体**（economic unit）にスムースに行き渡るようにすることも大切です。経済主体とは，生産活動と消費活動を担う主役のことで，経済学では家計（消費者），企業（会社），政府，外国（海外）を経済主体として見なしています。

　以上に述べた，経済主体による財・サービスの供給（生産）から需要（消費）に至るまでの一連のプロセスを**経済活動**（economic behavior）といいます。さらに，**経済学**（economics）とは，経済活動（生産活動＋消費活動）に伴って現れる経済現象や経済問題を研究する学問です。

経済学＝経済活動に伴って現れる経済現象や経済問題を研究する学問

2）　「経済」由来は，中国東晋の葛洪が著した『抱朴子（内篇）』の「経世済民」から取った略語で，「世上を治め，民を（貧困から）救済する」という意味だそうです。また，英語の "economy（経済）" の語源はギリシャ語の "oikonomia" であり，それは「繁盛する家庭の管理人（oikonomos）の仕事＝勤倹節約」を表します。英語の「節約」の形容詞や動詞がそれぞれ "economical"，"economize" であることを想起すれば，経済とは「経世済民」と「勤倹節約」であり，古典的にはそれらを研究する学問が経済学といえます。

◆経済学の分類

　経済学が社会科学の一分野として体系的に登場したのは，スミス（A. Smith, 1723-90）の『国富論』（*An Inquiry into the Nature and Cause of the Wealth of Nations*, 1776）が嚆矢であるといわれています。その後，経済学は多様な形で細分化して現在に至っていますが，通常，経済学は三つの大枠で分類することが可能です。つまり，理論経済学，経済史，経済政策論がそれに該当しますが，以下ではそれぞれの分野について，ごく簡単に紹介することにしましょう。

　①理論経済学

　理論経済学とは，経済活動のなかで現れるさまざまな経済現象を分析し，そこに内在する法則性や規則性を究明する学問です。理論経済学を支えているのは，いわゆる**マクロ経済学**（macroeconomics）と**ミクロ経済学**（microeconomics）[3]です。とりわけ，この分野で用いられる分析ツールを理論モデルといいますが，それを用いて現実の経済現象や経済問題を検討するとともに，未来の経済に対する予測も行います。

　理論経済学の2本柱であるマクロ経済学とミクロ経済学は，森と木の関係と同様であると考えた方がわかりやすいかもしれません。すなわち，森は1本1本の木によって構成されていることから，森（マクロ経済学）と木（ミクロ経済学）は互いに切り離すことのできない存在です。いわば，ミクロ経済学とマクロ経済学は車の前輪と後輪のような関係を保っているといえるでしょう。そのような観点から，マクロ経済学を勉強するためにはミクロ経済学の理解が必要となりますが，本書はマクロ経済学の入門書ですので，もっぱらマクロ経済学に焦点を当ててそのゴールを目指します。

　ちなみに，大学院の授業ではマクロ経済学とミクロの経済学の明確な区別はありませんが，あるとしても，マクロ経済学ではミクロ経済学の基礎がよく使われています。その理由は，森の研究が最終目的だとしても，森は1本1本の木によって構成されていますので，木の研究も森の研究に不可欠だか

　3）　ミクロ経済学の「ミクロ（micro）」とは，「小さい」，「微視的」の意味ですが，マクロ経済学の「マクロ（macro）」とは「大きい」，「巨視的」という意味です。

らです。

②経済史

経済史は，過去の経済活動をはじめ，過去の経済現象や経済問題を研究する分野です。理論経済学が研究する経済の法則性や規則性は，経済史と深く関わっています。したがって，経済史は理論経済学の理論モデルの構築とその有効性を検証するのに不可欠な分野であるといえます。

③経済政策論

経済学は，現実の経済問題はもちろんのこと，未来に起こり得る経済問題も予測しながら，さまざまな問題に対応する必要があります。その対応を担う分野が経済政策論です。経済政策論は時代の変化とともに，常に望ましい経済状態を維持するのに必要な政策は何かを考えなければなりません。そのとき，経済の安定と成長の調和が最も重要な課題になりますが，それを実現するための政策手段が理論経済学や経済史によって検証された理論モデルです。その理論モデルを政策手段として用いながら，さまざまな経済問題の改善を図る分野が経済政策論です。

以上の説明から，理論経済学，経済史，経済政策論は相互に有機的な関係をもっていることがわかります。

◆ミクロ経済学

これから，経済学理論の2本柱の片方であるミクロ経済学を紹介します。ミクロ経済学は，主に消費者（家計）や生産者（企業）の経済活動を分析の対象としています。消費者は，限られた予算と時間を用いて，**効用最大化**（utility maximization）を実現するために努力します。つまり，何をどれだけ消費して，将来のためにいくら貯蓄するのか，また何時間働いて，何時間余暇をとればいいのかを決定します。ここで効用最大化の「効用」とは，いわば消費者が消費（買物）によって得られる「喜び」や「満足度」のことです。

一方，生産者は，**利潤最大化**（profit maximization）を図るために，いつ，何を，どれだけ，生産すればいいのか，また，設備投資と雇用はどのくらい

第1章　マクロ経済学とは何か　　7

必要なのかを常に考えなければなりません。

このように，消費者の効用最大化や生産者の利潤最大化のために行う経済行為を**最適化行動**（optimal behavior）といいますが，ミクロ経済学は，個別の経済主体（消費者と生産者）の最適化行動や**価格メカニズム**（price mechanism）のもつ効率性を研究する学問です（「価格メカニズム」については，第2章で具体的に解説します）。

もう少しミクロ経済学の理解を深めるために，ミクロ経済学を**古典派経済学**（classical economics）と**新古典派経済学**（neo-classical economics）に分けて取り上げましょう。まず，古典派経済学についてですが，古典派経済学とは，スミス以後，1870年代に**限界革命**（marginal revolution）を起こした限界学派が現れるまでの経済学をいいます。スミスは，経済学を学問の体系として確立した最初の経済学者であり，古典派経済学の創始者ともいわれています。彼の代表作である『国富論』では，分業が生産力の増加をもたらし，それによって経済は成長すると主張しました。また，取引の必要性によって市場が発展することや自由競争によって最適な資源配分が行われることなど，彼の研究業績は枚挙にいとまがありません。

スミスは，個々人の私的利益の追求が社会全体の繁栄につながる考え，それを**神の見えざる手**（invisible hand of God）と呼びました。その考え方の背景には，市場原理（市場メカニズム）が機能することによって，需要と供給の不均衡が調整され，常に最適な資源配分が行われることが想定されています。

スミスとほぼ同時代のフランスの経済学者セー（Jean Baptiste Say, 1767-1832）は，ミクロ経済学の根幹ともいうべき**セーの法則**（Say's law）を発表しました。セーの法則とは，経済活動の水準を決定するのは供給であり，**「供給はそれ自身に等しい需要を創り出す**（Supply creates its own demand）」というものです。このような考え方は，古典派経済学を象徴するものであり，新古典派経済学に大きな影響を与え，現在でも大いに活躍しています[4]。

また，自由貿易は貿易に参加するすべての国に利益を与えるとし，**比較生**

---

4) 具体的な内容については，第3章をご参照ください。

産費説（theory of comparative costs）を主張したリカード（David Ricardo, 1772-1823）や『資本論』で有名なマルクス（Karl Marx, 1818-83）も古典派経済学を代表する経済学者です。

つぎに，新古典派経済学におけるミクロ経済学理論について解説します。1870 年頃から，物理学や数学で使われていた分析手法を経済学でも積極的に導入するようになりました。特に，ワルラス（Leon Warlas, 1834-1910），メンガー（Carl Menger, 1840-1921），ジェヴォンズ（Stanley Jevons, 1835-82）の 3 人は，数学のある分析手法を用いて**限界革命**（marginal revolution）と呼ばれる経済学の新しい流れを作り上げたのです。彼らの主な研究は，限界概念を中心に，経済主体（消費者や生産者）の合理的な行動や市場メカニズム，自由競争による効率的な資源配分に関するものです。

とりわけ，ワルラスは個々の市場で需要と供給が等しくなるような均衡価格が存在するかどうかを，連立方程式を用いて記述する**一般均衡理論**（general equilibrium theory）を確立しました。また，メンガーやジェヴォンズは，限界効用理論と限界費用理論に基づく消費者と企業の最適行動を分析しました。ミクロ経済学で学ぶ家計の「効用最大化」や企業の「利潤最大化」の分析は，彼らの研究成果によるものです。

また，マーシャル（Alfred Marshall, 1842-1924）は限界概念を用いて，限界費用曲線，需要の価格弾力性など，現在でもミクロ経済学の教科書でよく取り上げられている多くの研究業績を残しました。彼の研究成果は，現代のミクロ経済学に大きな影響を与えています。

しかし，新古典派の立派な研究成果にもかかわらず，不況のとき，どのような経済政策をとるべきかについての言及はほとんどありませんでした。つまり，新古典派経済学者は，不況であっても基本的にミクロ経済学理論を踏襲するだけでよいと考えていたのです。彼らは依然として「セーの法則」が成り立つ経済社会を前提としており，そういう意味で 1870 年代から現在に至るまでの経済学を新古典派経済学と呼んでいます。

第 1 章　マクロ経済学とは何か　　9

1.2 マクロ経済学

　マクロ経済学（macroeconomics）とは，私たちの経済活動によって現れる1国の経済現象や経済問題を研究する学問です。これから，1国の経済現象と経済問題とは何かについて具体的に説明しましょう。

　私たちは，ほとんど毎日のように，新聞やテレビなどのマスコミを通じて，景気動向をはじめ，国内総生産，物価水準，失業率，利子率，為替レート，貿易収支（これらを**マクロ経済変数**（macroeconomic variables）といいます）などについて見聞しています。それぞれのマクロ経済変数はマクロ経済学の三つの役割（19-22ページ）とも深く関わっています。たとえば，マクロ経済変数の実態や動向から，現在直面している課題の本質を理解することが可能です。また，現在のマクロ経済変数を意図的に調整することによってマクロ経済の安定や成長，そして所得分配の平等化を図ることも可能です。

　マクロ経済変数は1国経済の経済活動を集約して表すものですが，それぞれの経済変数はどのような要因によって決定されるのか，また，現在直面している経済問題（たとえば，景気沈滞，景気過熱など）を改善するにはどのような経済政策が必要なのかを検討する学問がマクロ経済学です。

　マクロ経済学の「マクロ（macro）」という言葉は，「大きい」，「巨視的」という意味です。したがって，マクロ経済学は1国経済のすべてを視野に入れて，いわば広い視点から1国経済の経済活動や経済問題を研究する学問であるといえます。特にマクロ経済学は，私たちの身近な経済現象を分析の対象としていますので，マクロ経済学が理解できれば，新聞やテレビの経済ニュースはもちろんのこと，現実のさまざまな経済社会問題の本質もよく理解できるようになります。

　たとえば，GDPの水準を決めるのは何か，失業率，物価，金利などが高くなったり，低くなったりするのはなぜなのか，為替レートの変動要因は何なのか，「円高」や「円安」は日本経済および私たちの生活にどのような影響を与えるのかなどなど，いとも簡単に理解できます。したがって，私たちはマクロ経済の動きに大いに関心をはらうべきであり，政府のマクロ経済政策が

正しいかどうか，常に監視の目を光らせる必要があります。

以上の説明から，マクロ経済学は以下のように定義することができます。

> ・1国経済の経済活動によって現れるマクロ経済変数（GDP，失業率，利子率，為替レートなど）の決定や動向を分析する学問である
> ・現在の経済問題や将来発生しうる経済問題を予測し，どのようなマクロ経済政策を発動させるべきかを研究する学問である

以上で説明したとおり，マクロ経済学で取り扱う経済変数は，私たちに身近なものであり，さらに，それらは私たちの日常生活と深く関わっているものばかりです。たとえば，景気沈滞（不況）で失業率が上昇したとしましょう。そのような経済状況のもとでは，自分も失業者になっているか，就職しているとしても給与が低く抑えられている可能性があります。もし，それが原因で私たちの所得が減少すれば，私たちはやむをえず消費を抑えなければなりません。このとき，企業は生産量を私たちの消費量に見合う水準まで減らすはずです。なぜなら，企業は売ると予測したモノしか生産しない方が得策だと判断するからです。

しかし，企業が生産量を減らすためには，今までの従業員の一部を解雇しなければならず，それによって失業者は増えることになります。もしあなたが職を失えば，あなたの生活はどうなるのでしょうか。説明する必要もなく，生活は大変厳しくなるでしょう。この例は，単に一つの経済現象にすぎませんが，ここでいえることは，マクロ経済の動きが，私たちの生活に大きな影響を与えるということです。

さて，マクロ経済学を学ぶためには，以下のようなマクロ経済に関する基礎知識を身に付けておく必要がありますので，それについて簡単に解説しておきましょう。

◆経済主体と経済活動

それぞれのマクロ経済主体は，どのような経済活動を行っているのでしょうか。マクロ経済の主体とは，実際に経済活動に参加する家計，企業，政府，

外国のことです。これらの四つの経済主体は四つの市場を介して，それぞれ経済活動を行っていますが，ここで四つの市場とは，財・サービス市場をはじめ，金融（貨幣）市場，労働市場，国際市場のことです。財・サービス市場では財・サービスを取引する場所（財・サービス市場については，第2章を参照）で，そこで財やサービスの取引価格と取引量が決定されます。同じように考えますと，金融市場では貨幣や証券などの取引が行われ，そこで均衡利子率が決定されることになります。また，労働市場では労働者の需要と供給によって均衡賃金が，国際市場ではモノや貨幣や労働力の取引が行われ，そこで均衡為替レートが決定されます。特に金融市場と国際市場については，第5章と第9章で具体的に取り上げますが，これからそれぞれの経済主体の経済活動について簡潔に説明します。

①家計（消費者）

　家計（household）という用語は，私たちの日常生活の中ではほとんど使われていませんし，その意味も曖昧です。しかし，本書では家計を「世帯」や「消費者」と同じ意味で用いられます。通常，1世帯の構成員は複数であると考えられますが，1人でなる世帯も存在します。

　家計は，企業に労働や土地や資金などを提供して，給料や地代や配当金などを手に入れます。まず，家計は手に入れた所得を用いて，日常生活に必要な財・サービスを財・サービス市場で**購入**（purchase）して**消費**（consumption）します。また，所得や消費に伴う税金（所得税，消費税など）を政府に納めた後，残りのものは貯蓄に回すか，株や土地などの資産購入に使います。いまの説明から，家計は労働者，消費者，投資家として経済活動に参加することがわかります。しかし，本書では，消費者として家計の主な経済活動は消費（需要）活動であると考えます。

②企業（会社）

　私たちの日常生活に必要な財・サービスを**生産**（production）して**供給**（supply）する主な経済主体は企業です。企業は財・サービスを生産するために，人（労働），お金（資本），土地（工場）などを必要としており，主に労

働と土地は家計から，資本は金融機関から調達します。また，財（商品）を生産するためには他社から中間財（原材料や部品など），資本財（生産設備）などを購入する必要があり，企業は生産活動だけではなく，生産に必要な投資活動も活発に行います。

　また企業は，財やサービスの売上から，生産のために導入した生産要素の使用料（賃金，利子，地代）をそれぞれ家計や金融機関などに支払います。また，企業は法人税などの税金を政府に納めなければなりませんが，結論として，企業の主な経済活動は，生産（供給）であることに異論はないでしょう。

③政府

　政府は，国民の生命や財産を守るとともに，国民の厚生（幸福）最大化を目的として存在する経済主体です。政府はそれらの目的を実現するために必要な人材（公務員）を家計から雇って，さまざまな組織を運営します。たとえば，国民の生命や財産を守るために国防や警察を，国民の福利厚生のために国立病院や年金制度など，多岐にわたる制度や組織を運営します。そのような政府活動に必要な資金は，主に家計や企業からの税金でまかないますが，税金で足りない分は，主に国債を発行して対応しています。

　とりわけ，政府の重要な経済活動は，マクロ経済の安定と成長に必要な経済政策をはじめ，効率的な資源配分や国民の所得格差を是正するための所得再分配政策といえます。これらの政策実行には莫大な支出が必要であり，政府は典型的な消費（需要）の主体であると考えられます。

④外国（海外）

　最後の経済主体は外国ですが，「地球村」や「グローバリゼーション」という言葉が象徴しているように，どの国でも外国との経済活動を密にしています。財・サービスの貿易（輸出＋輸入）をはじめ，近年，外国との間で資本や労働などの取引も日増しに増えています。

　天然資源に乏しい日本は，原材料や石油などの資源を外国から輸入しています。反面，日本は自動車，カメラ，精密機械などの最終財（完成品）や中

第1章　マクロ経済学とは何か　　13

間財などを世界中に輸出しています。さらに、最近は情報やIT技術の進展によって国内だけではなく、外国との間でも国債や株式、貨幣などが活発に取引されるようになりました。それだけではなく、最近、日本は少子高齢化の時代を迎え、国内労働者の不足を外国人労働者の受け入れで対応しています。

1.3 マクロ経済の循環

ここでは、それぞれの経済主体によって生み出された供給（額）と需要（額）が、実際に、どのように循環しているかについて取り上げます。マクロ経済において供給と需要は、あたかも私たちの体内の血液が心臓を中心に体の隅々まで循環するように、マクロ経済の至る所まで循環します。

図1-1は、すべての経済主体がそれぞれの市場を介して、実際にどのような経済活動を行っているかをごく簡単に図示したものです。まず、家計の主な職場である企業からスタートすることにしましょう。企業は、商品やサービスの生産に必要な労働や資本など、いわゆる**生産要素**（factors of production）をそれぞれの市場から調達して財・サービスを生産します[5]。

かりに、企業は生産した財・サービスを財・サービス市場で売って100円のお金（経済学では、「お金」のことを「通貨」や「貨幣」と呼びますが、本書では主に「貨幣」という用語を使います）を手に入れたと仮定しましょう。図1-1のように、企業はその100円のうちから、企業の所得（これを「企業利潤」、「営業余剰」と呼ぶこともあります）として15円を残し、法人税として5円を政府に納めます。そして残り80円は、労働や資本などの生産要素の提供者である家計に賃金や配当金などの形で支払われることになります[6]。

つぎに、分配された所得がどのように使われているかについて確かめてみましょう。いわば、「所得の処分」のことですが、まず、家計は財・サービス市場で、家計所得80円のうち60円を生活に必要な財・サービスの購入に充

---

5) 生産要素とは、財・サービスを生産するのに不可欠なもので、古典的な経済学では資本、労働、土地を代表的な生産要素としてみなします。

6) ここでは、企業の減価償却などはないものと仮定します。

14

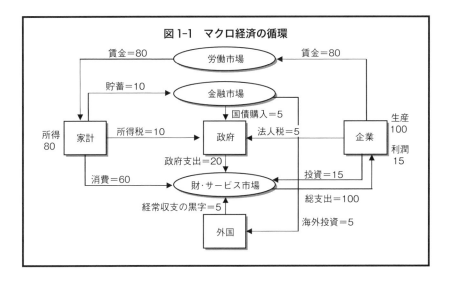

てます。そして，所得税として10円を政府に納めます。最後の残り10円は，消費と納税後の余った所得ですので，貯蓄に回すことになります。家計が金融機関に預けた貯蓄（10円）は，金融機関がお金を必要とする家計や企業，海外に貸出することで運用します。しかし，**図1-1** では単純に国債の購入に5円，海外への投資に5円を支出すると仮定しています。

ちなみに，**国債**（bond）とはいったいどのようなものでしょうか。それは「国（政府）が発行する債券」の意味ですが，政府は，予め決められた予算を国民のために支出します。しかし，何らかの理由（たとえば，予期せぬ天災や戦争，景気対策など）で予算が足りない場合，その不足分を家計や企業，外国からの借金で賄います。そのとき，政府が発行する借用証書が国債です。ちなみに，同じ目的で地方政府が発行するものを「地方債」，会社（企業）が発行するものを「社債」と呼びます。

引き続き，**図1-1** の政府のところを見てください。政府の手許には企業からの法人税が5円，家計からの所得税が10円，そして国債を発行して調達した5円の収入（歳入）があります。合計で20円ですが，政府はその20円の収入を国民のためにさまざまなところ（たとえば，軍隊や警察の運営，新幹線や国立病院の建設，通信施設の整備，年金や失業手当の給付など）に支出

します。

つぎに，財・サービス市場には財・サービスの購入代金として，家計から60円，政府から20円，企業から15円，外国から5円の合計100円が存在します。ここで企業からの利益15円は，結局，企業の投資資金として財・サービス市場に流出することになりますが，それについては第5章で具体的に説明します。

結論として，財・サービス市場にある100円は再び商品の代金として企業に流れ，論理的には永遠に循環することになります。実際に，マクロ経済の経済活動は想像以上に複雑ですが，ここではそれを理解しやすく説明するために，ごく単純でシンプルな図1-1を利用しました。

◆経済活動水準の測り方

つぎに，マクロ経済の経済活動水準（経済規模）を測る物差について考えてみましょう。マクロ経済学では，経済活動水準を測る物差として以下の三つの指標を用いています。

> ①総生産（総供給）
> ②総所得（GNI）
> ③総支出（総需要）

まず，総生産で測る指標について説明しましょう。総生産とは，すべての企業が生産した財・サービスを合計したものです。先の図1-1での総生産は100円でした。この100円は，生産要素を提供した家計をはじめ，それぞれの経済主体に分配されることになります。

たとえば，企業は100円の売上から，労働力の提供者である従業員には賃金を，資本の提供者である株主には配当金を，土地の提供者には地代を，借入金がある場合には利子を，それぞれの経済主体に支払わなければなりません（図1-1では単純に賃金と税金だけを支払うことになっています）。また，政府への法人税（5円）の支払い（これは政府の所得になります）も義務づけられていますが，企業はなによりも自らの利益（15円）の最大化を実現する

16

ことが重要です。

　以上のことをまとめると，分配されたものはそれぞれ家計，企業，政府の所得になります。つまり，図1-1の場合，家計所得は80円，企業所得（利潤）は15円，政府所得は5円になることがわかります。さらに，ここで重要なことは，国内総生産と国内総所得は，等価であるということです。なぜなら，総生産は必ず誰かの所得として過不足なく分配されることになるからです（分配＝所得）。

　以上のことから，つぎのように総生産を生産面と分配面に分けて表すことができます。

国内総生産(100円)【生産面】≡家計所得(80円)＋企業所得(15円)
＋政府所得(5円)
≡国内総所得【分配面】

　国内総所得は，家計，企業，政府の所得で構成されていますが，それぞれの所得について簡単に説明しましょう。まず，家計所得ですが，消費者であると同時に労働者でもある家計は，主に企業で働いて，その見返りとして賃金（所得）を受け取ります（図1-1の場合，80円）。一般に，家計の主な所得は賃金といえますが，すでに説明したとおり，賃金以外にも土地や設備などを企業に貸して，地代や賃貸料などを所得として受け取る場合もあります。さらに，家計はお金の余裕があれば，預貯金を増やしたり，社債や株式などを購入したりして利子や配当金を受け取ることもありますが，これも家計の所得になります。

　つぎに，企業所得ですが，一般に企業は利潤（利益）最大化を目標として生産活動を行います。企業は生産要素（労働，資本，土地，技術など）と中間財（原材料や部品など）を投入して最終財（最終消費財）を生産し，それを消費者や他の企業などに売って収入を確保します。その収入から，すべての生産費用を差し引いたものが企業利益，つまり企業所得になります。企業は，この所得の一部を配当金として株主に支払って，残りは将来の生産拡大に必要な投資資金として使います。もちろん，企業が債券や株式などを購入

第1章　マクロ経済学とは何か　　17

することもあります。

　最後に，政府所得のことですが，政府は生産活動に直接参加することはほとんどありません。以前，社会主義国家を中心に政府が積極的に企業を運営した時代もありましたが，最近は社会主義国家でも国営企業の民営化が進んでいます。政府は国民生活に必要な警察，国防，消防，公園，道路など，いわゆる**公共財**（public goods）を国民に提供しなければなりませんが，生産活動を行わない政府が，どのようにして公共財を国民に提供するのでしょうか。

　図1-1のように，政府は家計や企業から税金を強制的に徴収しますが，それが政府の所得源になります。つまり，家計が支払う所得税（10円）や企業が支払う法人税（5円）が政府の代表的な所得（歳入）です。もし政府の所得が，政府の支出より少ない場合，政府は国債（5円）などを発行して足りない分を調達することになりますが，これについてもすでに述べたとおりです。一方，総生産はどのように使われるかについて説明しましょう。経済学では，生産されたものは過不足なく，それぞれの経済主体に分配され，それはすべて消費（支出）されることになります。

　要するに，生産されたすべてのもの（総生産）は，それぞれの経済主体によってすべて支出されることになります。たとえば，家計支出とは，私たち消費者が各自自分の服を買ったり食品を買ったり映画を観るのに支払う**消費**（consumption）60円であり，企業支出とは，企業が生産を拡大して，さらに多くの利益を得る目的で，新しい工場建設や設備購入などに使う**投資**（investment）15円のことです。そして，政府も国民の生命や財産を守るために軍隊や警察を運営したり，国民生活を向上させるために公園や高速道路などを作ったり，公共施設を整備するのに20円の**政府支出**（government expenditure）を行います。さらに，外国への資本投資，すなわち**外国支出**（foreign investment）の5円も計上しなければなりません。

国内総生産(100円)【生産面】≡家計支出(60円)＋企業支出(15円)

＋政府支出(20円)＋外国支出(5円)

≡国内総支出【支出面】

ところが，現実の世界では，生産されたものがすべて消費されるという保障はありません。むしろ，売れ残りの存在が一般的な現象かもしれません。しかし，経済学では，売れ残りも企業の投資（これを「**在庫投資（inventory investment）**」と呼びます）とみなしています。なぜなら，現時点では売れ残りであっても，それはいずれ販売されて将来の経済活動に有効に活用されるはずだからです。

　以上のことを簡単にまとめると，**国内総生産＝国内総所得＝国内総支出**になることがわかりますが，これを**三面等価の原則**（principle of equivalent of three aspects）といいます。三面等価の原則とは，経済活動の水準を生産面，所得面，支出面といった三つの異なった指標で測っても，その値は同一であるという原則です。たとえば，富士山を東西南北のそれぞれの方面から見上げたとき，実際に目に映る形はそれぞれ異なるかもしれませんが，その実体はまったく同じものであることと同様です。

　以上のことから，1国の経済規模は生産，分配，支出の3面において等価であることが明らかになりました。それと同時に，三面等価の原則から実際のマクロ経済の仕組みやマクロ経済の循環を**図1-1**で垣間見ることもできたと思います。

　ここで看過してはいけないことは，それぞれの経済主体の経済行動を正確に把握することが，経済学および実態経済を理解するのに不可欠であるということです。そのような意味で，経済学の主な研究対象は，四つの経済主体（家計，企業，政府，外国）と四つの市場（財市場，貨幣市場，労働市場，外国市場）での経済活動であることを強調しておきましょう。

◆マクロ経済学の役割

　専門家の中でもマクロ経済学の役割に関する見解はさまざまですが，本書ではそれを，①マクロ経済の安定化，②マクロ経済の成長化，③所得分配の平等化であると考え，まず，マクロ経済の安定から取り上げます。

　すでに述べたとおり，マクロ経済学とは，私たちの経済活動の結果によって現れる1国の経済現象や経済問題を研究する学問です。それでは，1国の経済現象と経済問題とは一体どのようなものでしょうか。まず，1国の**経済**

第1章　マクロ経済学とは何か　　19

現象（economic phenomenon）から考えてみましょう。1国の経済現象とは，ある時点で各々の市場における供給量と需要量の状況です。とりわけ，国内に存在する総供給量と総需要量が一致（均衡）しているかどうかは重要な意味を含んでいます。それに関する具体的な説明は第2章で述べられますが，もし供給量と需要量が一致しない不均衡の場合，経済は何らかの問題を抱えていることになります。したがって，政府は必ず経済を安定化させる政策をとる必要があります。

　そして，2番目の重要な役割はマクロ経済の成長です。マクロ経済の成長とは，具体的に国内総生産（GDP）の成長を意味します。先程の三面等価の原則からわかるように，国内総生産の成長は，各経済主体の総所得の成長を意味します。したがって，経済成長は私たちの所得にも重要な役割を果たすことになります。

　さらに，経済安定と経済成長は有機的かつ補完的な関係にあり，両方ともマクロ経済学の重要な目標であることはいうまでもありません。言いかえれば，マクロ経済学の一番重要な役割は経済安定であり，そのつぎが経済成長であるという序列的なものではありません。とどのつまり，マクロ経済において最も理想的な状況は経済安定と経済成長の同時実現です。しかし，現実のマクロ経済において両者の同時実現は簡単なことではなく，さらなる研究や工夫が必要であるといえます。

　最後に，所得分配の平等化について取り上げましょう。1950年代にクズネッツ（S. S. Kuznets, 1901-85）というアメリカの経済学者は，「経済発展の初期に所得不平等は拡大するが，経済が成熟するにつれ，平等になる」と主張しました。それを**クズネッツ仮説**（kuznets hypothesis）と呼びますが，果たしてそれは正しいのでしょうか。確かに，ごく一部の地域や国を除けば，第2次世界大戦後，世界経済は大きく成長しました。それに伴って豊かになったことも事実です。

　しかし，1970年代以降，先進国や途上国を問わず，大きな社会問題になっているのは所得分配の不平等化，つまり，**所得格差**（income inequality, 1943-）の問題です。2001年にノーベル経済学賞を受賞したスティグリッツ（J. E. Stiglits, 1943-）は，アメリカ，ヨーロッパ，日本の所得格差は深刻な

『マクロ経済学入門』 正誤表

ページ，行	誤		正
20p，29行	，1943	→	（削除する）
49p，11行	国際	→	貿易
72p，19行	メキシコ	→	スペイン
88p，4行	対する	→	占める
88p，24行	$0 < C_1 < 0$	→	$0 < C_1 < 1$
92p，4行	消費の減少	→	投資の減少
98p，6行	公定歩合政策	→	公定歩合操作
102p，1行	売りオペ	→	買いオペ
102p，2行	買いオペ	→	売りオペ

状況であると警鐘を鳴らしています[7]。さらに，彼は繁栄の分け前を1％の上位が独占し，その1％の上位が99％の下位から富を吸い上げていると主張します。そのような所得格差の存在は社会の不安要因となって，しばしば下位による集団的抗議運動も発生しています。その代表的な例が，2011年11月17日にニューヨークのウォールストリートで起こった集団抗議デモです。その時，デモに参加した人たちは，「ウォール街を占拠せよ」，「私たちは99％だ」などと叫びながら激しく抗議していたことを今も鮮明に記憶しています。

　所得分配や資源配分の不平等の問題はマクロ経済学であれ，ミクロ経済学であれ，長い経済学の歴史のなかで常に解決しなければならない重要課題でした。しかし，経済が成長かつ成熟したとしても，この問題はほとんど改善されることなく，むしろますます悪くなりつつあります。その主な理由は，私たちの欲望は無限であるのに対し，モノの存在量は有限であるからです。特に，自由競争や市場原理が働く社会では，高い能力やスキルを身に付けている人はますます豊かになりますが，そうでない人はますます貧しくなる傾向が強いといえます。

> ## 所得・資源配分の不平等原因：欲望＞財・サービスの存在量

　当然ながら，マクロ経済学の役割はすべての人々に，限りある財・サービスをいかにして平等に配分するかにあります。その代表的なマクロ政策として，政府は所得の不平等問題を是正するために，高所得者からより多くの税金を徴収する制度を設けています。いわゆる，**累進課税制度**（progressive tax）がそれに該当します。また，政府は低所得者の生活水準の向上を図るために**社会保障制度**（social security system）を設けて，高所得者から低所得者への所得再分配を行って，所得分配の平等化を図ります。所得分配の平等化については，第11章で詳細に取り上げます。

　以上の説明から，マクロ経済学の役割を次のようにまとめられます。

7）　ジョセフ・E・スティグリッツ『世界の99％を貧困にする経済』徳間書店，2012年。

- ・マクロ経済の安定化
- ・マクロ経済の成長化
- ・所得分配の平等化

練習問題

1-1 以下の文章の（　）内に最も適切な用語や数値を記入しなさい。

(1) 経済学を大枠で分類すると，それは（　①　），（　②　），（　③　）である。

(2) マクロ経済の経済主体とは，（　①　），（　②　），（　③　），（　④　）のことであるが，これらの経済主体は四つの市場を介して経済活動を行う。四つの市場とは，（　①　），（　②　），（　③　），（　④　）である。

(3) マクロ経済学の役割は，（　①　），（　②　），（　③　）である。

1-2 以下の用語を説明しなさい。

(1) 効用最大化

(2) セーの法則

(3) 見えざる手

(4) 生産要素

(5) 国債

1-3 次の問に答えなさい。

(1) 経済，経済学，マクロ経済学とは何かについて簡潔に論述しなさい。

(2) あなたの家族の職業を紹介した後，それぞれの家族構成員がどのような経済活動（消費活動と生産活動）に参加しているかについて説明しなさい（個人情報の保護のため，家族構成員や職業は事実ではないものが望ましい）。

(3)「三面等価の原則」とは何か。具体的な例を用いながら解説しなさい。

第2章

経済学の基礎：需要と供給

本章の目的：

○マクロ経済学とミクロ経済学とにかかわらず，経済学の大黒柱といえる需要と供給について学びます。

○経済学において需要と供給の均衡はどのような意味を持っているのか，それについて詳しく説明します。

○需要と供給の均衡分析から生まれた消費者余剰，生産者余剰，社会的余剰の意味を吟味しながら，経済分析への代表的な応用例を紹介します。

キーワード：

▶需要 ▶供給 ▶需要曲線 ▶供給曲線 ▶均衡点 ▶均衡価格 ▶予算制約 ▶超過需要 ▶超過供給 ▶効用・利潤・厚生最大化 ▶価格の自動調整機能 ▶価格メカニズム ▶消費者余剰 ▶生産者余剰 ▶社会的余剰

2.1 需要と供給の分析

「経済学は需要と供給に始まり，需要と供給に終わる」という言葉があります。この言葉が象徴しているように，需要と供給は，経済学で最も重要な概念です。ここで**需要**（demand）とは，それぞれの消費の主体（家計，企業，政府，外国）が，自ら必要な財・サービスを購入して「消費」することを意味します（需要＝消費）。一方，**供給**（supply）とは，生産の主体（企業，外国）が財・サービスを「生産」して販売することを意味します（供給＝生産）。したがって，以下では消費を需要に，生産を供給に置き換えて使うことにし

ても何の問題もありません[1]。

消費＝需要，生産＝供給

　それでは，なぜ経済学では需要と供給（以下，「需給」と表記）がそれほど重要なのか，その理由について説明しましょう。第1章で説明したとおり，消費と生産活動が経済学の最も重要な研究対象になるからです。さらに，経済学の教科書では必ずといっていいほど需給について触れていますが，それは需要と供給が一致（均衡）しているか，否か（不均衡）に重要な意味が含まれているからです。先に結論をいいますと，経済学理論は需要と供給が一致すれば，経済は安定しますが[2]，そうでない場合，経済は不安定になります。その理由については第3章で具体的に説明しますが，需要と供給が均衡しているかどうかを調べることは，現実の経済がどのような状況に置かれているかを判断するのに，何よりも大切なことです。

　需給が均衡していて，経済は常に安定しているのであれば，経済学や経済政策は不要かもしれません。しかし，現実の経済では需給の均衡は稀なことであり，需給が一致しない不均衡の状態であれば，必ず何らかの経済政策が必要となります。

　それでは，経済学の中核である需給均衡の本質や含意を理解するために，高校の教科書でお馴染みの**需要曲線**（demand curve）と**供給曲線**（supply curve）を用いて説明することにしましょう。

◆需要曲線と供給曲線

　まず，財・サービス市場（以下では「財市場」と呼びます）での需要について考えてみましょう。私たちは日常生活のために，さまざまな財やサービスを必要としており，日々それらを購入して消費しています。たとえば，衣，

---

1)　一般に，経済学の教科書では需要と供給という用語が使われますが，正確にいえば，需要は「需要額」，供給は「供給額」のことです。

2)　ここでの需給の一致とは，四つの市場（財・サービス市場，貨幣（証券）市場，労働市場，国際市場）での需給均衡を意味します。

第2章　経済学の基礎：需要と供給　　25

食，住に関する生活必需品から，教育，医療，音楽，映画などのサービス商品に至るまで数えきれないほど多いのです。

　もちろん，需要は，ただ私たちの日常生活を維持するために必要な財・サービスだけではなく，私たちの欲望の対象にもなります。私たちは限られた予算で，よりよい商品をより安い価格で需要することによって，常に喜びを最大化しようとします[3]。しかし，私たちの欲しいものは無限にあるわけではなく，数量に限りがあります。数量が有限である場合（需要＞供給），価格が重要な調整の役割を果たすことになります。ここでは，まず価格の変化が，需要にどのような影響を与えるかについて考えてみることにしましょう。

　私たちはショッピングをするとき，予め予想していた価格（それを**予想価格**（expected price）といいます）より実際の価格が安ければ，需要を増やしますし，逆に予想価格より高いときは，需要を減らすはずです。需要と価格との関係については，**図 2-1** を用いてもう少し具体的に説明しましょう。

　図 2-1 の縦軸はボールペン 1 本の価格を，横軸はボールペンの需要量を示しています。E 点は，もし 1 本のボールペンの価格が 100 円であれば，消費者（買い手）は 10 本のボールペンを買いたいと最初に決めた点です。その背景にはボールペンの購入に必要なお金は無限にあるわけではなく，ここでは 1000 円しかないと仮定するからです。この場合，1000 円を**予算制約**（budget constraint）といいます。**図 2-1** の E 点は予算制約 1000 円のもとで，1 本 100 円のボールペンが 10 本買えるならば，効用（喜びや満足）は最大になることを表しています。

　ところで，実際に文房具屋に行ってみると，その価格は 1 本 = 150 円であったとしましょう。この場合，予想価格より 1 本 50 円も高いので，合理的に行動する消費者であれば，最初の計画を諦めて，ボールペンの購入量を 10 本以下におさえると考えられます。なぜなら，1000 円の予算では当初の計画どおり，10 本のボールペンを買うのは不可能であるからです。したがって，消費者は当初の計画より少なめにボールペンを購入し，その代わりに何本かの鉛筆を買ったほうがベストだと判断するかもしれません。**図 2-1** では，

3）　それを家計の**効用最大化**（utility maximization）といいます。経済学では，家計は常に効用最大化を考えながら，合理的に消費活動を行うものと考えます。

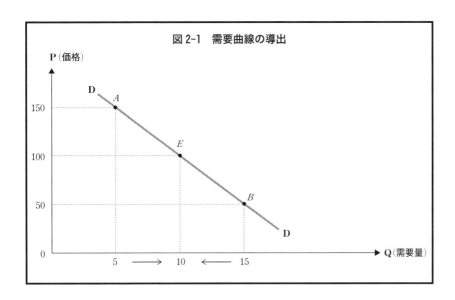

ボールペンの価格が1本＝150円なら，5本しか購入しないと仮定しています（A点）。

逆に，ボールペンの価格が当初の予想価格より安く，もし予想価格の半値（1本＝50円）だとすれば，消費者はどのように行動するのでしょうか。当然ながら，今が買い得のチャンスだと判断して10本以上のボールペンを購入すると思われます。図2-1では15本のボールペンを購入すると仮定していますが（B点），これらの三つの点（A点，E点，B点）をつなぎ合わせたものが，いわゆる需要曲線（D-D線）です。

需要曲線から，消費者は商品の価格が高くなると需要を手控え，逆に商品の価格が安くなると需要を増やそうとすることが読み取れます。つまり，グラフの縦軸に価格，横軸に需要量をとって需要曲線を描いたとき，「需要曲線は右下がりの曲線」となることがわかります。

> 価格(p)↑⇒需要量(Q)↓，価格(p)↓⇒需要量(Q)↑

つぎに，供給について説明しましょう。供給とは，運送費や倉庫費などを

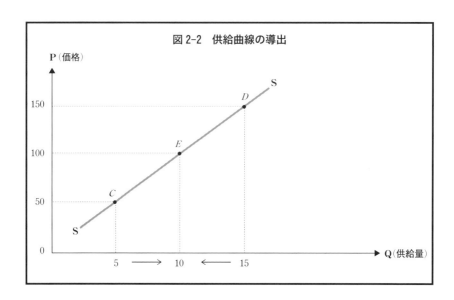

無視すれば,生産と同じ意味です。当たり前のことですが,供給の主な主体は企業(売り手)です。これから皆さんが企業の経営者になったつもりで供給のことを考えれば,いとも簡単に供給の世界が理解できると思います。

　供給も需要と同じように,価格の影響をもろに受けます。たとえば,自社で作った商品が高い値段で売れると予想すれば,経営者はより多くの商品を生産して**利潤最大化**(profit maximization)を図るはずです[4]。逆に安い値段でしか売れないと予想すれば,企業は利潤最大化の実現は難しいと判断して供給を減らすと考えられます。

　供給と価格の関係について,先の需要のケースと同じ方法で説明しましょう。まず,ボールペンを生産する企業は,ボールペンの価格が1本＝100円であれば,10本を生産して,それが全部売れたら利潤最大化が実現できると仮定します。**図2-2**の E 点は,まさにその点ですが,何らかの理由でボールペンの価格が暴落し,1本50円でしか売れないとすれば,ボールペンを生産する企業はどう対応するのでしょうか。多分,予想外の安価に失望して,そ

---

4) 経済学では,企業の生産活動の最も重要な目的は「利潤最大化」であり,家計の消費活動の目的は「効用最大化」,政府の経済活動の目的は「厚生最大化」と考えます。

んなにボールペンの値段が安いのなら，ボールペンの生産を減らして，その代わりに他の物の生産を考えるかもしれません（*C*点）。

　一方，ボールペンの価格が予想価格より高く，1本＝150円だとすれば，企業は利潤最大化を実現するチャンスであると考えて，生産量を15本に増やすはずです（*D*点）。これらの三つの点（*C*点，*E*点，*D*点）を一本の線につなげたものが供給曲線（S‒S線）です。

> ### 価格(p)↑⇒供給量(Q)↑，価格(p)↓⇒供給量(Q)↓

　いまの説明で明らかなように，通常，売り手は商品の価格が上がれば商品の生産量を増やし，商品の価格が下がれば生産量を減らすはずです。したがって，グラフの縦軸に価格，横軸に取引量をとって供給曲線を描いたとき，「供給曲線は右上がりの曲線」になります。

　ちなみに，図 2-1 や図 2-2 で描かれているグラフは直線なのに，需要曲線と供給曲線といった「曲線」という表現に違和感を覚える読者もいらっしゃるかもしれません。実は，単品ではなく，複数の需要量と供給量を想定する場合，直線ではなく，曲線の方が正しい表現です。しかし，ここでは便宜上，直線のグラフを用いて説明しますが，直線だからといって議論の本質が変わるものではありません。

> グラフの横軸に価格，横軸に取引量をとって需要曲線と供給曲線を描いたとき，需要曲線は右下がり，供給曲線は右上がりの曲線となる

◆需要と供給の均衡

　いままで，価格は上がったり下がったりするという前提のもとで，消費者の消費活動と生産者の生産活動を説明してきましたが，これから買い手と売り手による取引（売買）はどのように行われるものかについて説明します。実際に，売り手と買い手によって取引が行われる場所を**市場**（market）と呼びますが，図 2-3 は買い手（需要者）と売り手（供給者）が対面して取引を

第2章　経済学の基礎：需要と供給　　29

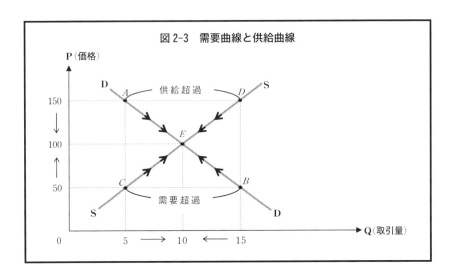

行う市場の状況を表しています。二つの曲線は、図2-1の需要曲線と図2-2の供給曲線とまったく同じものであり、ここでは実際の取引を説明するために、二つの曲線を同じ平面に描いたものにすぎません。

　たとえば、価格が150円のとき、需要量は5本、供給量は15本になります。そのとき、供給量が需要量を10本も上回っており（超過供給）、その10本の売れ残りの存在に気付くはずです。自由競争のもとで売れ残りがある場合、価格は下落すると考えられます。なぜなら、供給量＞需要量のとき、売り手は150円で15本を売りさばくのは無理だと判断し、150円以下の価格で売ろうとするからです。価格が下落すれば、企業は供給量を減らしますが、逆に消費者は価格が下がった分、需要を増やそうとするでしょう。たとえば、価格が1本＝140円に下げれば、買い手は1本の価格が10円も安くなったので、消費量を増やすと考えられます。売れ残り（超過供給）がある限り、価格はさらに130円、120円、110円のように下がって価格調整は繰り返されます。結局、需要量（10本）＝供給量（10本）になるまで価格は下がりつづけて、100円でようやく値下がりは止まりますが、その時の取引量は10本になります。

　一方、価格が50円のときはどうなるのでしょうか。150円のケースとは正

表 2-1　需給の均衡プロセス

	需給状況	価格調整	需給変化
150 円	需要＜供給	価格下落	需要増加（供給減少）
100 円	需要＝供給	価格不変	需給不変
50 円	需要＞供給	価格上昇	需要減少（供給増加）

反対に需要超過の状況ですので，価格は徐々に上昇し，100 円になると価格変動はなく，その時の取引量は 10 本になります。このことについては，**図 2-3** を用いて自ら確かめてみてください。

　以上のことを踏まえて**表 2-1** で読み取れることは，価格が 100 円以外のどのようなケースでも，最終的には 100 円に収束して，需要＝供給になるということです。もちろん，買い手や売り手が何もしなくてもこのような均衡状態が実現できるという意味ではありません。経済学の理論では売り手と買い手が需給の状況によって変化する価格を考慮しながら，家計は効用の最大化を，企業は利潤の最大化を図った結果，自ら均衡状態になると教えています。

> 需要と供給が一致するところで，均衡価格と均衡取引量は決定される

　さて，ここで最も重要なことは，需給が一致する E 点の経済的意味です。E 点は，買い手と売り手の思惑が一致する交点であり，両者はともに何の不満もなく取引を行います。つまり，E 点は需給が一致して売れ残りや買い損じもなく，限られた予算のもとで，買い手と売り手の希望が叶う**均衡点**（equilibrium point）です。また，このときの価格を**均衡価格**（equilibrium price）といいます。均衡点では，短期的に価格も取引量（需要量と供給量）もこれ以上変動することはなく，経済は安定することになります。

　以上のように，超過供給と超過需要とにかかわらず，価格は上下に変動することによって需給を自動的に均衡させる力を持っています。これを「価格の自動調整機能」といいますが，「価格メカニズム」，「市場メカニズム」，「市場原理」も同じ意味としてよく使われています。

　いままで，財・サービス市場だけを取り上げて説明しましたが，いまの考

第 2 章　経済学の基礎：需要と供給　　31

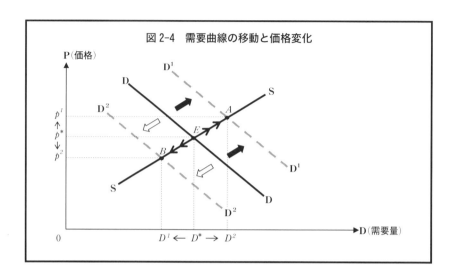

figure 2-4 需要曲線の移動と価格変化

え方をすべての市場に適用すれば，1国経済の安定条件や不安定の調整にも利用することが可能です。すべての市場とは，すでに取り上げたように，①財・サービス市場，②貨幣市場（金融市場），③労働市場，④国際市場のことです。つまり，それぞれの市場において「需要＝供給」になることが，1国経済の安定条件になります。たとえば，現在の労働市場において労働需要＝労働供給であれば，望ましい給与のもとで働く意思のある労働者はすべて企業に雇ってもらおうとします。一方，企業も利潤最大化が実現できる賃金水準のもとで生産に必要な労働者をすべて雇うことが可能です。そのような意味で，それぞれの市場における需要曲線と供給曲線の均衡点を経済学の「聖なるクロス」ということもあります。

> 経済の安定条件：需要＝供給

◆需要曲線と供給曲線のシフト

現実の世界では，需要と供給が等しくなったとしても，そこから価格や取引量は変化しないものではありません。何らかの理由で需要量と供給量は増

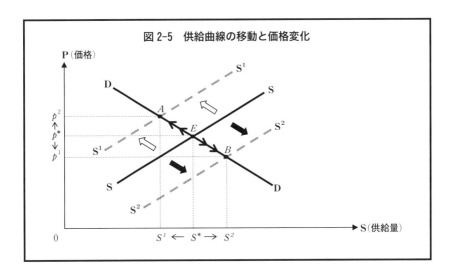

図 2-5 供給曲線の移動と価格変化

減しますし，価格も上下するのが普通です。いままで価格が上下すれば，その価格に反応して，需要曲線や供給曲線上の需要量や供給量が変化することについて説明しました。しかし，価格以外の要因によって需要量と供給量が変化する場合もあります[5]。

たとえば，すべての国民が政府から返済義務のないお金（それを経済学では**ヘリコプターマネー**（helicopter money），省略して「ヘリマネ」と呼びます）をいくらか受け取ったとすれば，一般に商品の価格と関係なく需要は増加し，需要曲線は右上へシフト（shift＝移動）します（**図 2-4** 参照）。それによって，新しい均衡点は E から A 点へ移動し，新しい均衡価格は上昇します（$p^* \to p^1$）。逆に，税金や保険金の値上がりなどで，使えるお金（可処分所得）が少なくなると，需要も減少しますので，一般的に均衡価格は下がることになります（$p^* \to p^2$）[6]。

もちろん，供給曲線のシフトによる価格変動も考えられます。供給曲線の

---

5) この場合，価格と需給量は**内生変数**（endogenous variable），それ以外のものは**外生変数**（exogenous variable）といいます。
6) この場合，供給曲線は移動しないことを前提にしています。しかし，需要曲線とともに供給曲線も移動すれば，価格は両方の影響を同時に受けることになります。

シフトは，技術進歩や季節要因，原材料や部品の価格など，生産条件の変化によって生じます。たとえば，技術の進歩によって供給量が増加すれば，図2-5のように供給曲線は右へシフトし，新しい均衡点は E 点から B 点に移動します。それによって均衡価格（取引価格）は下がります（$p^* \to p^1$）。逆に，何らかの理由で供給量が減少すれば，一般的に価格は上昇するものと考えられます（$p^* \to p^2$）。

> 需要↑（↓）⇒価格↑（↓），供給↑（↓）⇒価格↓（↑）

2.2　総余剰

　以上のように，価格の自動調整機能によって実現される需要と供給の均衡は，経済の安定条件だけではなく，さまざまな経済分析に驚異的な力を発揮します。その代表的なものとして，以下では**消費者余剰**（consumer's surplus）と**生産者余剰**（producer's surplus）を紹介します。

　消費者余剰と生産者余剰は，さまざまな経済現象や経済政策の理論的根拠として用いられているので，ここでは，両者について具体的に取り上げることにします。まず消費者余剰からスタートしましょう。

◆消費者余剰

　消費者余剰の「余剰」とは，本来「余り」や「残り」の意味ですが，経済学では「利益」の意味としてよく使われています。わかりやすくいえば，消費者が買い物をするとき，支払ってもいいと考える最大金額と実際に支払った金額の差額を消費者余剰といいます。それについてもう少し詳細に説明しましょう。

　私たちは毎日のように財・サービスを需要しますが，特別なケースを除けば，私たちは財・サービスを需要することによって喜びや幸せを感じるはずです。たとえば，美味しい食べ物や好きな音楽を楽しむことができたとすれば，さぞ私たちは幸せになるでしょう。経済学では，このように消費者が

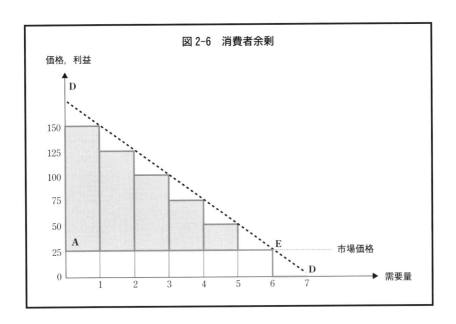

図 2-6　消費者余剰

財・サービスを需要することによって得られる喜びや満足感を**効用**（utility）といいます。効用は精神的なものなので，客観的に測ることができず，経済現象の分析には不適切だと考えるかもしれません。しかし，つぎの消費者余剰の説明でそのような不安は解消されると思います。

図 2-6 は，ある消費者のビールの需要曲線ですが，最初の 1 本目のビールを買うのに，支払ってもよいと考える価格は 150 円であることが確認できます。つぎに，第 2 本目は 125 円，第 3 本目は 100 円，第 4 本目は 75 円というように，ビールの需要量が増加すると消費者が支払ってもいいと考える価格は低下します。なぜ，そうなるのでしょうか。

たとえば，最初の第 1 本目のビールを 150 円で購入してもいいと考える根拠は，そのビール価値が 150 円以上であり，その商品の需要によって得られる効用は少なくとも 150 円以上であると判断するからです。したがって，1 本目の効用を金額で表すと 150 円になります。

つぎに，2 本目の需要による効用は，1 本目より低くなります（125 円）。なぜなら，風呂上がりの 1 本目のビールの効用と 2 本目のそれを比較すれば

わかるように，需要量が増えれば増えるほど，次第に効用は減少するからです。そのような現象は図 2-6 でも読み取れますが，たとえば，6 本のビールを需要した場合，総効用を金額で表すと 525 円（150 円＋ 125 円＋ 100 円＋ 75 円＋ 50 円＋ 25 円）になることがわかります。このように，需要曲線は価格と需要の相関関係だけではなく，追加分の需要によって得られる効用も考慮しています。

　現実離れの例かもしれませんが，もし 1 本のビールの市場価格が 25 円であるとすれば，消費者は 6 本のビールを「まとめ買い」するに違いありません。なぜなら，6 本を 1 本ずつばらばらに購入すれば，525 円を支払わなければなりませんが，まとめ買いをすれば，150 円（25 円× 6 本）で購入できるからです。結局，1 本＝ 25 円で 6 本をまとめて購入することによって，375 円（525 円－ 150 円）の利益が得られますが，それが消費者余剰というものです。いわば，消費者余剰とは，消費者がある商品を購入するために支払う用意がある価格（525 円）と実際に支払った価格（150 円）との差額（375 円）を表すものです。

　消費者は商品を需要することによって，常に効用最大化を図ると考えられますが，図 2-6 の場合，何本のビールを需要したとき，効用は最大になるのでしょうか。それはビールの需要量が 1 本目のときの消費者余剰から 7 本目までのそれを計算してみれば明らかになります。上で検討したとおり，6 本を需要したとき，消費者余剰は 375 円で最大になりますが，7 本目になると消費者余剰は 350 円に減少します（なぜそうなるのか，各自計算してみてください。練習問題もご参照）。

　結局，図 2-6 から確認できるように，消費者余剰は 1 本目の需要量から徐々に増加し，6 本目の需要量で最大になることがわかります。市場価格が 25 円の場合，図 2-6 の網かけのところが消費者余剰になります。もちろん，これを複数の消費者に拡張して使うことも可能です。たとえば，複数の消費者がビールを需要すると仮定し，横軸のビールの需要量の単位を 100 本にしたらどうなるのでしょうか。つまり，横軸の 1 本の代わりに 100 本を，6 本の代わりに 600 本を想定して 1 本目から 600 本目までのビールの棒グラフを図 2-6 に描き入れることを考えてみてください。そうすると，消費者余剰は

36

△AED の面積にほぼ等しくなることがわかります。したがって，今の例を市場全体に拡張して，市場全体の消費者余剰を計算することも可能です。また，図 2-6 の点線（D－D 線）は図 2-1 で導出した需要曲線にほかなりません。

◆生産者余剰

　生産者とは，財・サービスを生産する主体で，経済学では「企業」や「供給者」という言葉もよく使われています。生産者は財・サービスを生産し供給することによって利益を得ることができますが，それを生産者余剰と呼びます。つまり，生産者余剰とは，生産者が財・サービスを生産・販売（供給）して実際に獲得した金額と，その商品を販売して必ず獲得しなければならない最低金額（総費用）との差額です。

　かりに，25 円の総費用をかけて 1 本のビールを生産し，実際に，それを150 円で販売したとしましょう。この場合，1 本目のビールを販売して実際に獲得した金額は 150 円で，必ず獲得しなければならない最低金額は 25 円です。その理由は，当該ビールを製造するのにかかった総費用は 25 円で，25円以上の価格で販売しなければ，利益を得ることはできないからです。したがって，この場合，生産者余剰は 125 円（150 円－25 円）になります。

　図 2-7 は生産者余剰を説明するために，縦軸にビールの価格と費用を，横軸にはビールの供給量を示したものです。生産者が最初の 1 本目のビールを生産するために使った総費用は 25 円，2 本目のそれは 50 円，3 本目のそれは75 円……となっています[7]。

　さて，図 2-7 のケースで生産者余剰はいくらになるのでしょうか。たとえば，市場価格（実際の取引価格）が 150 円であるとし，生産者は図のように7 本のビールを供給すると仮定します。図 2-7 から最初の 1 本目以降，1 本ずつ追加的に供給量を増やせば，第 6 本目まで利益は増加しつつあることが

7）　本書では，生産量を 1 本ずつ増加させることによって，総費用は 25 円ずつ均一的に増加することになっていますが，現実の経済では決してそうではありません。費用構造と供給行動をもっと深く理解するためには，固定費用や可変費用をはじめ，平均費用，限界費用などに関する予備知識が必要です。それらについてはミクロ経済学の教科書をご参照ください。

第 2 章　経済学の基礎：需要と供給　　37

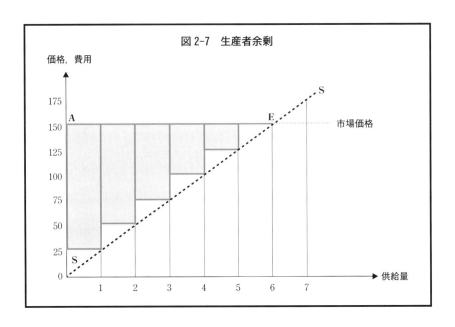

図 2-7 生産者余剰

表 2-2 生産者余剰の変化

	実際に獲得した金額 (収入)	獲得すべき最低金額 (費用)	生産者余剰 (累積合計)
第 1 本目	150	25	125 (125)
第 2 本目	150	50	100 (225)
第 3 本目	150	75	75 (300)
第 4 本目	150	100	50 (350)
第 5 本目	150	125	25 (375)
第 6 本目	150	150	0 (375)
第 7 本目	150	175	-25 (350)

わかります。ところで，生産者が第7本目まで供給した場合，利益はどうなるのでしょうか。第7本目のビールの市場価格は150円なのに総費用は175円ですので，25円の損失が発生することになります。その結果，生産者にとって利潤最大化が実現できる供給量は第6本目までであることが明らかで

す（表2-2参照）。ちなみに、図2-7の点線（S-S線）は図2-2で導出した供給曲線と同じものです。

生産者余剰も消費者余剰のケースと同じように、個々の供給者（生産者＝企業）の供給曲線を足し合わせれば、市場全体の総供給曲線になります。市場全体の生産者余剰は、1国に存在する個々の供給者の供給曲線を足し合わせることで求められます。その場合、すべての供給者による生産者余剰は、図2-7の⊿AESの面積と等しくなります。

◆ 社会的余剰

いままで消費者余剰と生産者余剰をそれぞれ分離して説明してきましたが、図2-8は両者を同じ土俵に登場させたものです。消費者と生産者による需給は同じ土俵（市場）で行われますのでので、その方がより現実的であるといえるでしょう。すでに説明したとおり、消費者余剰は⊿AED、生産者余剰は⊿AESの面積で示されます。経済学ではこれらの消費者余剰と生産者余剰

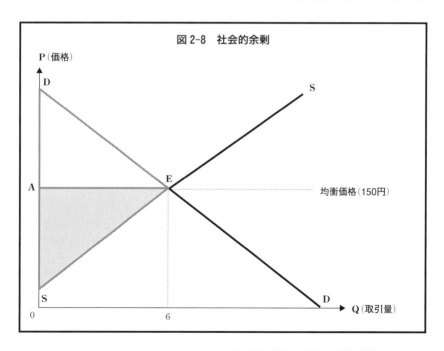

第2章 経済学の基礎：需要と供給　39

を合計したものを**社会的余剰**（social surplus），または**総余剰**（total surplus）と呼びます。

図 2-8 の E 点が需要と供給の均衡点であることは，すでに**図 2-3** で説明しました。**図 2-8** の場合，取引量（需要量と供給量）は 6 であり，そのときの均衡価格は 150 円です。ここで注意しなければならない点は，均衡点 E のもとで総余剰が最大になるということです。つまり，均衡点において，消費者余剰の最大化（効用最大化）と生産者余剰の最大化（利潤最大化）が実現され，消費者と生産者にとって理想的な点になることがわかります。また，需給が一致する均衡点 E では，資源の無駄使いもなく，最適な資源配分が行われる点でもあります。それは消費者と生産者の合理的な経済活動の結果によるものといえます。

2.3　余剰分析の応用例

以上の説明で消費者余剰，生産者余剰，総余剰の意味がよく理解できたと思います。それでは，これから余剰分析の応用例を一つ紹介しましょう。余剰分析は，貿易効果や課税効果などさまざまな経済分析に用いられますが，ここでは 2 国間の貿易利益の応用例を取り上げることにします。

①貿易前

図 2-9 の右半分の図は，貿易を行う前の日本のある貿易財（ここでは「自動車」と仮定）の供給曲線と需要曲線であり，日本の国内均衡価格は p であることがわかります。そのとき，日本の消費者余剰と生産者余剰はそれぞれ $\triangle pED$ と $\triangle pES$ です。一方，左半分の図は，貿易を行う前の貿易相手国であるアメリカの供給曲線と需要曲線です。アメリカの場合，国内均衡価格 p のもとで，消費者余剰と生産者余剰はそれぞれ $\triangle pED$ と $\triangle pES$ とであることがわかります。

②貿易開始

さて，両国の間で貿易が行われた場合，両国の消費者余剰と生産者余剰は

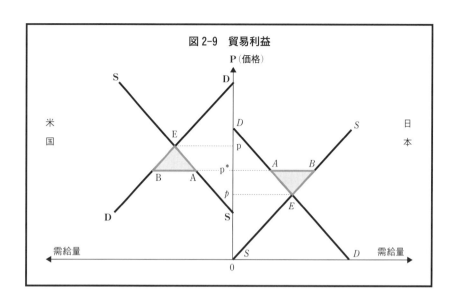

図 2-9 貿易利益

それぞれどのように変化するかについて検討しましょう。通常，財・サービスの質が同一であれば，財・サービスは国内価格が低い国から高い国へ輸出されます。一方，財・サービスの国内価格が高い国は，低い国から商品を輸入すると考えられます。

ここでは，日本は日本製の自動車をアメリカに輸出し，アメリカは日本製の自動車を輸入すると仮定します。図 2-9 のように，日本の国内取引価格がアメリカの国内取引価格より安価である場合（p＞p），上で説明したように，両国の間で貿易は行われると考えられます。両国間で貿易が行われると，日本の国内自動車価格は上昇（p→p*）し，アメリカの国内自動車価格は下落（p→p*）します（その理由については，1.1 節で勉強した内容を参考に各自考えてみてください）。そうすると，自動車の価格自動調整機能が両国の取引で働き，最終的に両国の自動車価格は p* になります。

新しい価格 p* のもとでは，日本の自動車の供給量は p*〜B，需要量は p*〜A ですので，A〜B の超過供給が存在します。日本はこの超過供給分（A〜B）をアメリカへ輸出することになります。逆に，アメリカでは需要超過（A〜B）が存在するので，日本から超過需要分の自動車を輸入することに

第 2 章　経済学の基礎：需要と供給　　41

表 2-3 貿易効果

		貿易前	貿易後	結　果
日　本 (輸出国)	国内の価格	p	p*	価格上昇
	消費者余剰	$\triangle pDE$	$\triangle$p*AD	損失発生
	生産者余剰	$\triangle pES$	$\triangle$p*BS	利益発生
	社会的余剰	$\triangle DES$	$\triangle$p*AD + $\triangle$p*BS	利益発生 ($\triangle ABE$)
アメリカ (輸入国)	国内の価格	p	p*	価格下落
	消費者余剰	$\triangle$pED	$\triangle$p*BD	利益発生
	生産者余剰	$\triangle$pES	$\triangle$p*AS	損失発生
	社会的余剰	$\triangle$DES	$\triangle$p*BD + $\triangle$p*AS	利益発生 ($\triangle ABE$)

なります。

③貿易後

　ところで，貿易開始後の両国の消費者余剰と生産者余剰はどのように変化したのでしょうか。両国とも新しい均衡価格は p* ですので，日本の消費者余剰は$\triangle$p*AD，生産者余剰は$\triangle$p*BSになっています。一方，アメリカの消費者余剰と生産者余剰は，それぞれ$\triangle$p*BD と$\triangle$p*AS に変化していることが確認できます。

　貿易前と貿易後の生産者余剰と消費者余剰を比較してみれば，貿易効果を正確に計測することができますが，それは以下のとおりです。**表 2-3** で明らかなように，日本は貿易を行うことによって自動車価格が上昇し，消費者は損失をこうむることになりますが，生産者は自動車価格の上昇によって利益を得ることになります。一方，アメリカでは真逆のことが発生します。つまり，貿易の影響でアメリカでの自動車価格は下落します。その結果，アメリカの消費者は利益を得ることになりますが，一方，生産者は損失を被ることになります。

　しかし，結論として重要なことは，輸出国（日本）も輸入国（アメリカ）もともに総余剰（社会的余剰）は拡大するということです。日本の場合，貿

易の影響で消費者は損失を被り，生産者は利益を得ることになります。しかし，貿易による消費者の損失分より生産者の利益分の方が大きく，貿易後の日本の総余剰は⊿ABEだけ拡大します。

以上の分析を通して，さらに，貿易は輸出国である日本だけではなく，輸入国であるアメリカにも利益（⊿ABE）をもたらすこともわかります。

練習問題

2-1 以下の文章の（　）内に最も適切な用語や数値を記入しなさい。
(1) 超過供給（需要＜供給）の場合，価格は（　①　）するはずなので，需要は（　②　）する。一方，超過需要（需要＞供給）の場合には，逆に価格が（　③　）するので，需要は（　④　）すると考えられる。
(2) グラフの縦軸に価格を，横軸に取引量をとって需要曲線と供給曲線を描いたとき，（　①　）曲線は右下がりの曲線，（　②　）曲線は右上がりの曲線になる。また，需要と供給が等しいところで（　③　）と（　④　）が決定される。
(3) 経済は（　①　）と（　②　）が均衡するとき，安定する。

2-2 以下の用語を説明しなさい。
(1) 市場原理
(2) 予算制約
(3) 効用最大化
(4) 利潤最大化
(5) 社会的余剰

2-3 次の問いに答えなさい。
(1) 需要曲線と供給曲線の均衡点を「経済学の聖なるクロス」と呼ぶこともあるが，それは何を意味するのか。「価格の自動調整機能」を考慮しつつ具体的に解説しなさい。
(2) 「まとめ買いは得」という場合，その根拠について消費者余剰を用いて

第2章 経済学の基礎：需要と供給　43

図示しながら具体的に説明しまさい。

(3) 輸出は「善」，輸入は「悪」という主張に対し，それは誤りであること
を「社会的余剰」概念を用いて反論しなさい。

第3章

マクロ経済の安定化

本章の目的：

- 本章では，マクロ経済（1国経済）の安定や成長をはじめ，マクロ経済政策理論の概要について説明します。
- なぜ総需要と総供給の均衡がマクロ経済の安定条件になるのか，その理論的根拠について解説します。
- マクロ経済が不安定な場合，安定化政策に必要な政策理論として，新古典派とケインズ派の考え方を紹介します。

キーワード：

▶総供給 ▶総需要 ▶GDPの構成 ▶セーの法則 ▶見えざる手 ▶有効需要の原理 ▶価格調整 ▶数量調整 ▶価格メカニズム ▶限界革命 ▶ケインズ革命 ▶完全雇用 ▶賃金の下方硬直性 ▶自発・非自発的失業者 ▶インフレ・ターゲット政策

3.1　総供給と総需要

　この章では，第2章で説明した供給と需要の均衡概念を用いて，まず，1国経済（マクロ経済）の安定化について検討します。ミクロ経済学であろうと，マクロ経済学であろうと，経済学において供給と需要が，極めて重要な概念であることは，すでに第2章で詳細に説明しました。ここでは，さらにその概念を拡張して1国経済に適用し，マクロ経済の安定化について説明します。

　1国経済に存在するすべての供給を「**総供給（aggregate supply）**」，すべて

45

の需要を「**総需要（aggregate demand）**」と呼びますが，ここで**総**（gross = aggregate）とは，「すべて」，「全部」の意味です。したがって，総供給とは，マクロ経済に存在するすべての企業によって生み出された財・サービスの生産総額です。一方，総需要とは1国経済に存在するすべての経済主体による需要総額です。これから総供給と総需要について具体的に説明しましょう。

◆総需要と総需要の内訳

　まず，総供給の中身について説明します。総供給とは，1国の国内で生産された国内総生産（それを「GDP」[1]と呼びます）と外国からの輸入によって構成されています。ここで輸入が総供給の構成項目になっている理由は，それ（輸入品）が外国で生産されたモノだからです。つまり，輸入は外国で生産されたモノを国内に供給するので，生産とみなしているのです。そのメリットについては，すでに第2章の「貿易利益」のところで具体的に取り上げました。もし，その内容について理解が曖昧な方は，面倒くさいと思わず，第2章に戻ってしっかりとそれを理解しておくことが重要です。

　以上のことを踏まえて，つぎの (3-1) 式は総供給を一つの恒等式で表したものです。

$$総供給(Y^s) = ①国内総生産(GDP) + ②輸入(IM) \qquad (3\text{-}1)$$

　一方，総需要はどのような項目によって構成されているのでしょうか。第2章で1国経済の経済活動を担う経済主体について取り上げましたが，まずそれを思い出してください。繰り返しになりますが，経済主体とは家計，企業，政府，外国のことであり，総需要はすべての経済主体の需要を合計したものにすぎません。経済学では，家計の需要を「家計消費」，企業の需要を「投資」，政府の需要を「政府支出」，外国の需要を「輸出」と呼びますが，これらの四つの需要を合計したものが総需要です。

　しかし，投資と輸出が需要項目であることに半信半疑の読者もいらっしゃるかもしれませんので，それについて簡単に触れておきましょう。まず投資

1）　GDP（国内総生産）はマクロ経済の最も重要な経済指標なので，第4章で具体的に取り上げます。

表 3-1　財・サービス市場における経済主体の主な需給内訳

	家　計	企　業	政　府	外　国
総供給		① GDP		② 輸　入
総需要	③ 消　費	④ 投　資	⑤ 政府支出	⑥ 輸　出

とは，企業が企業活動を行うのに必要な支出（消費）のことです。ここで企業活動とは，主に利潤最大化のために行う生産活動のことですが，企業はそのために新しい土地を購入して新工場を建設したり，新しい生産設備や新技術を導入したりします。また，企業は社員が使うパソコンや文房具の購入に至るまでさまざまな支出を行いますが，そのような企業の支出を網羅して投資といいます。単純に，支出＝消費＝需要であると考えれば，投資が需要項目であることに違和感はないと思います。また，輸出は外国（人）による消費なので，総需要の構成項目となります。

　したがって，マクロ経済における総需要は，つぎの恒等式で表すことができます。

$$総需要(Y^D) = ③消費(C) + ④投資(I) + ⑤政府支出(G) + ⑥輸出(EX) \qquad (3\text{-}2)$$

　また，以上の総供給と総需要の内訳をわかりやすく整理したものが**表 3-1**です。当たり前のことですが，**表 3-1**の供給項目である①と②を合計したものが総供給であり，③，④，⑤，⑥を合計したものが総需要になります。財・サービス市場（以下，「財市場」と表記します）に限っていえば，主に企業と外国は需給の両方の経済活動を行っていることがわかります。

3.2　マクロ経済の安定

　第 2 章で取り上げた需要と供給の「聖なるクロス」の意味が理解できたとすれば，つぎの式こそ，マクロ経済の安定式（均衡式）であることに異論はないと思います。

$$総供給(Y^S) = 総需要(Y^D) \tag{3-3}$$

　上の（3-1）式と（3-2）式をそれぞれ（3-3）式の均衡式に代入すれば，つぎの（3-4）式が得られます。（3-4）式の左辺は総供給の中身を，右辺は総需要の中身ですので，この式は本質的に（3-1）式とまったく同じものであり，総供給と総需要の均衡式であることはいうまでもありません。

$$GDP(Y) + 輸入(IM) = 消費(C) + 投資(I) + 政府支出(G) +$$
$$輸出(EX) \tag{3-4}$$

　さらに，（3-4）式の左辺にある輸入を右辺に移項して整理すると，（3-5）式になりますが，この式こそ生産面から見た GDP は支出面から見た総需要と等しいことを表しています。

$$GDP(Y) = 消費(C) + 投資(I) + 政府支出(G) +$$
$$\{輸出(EX) - 輸入(IM)\} \tag{3-5}$$

　すでに，三面等価の原則で説明したように，（3-5）式はマクロ経済の活動水準を生産面と支出面から捉えたものにすぎません。若干異なる点があるとすれば，（3-5）式には外国との取引を表す輸出と輸入の項目が含まれている点です。いわば，（3-5）式は国内経済だけではなく，外国との取引も含まれることになります[2]。そのような観点から，（3-5）式は現実経済の実態がよく反映されているといえます。

　さて，（3-4）式の両辺から輸入を差引くことで（3-5）式になりましたが，どうして両辺から輸入を差し引くのでしょうか（それは左辺の輸入を右辺に移項したのと同じ意味です）。その理由は，輸入そのものが海外で生産されたものだからです。つまり，（3-5）式の右辺の GDP とは国内総生産の意味ですので，外国で生産されたものを除外しなければなりません。もうちょっ

---

[2]　国内経済を閉鎖経済（closed economy），外国との取引をも考慮した国際経済を開放経済（open economy）と呼ぶこともあります。

表 3-2　日本の名目 GDP 構成（2015 年）

	金額（10 億円）	構成比（％）
GDP	530,545.2	100.0
消　　　費（C）	363,850.7	68.6
投　　　資（I）	126,842.0	23.9
政 府 支 出（G）	41,566.2	7.8
輸出 − 輸入（NX）	− 1,713.7	− 0.3

（出所）　内閣府経済社会総合研究所『平成 27 年版国民経済計算年
　　　報』メディアランド株式会社，2017 年 5 月，80-81 ページよ
　　　り作成。

と具体的に説明しますと，総需要項目である消費をはじめ，投資，政府支出，輸出の中には，海外から輸入された原材料や部品などが多く含まれているはずです。たとえば，私たちが日頃愛用している国産のパソコンや自動車は，すべて国産の部品で製造されているわけではなく，輸入された原材料や部品もかなり含まれています。あくまで GDP は，国内経済の生産活動を表す指標ですので，輸入を差引くのは当然のことです。

　ちなみに，新聞やテレビなどのマスコミでは，「内需」と「外需」という用語をよく使いますが，内需とは，財・サービスの**国内需要**（domestic demand），すなわち消費＋投資＋政府支出のことであり，「外需」とは財・サービスの**外国需要**（foreign demand），すなわち「輸出」のことです。しかし，実際には，輸出から輸入を差し引いた差額（それを**国際収支**（balance of payment）か**純輸出**（net export）と呼びます）を外需として用いることが多いのです。

　つぎに**表 3-2** は，2015 年度の日本の GDP 構成を支出面から見たものです。この表から読み取れるように，家計消費（C）が GDP の 6 割弱を占めています。消費のつぎに，投資，政府支出の順になっていますが，そのような傾向は日本だけではなく，他の先進諸国でもおおむね共通している現象であるといえます。

　ここで強調しておきたいことは，マクロ経済学における（3-5）式の重要性です。結論としていえば，（3-5）式はマクロ経済を理解するのに最も重要な式なので，この式に辿り着くまでのプロセスをよく理解したうえ，いつ，ど

第 3 章　マクロ経済の安定化　　49

こでもこの式を思い出せるようにする必要があります。なぜなら、魚が生きていくためには、基本的に水や餌が必要であるように、現実のマクロ経済活動を正しく理解し、あり得る経済問題に対して的確な判断を下すためには、この式が不可欠であるからです。

たとえば、マクロ経済が安定しているかどうかの判断は、この式によって下されることになります。なぜなら、この式がマクロ経済の活動水準を総供給と総需要の両面から捉え、さらに総供給＝総需要の場合のみ、マクロ経済は安定するからです。そのような意味で、(3-5) 式はマクロ経済学の「屋台骨」と考えられます[3]。

> ## マクロ経済の安定条件：総供給(Y^S)＝総需要(Y^D)

ちなみに、経済学では「均衡」＝「安定」の意味としてよく用いられていることに注意しましょう。

> ## 均衡＝安定

◆不安定の実態

1国の経済が安定しているかどうかは、私たちの生活と直接関わっているので、それに対して私たちが常に高い関心を持っているのは当然のことです。たとえば、1990年代の初めに日本で発生した**平成不況**（Heisei Recession）やそのきっかけになったといわれている80年代後半の**バブル経済**（bubble economy）の崩壊は、日本経済の不安定的な状況を表す好例です。ほとんどの人がいまでも記憶しているように、バブル経済の崩壊と平成不況は日本の経済社会に酷い爪痕を残しました。まさかと思われる大手企業の倒産をはじめ、失業者や自殺者の急増、若年層のフリーターやニート問題などはそれを象徴する出来事でした。

---

3) さらに、私たちが日頃見聞するほとんどの経済ニュースは、この式をベースにしていますので、この式の理解は絶対に必要です。

さて，現実の経済において，総需要と総供給のあり得る状況は以下の三つのケース以外には考えられません。つまり，どの国の経済であっても，三つのケースのうち，いずれかに該当するはずです。もちろん，マクロ経済が安定しているのは①のケースだけです。①のケースでは，すべての売り手と買い手の間で希望どおりの経済活動が行われており，マクロ経済は安定しているといえます。

①総供給（Y^S）＝総需要（Y^D）：安定
②総供給（Y^S）＞総需要（Y^D）：不安定（景気沈滞）⇒「平成大不況」
③総供給（Y^S）＜総需要（Y^D）：不安定（景気過熱）⇒「バブル経済」

　しかし，②と③のケースはどうでしょうか。とりあえず，②のケースを例にとって考えてみましょう。②の状況の下では，たとえば，自動車の生産台数は120台もあるのに，100台しか売れず，20台の売れ残りが存在するケースです。この場合，企業は売れ残りに不満を抱きながら生産量を減らすと考えられます。なぜなら，第2章で触れたように，売れない車を生産すると費用が嵩むだけで，とりあえず，生産量を減らしたほうが合理的な判断だと考えられるからです。結局，売れない20台の生産量を減らすためには，既存の120台の生産体制を見直さなければなりません。
　つまり，20台の減産に踏み切るわけなので，いままでその20台分を作るのに必要であった労働者は不要となり，企業は雇用調整（この場合，リストラ）を行うはずです。ここでの雇用調整とは，残業やアルバイトを中止するか，極端な場合，自動車の減産によって要らなくなった労働者を解雇することを意味します。それによって雇用調整の対象になった労働者の所得水準は減少しますので，その分，社会全体の消費量も減少すると考えられます。社会全体の消費量の減少は，再び自動車の消費量にも悪影響を及ぼし，車の消費量（販売量）はさらに落ち込むことになるでしょう。
　今までの説明を簡単にまとめると，つぎのようになります。総供給＞総需要のもとでは，生産量↓⇒雇用調整（失業者↑）⇒所得↓⇒消費↓⇒さらなる生産量↓⇒さらなる失業者↑⇒……⇒ということになって，景気はますま

第3章　マクロ経済の安定化　　51

す悪くなっていきます。不況（＝不景気＝景気沈滞）は，本質的にこのような原因によって発生するものです。低成長や企業倒産，**デフレーション**（deflation）[4]（以下，「デフレ」と呼ぶ）などは，不況がもたらす深刻な経済問題であることは言うまでもありません。

　一般に，「景気が悪い」，「不況だ」という言葉をよく耳にしますが，いったい景気とは何でしょうか。ひとことでいえば，「消費の動向」を景気といいます。消費が旺盛であれば，「景気は良い（好況）」ことになりますが，逆に消費が低迷していれば，「景気は悪い（不況）」ことになります。したがって，不況は消費の低迷（総供給＞総需要）によって発生するものであるといえます。

　現在，日本政府は長年続いている不況から抜け出すため，さまざまなマクロ経済政策（特に，安倍政権の経済政策は**アベノミクス**（abenomics）と呼ばれています）を導入しています。とりわけ，安倍政権は，デフレが不況の主な原因であると判断し，デフレ退治こそ急務であると主張します。そのため，日本政府は 2012 年以降，いわゆる**インフレターゲット政策**（inflation targeting policy）を策定して意図的にインフレを引き起こそうとしています。

　それでは，なぜデフレが不況（消費減少）の主要因になるのでしょうか。デフレは商品価格の下落を意味しますので，デフレの下で企業の利潤は減少します。利潤の減少は投資の減少や新規雇用の減少を招きますが，とりわけ新規雇用の減少は失業者の増加を意味します。失業者は給与を得ることができず，その結果，消費も低迷することになるのです。結局，デフレは不況を誘発する原因になりますが，デフレの弊害はそれだけではありません。たとえば，デフレが進行している場合，私たちは現時点での消費を躊躇します。なぜなら，今日の価格より明日の価格，明日の価格より 1 か月後の価格が安くなると予想して，今日の消費を控えるからです。その結果，ますます総供給＞総需要となって，不況の改善は期待できなくなるのです。

　つぎに，③のケースについて説明しましょう。すでに気づいていると思いますが，②のケースとはまったく逆の現象が発生します。したがって，先ほ

4）　デフレーション（deflation）とは，何らかの理由で，物価が 2 年以上持続的に下落する現象です。

どの②の説明で用いた矢印をすべて逆の方向にすれば簡単に理解できるはずです。しかし、この場合、景気は加熱します。景気の加熱はいくつかの問題を誘発しますが、とりわけ、ここでは**インフレーション**（inflation：以下、「インフレ」と呼びます）⁵⁾の問題を取り上げてみましょう。たとえば、消費量に生産量が追いつかない需要超過の場合、直ちに生産量を増やすことができるのであれば、インフレの心配はなく、経済は落ち着くことになります。

　しかし、生産量を需要量に沿って直ちに増やすことは、そう簡単なことではありません。なぜなら、労働市場において完全雇用が実現されているとすれば、生産量を増産するのに必要な労働力の確保は困難です。また、完全雇用状態ではないとしても、失業者が直ちに特定の技能が要求される商品生産に勤めることは容易ではありません。たとえば、半導体や精密機械の生産は誰でもできるわけではなく、その仕事に就くためには一定の職業訓練が必要かもしれません。このように、総需要が総供給を上回る場合でも、さまざまな理由で、素早く生産量を増やすことはできない場合も多く、その結果によって発生するインフレは需要の減少を誘発し、企業はそれに見合わせて生産量を下げなければなりません。結局、②のケースと同じ結果を招くことになります。

　以上の説明から、経済が安定しているかどうかは総需要と総供給のバランスの問題であることが理解できたと思います。上の例で明らかになったように、不安定な経済状況の下では、さまざまな経済・社会問題が表面化します。したがって、当然のことですが、政策担当者は②と③のマクロ経済状況に対して、適切な政策を講じる必要があります。

◆不安定の類型と調整方法

　総供給と総需要が均衡しない場合、マクロ経済は不安定になることを簡単な例で確認しました。上記の②のケースや③のケースを放置すれば、マクロ経済はますます悪い方向に進んでいきます。その結果、社会全体に取り返しのつかない弊害をもたらすこともありえます。たとえば、私たちの体内にあ

5）　インフレーション（inflation）とは、超過需要、原材料や部品価格の高騰などで物価が2年以上持続的に上昇する現象です。

るヘリコバクター・ピロリ菌を駆除しないで放置すればどうなるのでしょう
か。それが原因で胃潰瘍はもちろんのこと，胃癌に罹る可能性すらあるので
はないでしょうか。同じように，経済の病気である総供給の総需要の不均衡
の問題を放置すれば，深刻な不況やバブル経済になることは火を見るよりも
明らかなことです。

　以上で具体的に取り上げたように，マクロ経済の不安定は二つの類型（②
と③のケース）しか存在しません。ここでは②のケースを集中的に取り上げ，
その調整（対策）について検討します。

　②のケースを次式のように仮定します。

$$\text{GDP}(100) > \text{消費}(60) + \text{投資}(20) + \text{政府支出}(15) + \text{貿易収支}(1)$$

$$(3\text{-}6)$$

　ただし，貿易収支（NX）は輸出（EX）－輸入（IM）であり，GDP = 100，消
費 = 60，投資 = 20，政府支出 = 15，貿易収支 = 1 と仮定しているので，総供
給（100）＞総需要（96）であることがわかります。この場合，何らかの手法を
用いて①の均衡式のように調整し直す必要があります。その調整の手法こそ，
マクロ経済政策といえます。

　さて，つぎの（3-7）式は（3-6）式をよりシンプルな式に変形したもので
すが，この式から経済の安定化を考えてみたいと思います。

$$\text{総供給}(100) > \text{総需要}(96) \tag{3-7}$$

　まず，（3-7）式を①のケースのような均衡式に調整する方法は，大まかに
いえば，つぎの三つの方法しかありません。

（1）総供給を減少（100 ⇒ 96）させる方法
　　∴総供給（96）= 総需要（96）
（2）総需要を増加（96 ⇒ 100）させる方法
　　∴総供給（100）= 総需要（100）
（3）総供給の減少（100 ⇒ 98）と総需要の増加（96 ⇒ 98）を同時に行う

方法

$$\therefore 総供給(98) = 総需要(98)$$

（1）のケースは，3.3 節で具体的に取り上げることにして，まず，（2）総需要の調整方法から説明しましょう。総需要は消費＋投資＋政府支出＋貿易収支の合計ですので，さまざまな組み合わせによる調整が可能です。家計の消費だけを増減させる方法もあれば，すべての項目を同時に増減させる方法もあります。不均衡の度合いが深刻であればあるほど，一つの項目をターゲットにするのではなく，複数の項目をターゲットにした方がより強力な政策効果が期待できるでしょう。

一方，（3）のケースもさまざまな組み合わせが考えられます。たとえば，総供給と総需要をそれぞれ 98 以外の数字でも均衡させることが可能です。いずれにしても，不均衡の調整の結果，総供給と総需要は拡大したり縮小したりします。しかし，どのようなケースでも総供給と総需要を均衡させることが最も重要なことになります。

3.3 不均衡の調整理論

長い経済学の歴史のなかで，経済学者はさまざまな経済問題を解決するために，常に切磋琢磨してきています。その研究成果は，まだ完璧なものとはいえませんが，経済学者の努力によって経済学が飛躍的に進歩していることは紛れもない事実です。

ここでは，需給の不均衡に対する調整理論として，古典派とケインジアンの考え方を紹介します。とりわけ，二つの考え方にこだわる理由は，この二つの考え方こそ，経済学という学問体系を支える最も中核的な理論だからです。

◆古典派の考え方

まず，古典派経済学は需給の不均衡に対して，どのような調整（政策）を考えているのでしょうか。すでに第 1 章でもふれたように，古典派経済学で

は経済活動の水準を決定するのは供給の方であり，「供給はそれ自身に等しい需要を創り出す（Supply creates its own demand.）」と主張しています（セーの法則）。古典派は供給と需要のうち，供給が最も重要であって供給さえあれば，それによって需要は自ら決定されると考えたのです。

経済活動水準（GDP）を決めるのは供給である

そのような経済社会では，かりに市場で供給と需要が一致せず，経済が不安定な状態にあるとしても，政府が政策をとる必要はありません。なぜなら，価格が需給の不均衡を自動的に調整してくれるからです。すでに第2章で述べたように，需要が供給を超過すれば，価格は上昇します。一般に，価格が上昇すれば，私たちはモノの購入を控えますから需要は減少し，結局，需給は一致することになります。一方，供給が需要を上回れば，価格は下落します。価格の下落は需要の増加をもたらしますので，この場合でも供給＝需要になります。これを価格メカニズムと呼びますが，いまの例でわかるように，価格は供給と需要の状況によって上下に変化します。経済学ではそれを**価格の伸縮性**（price elasticity）といいます。

もちろん，価格メカニズムが機能するためには**完全競争**（perfect competition）が前提条件になります。完全競争とは，多数の供給者（売り手）や需要者（買い手）が取引に参加することによって，特定の供給者や需要者が価格支配力を持たない状況をいいます。わかりやすくいえば，日本の自動車市場の場合，売り手は「トヨタ」しかないとすれば，自動車価格はトヨタによって支配される（決定される）可能性が高くなります。しかし，日本には複数の自動車産業があり，自動車価格はトヨタの意図とは違うところで決定されます。その理由は，価格メカニズムが機能するからです。

完全競争のもとで価格が自動的に上がったり下がったりする伸縮的な場合，結果的に需要＝供給となって，常に経済は安定することになります。したがって，古典派経済学において価格メカニズムは，市場の万能化を意味するものでもあります。さらに古典派は，不況の場合でも，不況は一時的な現象なので，政府は政策をとる必要はなく，もっぱら価格の自動調整機能に委ね

ておけば問題は自ら解決されると主張しているのです。

　古典派は，労働市場の分析にも価格（この場合は賃金）の自動調整機能を高く評価します。労働市場も財市場と同じように，労働価格である賃金が自由に上下することによって，常に**完全雇用**（full employment）[6]が実現されると主張します。

　たとえば，労働市場で労働供給が労働需要を上回った場合，失業者が存在することになります。しかし，市場メカニズムが機能する古典派経済学の考え方に従えば，この場合，必ず賃金は下落します。賃金が下落すれば，企業は賃金が下がった分，より多くの労働者を雇うことができますので，失業の問題は解決され，常に完全雇用が達成されるわけです。

　結論として重要なことは，古典派経済学の支柱である「セーの法則」や「市場メカニズム」が「短期」には成立せず，**長期**（long-run）に成立するということです[7]。たとえば，「価格メカニズム」が短期には機能せず，長期にのみ機能することになりますので，長期に限って均衡が達成され，経済は安定することになります。ここで長期とは，それぞれの市場での供給と需要の不均衡状態が，価格調整によって解決されつつ，均衡状態に至るまでの期間をいいます。

　このように，それぞれの市場で長期均衡が達成されるということは，たとえば，労働市場では完全雇用が実現され，財市場では完全雇用状態のもとで作り出された総供給が総需要に等しく，経済は極めて安定していることを意味します。さらに，特記すべきことは，長期において財市場での総供給は労働市場での完全雇用によって決定されるという点です。

　したがって，総供給は完全雇用 GDP に等しく，完全雇用 GDP は，物価水

6）　完全雇用とは，現在の賃金水準のもとで，働く意志のあるすべての人々が雇われている状態をいいます。しかし，現実の経済ではそのような完全雇用の実現はあり得ないので，一般的に失業率が 2％以下であれば，完全雇用とみなしています。

7）　経済学で用いる「短期」と「長期」は，私たちが日常の会話で使う「時間の長さ」とはかなり異なる概念であることに注意しましょう。たとえば，経済学では，1 年は短期，3 か月は長期になる場合もありえます。「短期」と「長期」については，いくつかの定義がありますが，ここでは，「需給が一致しない不均衡状態にもかかわらず，市場価格が変動しない期間」を短期と定義します。

第 3 章　マクロ経済の安定化　　57

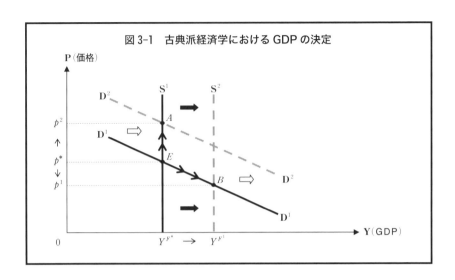

準の影響を受けないため，図3-1のように垂直な直線になります。この図からわかるように，総需要の増減はGDPの水準に何の影響も与えることなく，ただ価格水準に影響を与えるだけです。たとえば，総需要が$D^1 \to D^2$へ増加したとき，GDPの水準はそのままで，物価だけ$p^* \to p^2$へ上昇しています。

結論として，長期においてGDPに影響を与えるのは総供給です。図3-1から明らかなように，総供給がS^1からS^2へ増加すれば，GDPもY^{F^*}からY^{F^1}に増加します。ここで読者の皆さんは，経済活動の水準（GDP）を決めるのは総供給である（セーの法則）ことが確認できたと思います。

◆ **ケインズ派の考え方**

ところで，現実の経済はどうでしょうか。古典派経済学のように，財市場の需給は常に均衡し，供給されたモノはすべて需要されているのでしょうか。また，労働市場においても働きたい者はすべて雇用されていて，1人の失業者[8]も存在しない状態になっているのでしょうか。本当にそうなっているとすれば，マクロ経済学は不要かもしれません。

しかし，イギリスの経済学者で，マクロ経済学の創始者である**ケインズ**（J. M. Keynes, 1883-1946）は，とりわけ**短期**（short-run）において，古典派

経済学のような需給の均衡はあり得ないと主張しました。たとえば，供給が需要を上回っている場合，古典派経済学によれば，価格は必ず下落します。しかし，ケインズは短期において，供給＞需要の場合，価格が下がるものがあるとすれば，それは閉店間際の野菜や鮮魚くらいで，ほとんどの商品の価格は下がらないと考えました。それはなぜでしょうか。

　その主な理由は，まず，価格決定の仕組みにあります。ごく単純にいえば，企業は商品の価格を決定するとき，その商品の生産にかかった費用と利潤をベースに価格を決めるはずです。つまり，価格は，

$$p = C + \pi \tag{3-8}$$

となります。ここでPは価格，Cは費用，πは利潤です。たとえば，1本の鉛筆を生産するために導入した総費用は90円で，10円の利益を得ようとすれば，この商品の販売価格は100円になります。総費用の中身には，人件費を始め，原料・部品代，借入金に対する利子，地代などが含まれますが，ここでは，とりわけ人件費と原料・部品代に注目する必要があります。なぜなら，人件費と原料・部品代が総費用のほとんどを占めているからです。

　短期において価格を下げられない理由は，①社員の給料を削って商品の販売価格を下げることは，短期的には不可能に近いことだからです。なぜなら，企業が社員の給料を削減すれば，労働組合の反発や社員の勤労意欲の低下を招かざるを得ないからです。②生産のために現時点で投入している部品や原材料であっても，通常，数年前の契約によって仕入れたものがほとんどであり，その仕入れ価格を現時点で調整するのは困難だからです。また，もう一つの重要な理由は，③工業製品のほとんどは保管が可能であり，売れ残りがあるからといって，すぐに価格を下げて売りさばく必要はないからです。したがって，市場で需給の不均衡があったとしても，価格がすばやく反応するとは限りません。

---

8)　厳密にいえば，ここでの「失業者」は**非自発的失業者**（involuntary unemployment）のことです。非自発的失業者とは，働く意志があるにもかかわらず，働き口がないからやむを得ず失業している者です。これに対し，働き口があるにもかかわらず，働く意志がなく，自ら望んで失業している者を自発的失業者といいます。

第3章　マクロ経済の安定化　　59

一方，労働市場はどうでしょうか。どの国（地域）でも失業の問題を抱え
ていますが，失業者が存在するからといって，直ちに賃金を下げることは可
能でしょうか。先にも触れたように，労働市場において需給の不均衡が存在
する場合であっても，すぐに賃金を調整することは容易ではありません。特
に資本主義社会において，賃金は時とともに上昇するのが一般的な傾向であ
り，特殊な事情がない限り，賃金が下がることは減多にないはずです。現実
の経済において，賃金は下げにくいものであり，それを**賃金の下方硬直性**
（downward rigidity of wages）といいます。

　以上のように，価格は，特に「下方硬直的」なので，ケインズは価格メカ
ニズムを否定し，価格が需給の不均衡を自ら調整してくれるという古典派の
「市場万能主義」に異を唱えました。それが事実だとすれば，市場で需給の不
均衡が存在する場合，ケインズは一体どのような調整を考えたのでしょうか。

　彼は，少なくとも短期において，**数量調整**（quantity adjustment）による経
済の安定化をはかるべきだと考えました。数量調整とは，需給の不均衡の場
合，とりわけ需要の大きさを調整して需給を一致させる調整方法です。たと
えば，供給量が需要量を上回っているとき，単に需要量を増やして供給量に
合わせれば，経済は安定します[9]。したがって，ケインズは需給の不均衡は
価格調整ではなく，数量調整で是正できるものと考えたわけです。

　以上の議論でわかるように，ケインズ経済学では，短期において価格は変
動しにくいので，供給量は価格が一定のもとで増加したり減少したりするこ
とになります。したがって，総供給曲線は，**図 3-2** のように水平になります。
さらに，均衡 GDP は総供給曲線と総需要曲線が交わるところで決まります
ので，**図 3-2** で明らかなように，GDP の決定に影響を及ぼすのは総供給では
なく，総需要であることがわかります。つまり，「需要はそれ自身に等しい供
給を創り出す」ものであり，これこそ，ケインズ経済学の心臓部にあたる**有
効需要の原理**（principle of effective demand）[10]です。

---

9)　論理的に供給量を下げる方法もありますが，51 ページで検討したとおり，供給量を
　　下げると経済はますます不安定になる可能性があります。

10)　ケインズは，これまでの「需要」を改めて「有効需要」と呼びました。その理由は，
　　需要こそ経済活動のなかで最も有効なものであると考えたからです。需要＝有効需要。

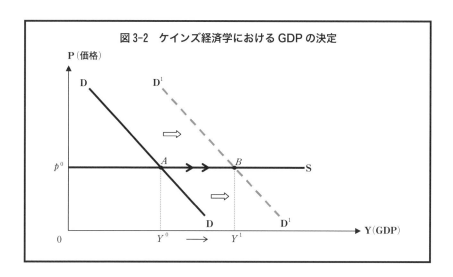

　身近な例で，有効需要の原理をもう少しわかりやすく説明しましょう。かりに，ある家電製品の小売店で販売されているテレビの販売量が月に20台だとし，最近何らかの理由で，その販売量が10台まで落ち込んだとします。ところで，そのテレビの販売量を回復させるには，どのような方法が考えられるのでしょうか。その販売量の落ち込みが長期的なものではなく，一時的なものであるとすれば，その解決方法は，つぎの二つしかないように思われます。

　まず，販売価格を下げる方法です。販売価格が安くなれば，テレビの販売量は必ず回復するはずです。しかし，価格を下げた場合，小売店の利益は落ち込むだけではなく，場合によっては損失が発生するかもしれません。したがって，このような解決方法は現実的であるとはいえません。

　2番目の方法として，次回から仕入量を減らす方法です。つまり，卸売業者への発注量を減らす方法を選択すると思われます。そうすると，テレビの卸売業者もテレビ・メーカーへの発注量を減らすはずですので，結果的にはテレビ・メーカーも生産量を減らすと考えられます。

　逆に，テレビの販売量が増えた場合には，今の例とは正反対のことが発生するので，テレビ・メーカーの生産量は増加します。このように，いずれの

ケースにおいても，需要量によって供給量が調整され，最終的には供給と需要が等しくなります。

経済活動水準（GDP）を決めるのは需要である

　以上の説明で明らかになったように，需要の大きさが供給の大きさを決めるので，1国の総供給の大きさ（GDP）は1国の総需要の大きさによって決定されることになります。特に，不況や失業の本質的な原因は需要不足であるので，不況や失業を回避するためには，需要を拡大させる必要があります。需要が拡大すれば，企業は利潤拡大のチャンスだと判断し，より多くの労働者を雇って生産の拡大を図るでしょう。それによって失業の問題は改善されることになります。

　このように，古典派経済学の礎とも言うべきセーの法則は，ケインズの有効需要の原理によって完全にひっくり返されました。したがって，有効需要の原理は，当時の経済社会に大きなインパクトを与えたに違いありません。それはまさに「太陽は東の方から昇り，西の方へ沈む」という真理が崩れ，逆に「太陽は西の方から昇り，東の方へ沈む」というような衝撃を与えたと思います。

　実際に，ケインズの有効需要の原理は，今日に至るまでさまざまな国や地域で用いられ，経済成長に計り知れない役割を果たしてきています。したがって，そのようなケインズの功績を称えて**ケインズ革命**（Keynesian revolution）と評価しています。

　また，ケインズは価格メカニズムの限界に注目して，不況のときには政府の政策介入による有効需要創出の重要性を指摘しました。**図 3-2** で説明したとおり，GDP はもっぱら有効需要の変動によって増減します。有効需要を創出するためには，政府によるマクロ経済政策（財政政策や金融政策など）が重要であり，財政政策や金融政策の理解を深めることが，本書の主な目的であることをここでもう一度強調しておきましょう。

　以上のことを踏まえて，古典派経済学とケインズ派経済学の対立する見解を簡潔に整理すると，**表 3-3** のとおりです。

62

表 3-3　古典派経済学とケインズ派経済学の主要内容比較

	古典派経済学	ケインズ派経済学
経済学ジャンル	ミクロ経済学	マクロ経済学
GDP の決定要因	総供給（セイの法則）	総需要（有効需要の原理）
不況の原因	総供給の不足	総需要の不足
不均衡の調整手段	価格	数量（総需要）
時間	長期	短期
価格変動	伸縮的	硬直的
価格の決定速度	速い	遅い
政府の政策介入	不要	必要

練習問題

3-1　つぎの文章の（　）内に最も適切な用語や数値を記入しなさい。

(1) 総供給は，（　①　）と（　②　）で構成されている。

(2) 総需要は，（　①　）+（　②　）+（　③　）+（　④　）を合計したものである。

(3) マクロ経済が安定するためには総供給＝総需要になる必要がある。総供給と総需要のそれぞれの構成項目を用いて均衡式（総供給＝総需要）を整理すれば，次式のようになる。

GDP =（　①　）+（　②　）+（　③　）+｛（　④　）−（　⑤　）｝

3-2　以下の用語を簡単に説明しなさい。

(1) 価格メカニズム

(2) 完全競争

(3) 有効需要の原理

(4) 賃金の下方硬直性

(5) 非自発的失業者

3-3　次の問いに答えなさい。

(1) かりに，現実の経済が総供給＞総需要の不均衡状態であるとすれば，

第 3 章　マクロ経済の安定化　　63

どのような問題の発生が予想されるのか，簡潔に説明しなさい。

(2) 総供給＞総需要の不均衡によってマクロ経済が不安定な状況にあるとき，その対策を古典派経済学の「セーの法則」に基づいて述べなさい。

(3) 総供給＞総需要の不均衡によってマクロ経済が不安定な状況にあるとき，その対策をケインズ派経済学の「有効需要の原理」に基づいて述べなさい。

(4) 「有効需要の原理」によれば，均衡 GDP の水準は総供給の大きさではなく，総需要の大きさによって決定される。その理由は何か。

(5) 古典派経済学の「セーの法則」とケインズ経済学の「有効需要の原理」は正反対の内容であり，とりわけマクロ経済学の立場から「セーの法則」は誤，有効需要の原理は正であると認識しやすい。しかし，両方とも正しい経済学理論であるが，それについてあなたの見解を述べなさい。

3-4 ある国の直面しているマクロ経済状況は，総供給（100）＞総需要（90）であると仮定すれば，その対策は以下のとおりである。

①総供給の減少（100 ⇒ 90）

∴総供給(90)＝総需要(90)

②総需要の増加（90 ⇒ 100）

∴総供給(100)＝総需要(100)

③総供給の減少（100 ⇒ 95），総需要の増加（90 ⇒ 95）

∴総供給(95)＝総需要(95)

ところで，①と③のケースは現実的に採用しにくい政策であるが，その理由について説明しなさい。

第4章

GDPと輸入

本章の目的：

○本章では，マクロ経済の均衡式（総供給＝総需要）から，総供給の構成項目である GDP と輸入について学びます。

○ GDP の意味，計算方法，役割などをはじめ，GDP を決定する要因はなにかについて説明します。

○輸入の決定にはどのような要因が関わっているかについて説明します。

▶付加価値 ▶フロー（flow） ▶ストック（stock） ▶名目 GDP ▶実質 GDP ▶GDP デフレーター ▶経済成長率 ▶購買力平価 ▶2国1財モデル ▶バブル経済 ▶為替レート ▶固定・変動為替相場制度 ▶プラザ合意 ▶円高不況

4.1 国内総生産（GDP）

　総供給はマクロ経済の生産活動を表す指標です。すでに述べたとおり（3-1 式），総供給は GDP と輸入によって構成されていますが，ここでは，まず GDP を取り上げ，その意味や役割，決定要因などについて検討します。

　GDP については，すでにマスコミや書物などで接したことがあろうかと思いますが，マクロ経済の均衡式（総供給＝総需要）において，いわば GDP を生産面から捉えたものが総供給です。私たちは，GDP の動きを分析することで，経済規模や経済成長，景気動向など，実態経済に関するさまざまな情報を得ることができます。したがって，これから GDP をいろんな角度か

ら分析してみることにします。それでは，まず GDP の定義からスタートしましょう。

> GDP とは，国籍を問わず，ある国の国内居住者によって，ある一定期間に生産された財・サービスの付加価値の総額である

◆ GDP の特徴と計算方法

①「国籍を問わず，ある国の国内居住者」

日本の場合，日本の国内には日本人だけではなく，さまざまな国から来日した外国人が経済活動に参加しています。日本の GDP を計測するとき，その GDP の生産主体は，日本の国内に居住しているすべての日本人＋外国人となります。したがって，日本で勉強している留学生のアルバイトによる所得も，日本の GDP に算入されることになります。

②「ある一定期間」

ある一定期間とは，通常は 1 年間です[1]。多くの国は 1 月 1 日から 12 月 31 日までの 1 年間を対象期間とします。しかし，日本の場合，会計年度は 4 月 1 日から翌年の 3 月 31 日までなので，その 1 年間が対象期間となります。

さらに，ここで重要なことは，**フロー**（flow）と**ストック**（stock）の概念です。まず，フローとは，「ある期間に行われた経済活動の成果を示したもの」をいいます。言い換えれば，ある一定期間内の変化量のことです。たとえば，GDP こそ 1 年間を通じて行われた生産額のことですので，フローの概念であり，1 時間の時給，1 か月の給料，1 年間の年収もすべてフローの概念です。

一方，ストックは，「ある時点での存在量」のことです。たとえば，「12 月 31 日 12 時現在，100 万円の預金がある」という場合，この 100 万円の預金はストックの概念ですが，「1 月 1 日から 12 月 31 日まで，1 年間に貯めた預金

---

1)　日本をはじめ，多くの先進国では四半期（3 か月）ごとに GDP の速報値も公表し，GDP を景気動向や景気予測などに利用しています。

は100万円である」という場合はフローの概念です。このように同じ預金額であっても，「期間」を基準にするか，「時点」を基準にするかによって，その意味は異なります。フローとストックの代表的な経済指標に，つぎのようなものがあります。

> フロー：GDP，民間消費，民間投資，政府支出，経常収支，資本収支など
> ストック：貨幣供給量，国債累積額，貯蓄累積額，資本，土地，株式など

③「財・サービス」

経済学では，「財・サービス」という用語がよく使われています。すでに第1章で取り上げましたが，「財」とは，いわゆる「形のある商品」のことです。たとえば，私たちが普段身につけている服や履物，靴下，時計，眼鏡はもちろん，カバンとその中に入っている本やノート，ボールペン，消しゴムなどを財といいます。このように考えると，この世の中には数え切れない程の財が存在していることがわかります。

それに対して，「サービス」とは，「形のない商品」のことです。たとえば，医者が提供する診療行為や音楽家が提供するコンサート，大学教員が提供する講義など，いわゆる「第3次産業」に属するものです。一般に，経済が発展すればするほど，経済全体に占めるサービス産業の比重と役割は大きくなるといわれています。

④「付加価値」

GDPは，財・サービスの単なる生産総額ではなく，**付加価値**（value-added）の総額でありますが，付加価値とは一体どのようなものでしょうか。多分，「付加価値の高い産業」とか「ヨーロッパは付加価値税が高い」という話を聞いたことがあると思いますが，付加価値とはつぎのように定義されています。

> **付加価値＝生産物の生産総額－中間財投入額**

第4章　GDPと輸入　　67

表 4-1　GDP の計算例

(万円)

生 産 主 体	生 産 総 額	中 間 投 入 額	付 加 価 値 額
祖父	100	0	100
父	150	100	50
子供	180	150	30
合　　　計	430	250	180

祖父　　　100

父　　　50

子供　　　30

　それでは，**表 4-1** に示された事例を用いて，付加価値について，もう少し詳しく勉強しましょう。

　ここでは，祖父と父と子供の 3 世帯家族からなる単純な経済を想定して，実際にその GDP を計算してみることにします。

　まず，祖父は農業，父は製粉業，子供はパン屋を営んでいるとしましょう。祖父は小麦を生産して，製粉業をやっている父にそれを 100 万円で販売したとします。ただし，ここでは計算しやすくするため，小麦を生産するのに必要な農機具代や肥料代，農薬代などは一切かからないものと仮定します。つぎに，父は祖父から 100 万円で仕入れた小麦を加工して小麦粉を生産し，パン屋を経営している子供にそれを 150 万円で販売したとします。そして最後に，子供は父から 150 万円で購入した小麦粉を用いてパンを生産し，それを 180 万円で全部売りさばいた場合，この経済の GDP はいくらになるのでしょうか。

　ここで，付加価値の意味をもう一度思い出してください。付加価値を計算するためには，まず「生産物の生産総額」を計算しなければなりません。今の例ですと，祖父の生産総額は 100 万円，父と子供のそれは，それぞれ 150 万円と 180 万円です。したがって，生産物の生産総額は，430 万円（100 万円＋ 150 万円＋ 180 万円）になります。

68

つぎに,「中間財投入額」を計算してみましょう。祖父は小麦を生産するの
に必要であろう農機具代や肥料代などは一切かかっていません（便宜上, そ
のように仮定していますが, 現実の世界はそうではありません）。つまり, 祖
父の中間財投入額はゼロ円です。一方, 父の中間財投入額はいくらでしょう
か。父は小麦粉を生産するのに, 祖父から小麦を原材料として 100 万で仕入
れたわけですから, この場合, 100 万円が父の中間投入額になります。また,
子供は父から購入した小麦粉代 150 万円が中間財投入額になって, この経済
の中間財投入総額は, 250 万円（0 円 + 100 万円 + 150 万円）になります。祖
父, 父, 子供の生産物の生産総額（430 万円）と中間財投入総額（250 万円）
がわかったので, 付加価値の総額は 180 万円であることが, 簡単に計算でき
ます。
　いまの例でも明らかになったように, 付加価値とは, 企業の売上（生産額）
から原材料代や部品代などの中間財投入額を差し引いたものです。すなわち,
「その企業が新たに付け加えた価値（価格）」のことです。したがって, 日本
の国内に存在する全企業の付加価値を合計すれば, それが生産面からみた日
本の GDP になります。
　ところで, GDP を計算するとき, なぜ各生産主体（ここでは祖父, 父, 子
供）の生産総額ではなく, 付加価値という厄介な計算方法を採用するので
しょうか。その理由を一言でいえば, **二重計算**（dual account）を避けるため
です。たとえば, 父の生産総額 150 万円の中には, 祖父が生産した小麦の生
産総額 100 万円も含まれています。また, 子供が生産したパンの生産総額
180 万円のうち 150 万円は, 父が生産した小麦粉の生産総額として, すでに
父のほうでカウントされたものです。つまり, 父と子供の生産総額には, そ
れぞれ 100 万円と 150 万円が二重に計算されていることがわかります。しか
し, それぞれの生産主体が「新たに付け加えた価値」こそ, 真の意味での生
産への貢献なので, 二重計算は避けるべきであり, そのような意味で GDP
の計算に付加価値が適用されるわけです。

⑤「**総額**」
GDP の定義で付加価値の総額という言葉が使われていますが, ここで「総

額」とは，「すべての生産物を**市場価格**（market price）で評価して集計したもの」です。したがって，GDP は生産量と価格の変動によって増減することになります。たとえば，生産量が増えるか価格が上がるかで GDP は増加します。しかし，生産量は一定で，単に価格の上昇による GDP の増大は，どのような意味を持つのでしょうか。

　それについて，例を用いてわかりやすく説明しましょう。先の GDP の計算例で，祖父は 10 トンの小麦を生産し，そのとき，小麦 1 kg 当たりの市場価格が 100 円だとすれば，「生産総額」は 100 万円になります。しかし，ここで気になるのは，生産量は変わらないのに，市場価格の上昇で GDP は増加するということです。

　かりに，祖父は 2 年前から今年にいたるまでの 3 年間，小麦を毎年 10 トンずつ生産したとしましょう。しかし，小麦の市場価格が，1 kg 当たりそれぞれ 90 円（2 年前の価格），110 円（昨年の価格），100 円（今年の価格）に変化したとすれば（先の例と同じように，中間財投入額はないものとします），GDP は，2 年前は 90 万円，去年は 110 万円，今年は 100 万円になります。このように生産量は一切変わっていないにもかかわらず，価格の変化だけで GDP が変動してしまうと，GDP は実際の経済活動を正確に表す指標として不適切であるといえます。

　そこで，このような価格変動の問題を解決するために，**実質**（real）という概念が用意され，通常の**名目**（nominal）という概念と区別されています。いったい，実質と名目はどのような意味を持つのでしょうか。

名目：計測時点（現在）の市場価格で計算したもの
実質：基準時点（過去）の市場価格で計算したもの

　実質と名目について，先述した例を用いて具体的に説明します。上の例で祖父の過去 3 年間の GDP は，一昨年の 90 万円（1 万 kg × 90 円），昨年の 110 万円（1 万 kg × 110 円），今年の 100 万円（1 万 kg × 100 円）でした。それらはその年の市場価格を適用して単純に計算したものなので，名目の概念であることがわかります。

一方，実質とは，ある基準年度の市場価格（ここでは2年前の1kg＝90円）を適用して計算しますので，2年前も昨年も今年も価格の変化はありません。したがって，それぞれの時点において生産量が一定であれば，実質GDPも一定であることがわかります。しかし，実際の生産量は固定されているものではなく，年々変化します。たとえば，2年前の小麦の生産量は10トン，去年は12トン，今年は9トンに変化したとすれば，生産量の変化によって実質GDPも変化します。先の例と同じく，基準年度の小麦の価格を1kg＝90円とすれば，実質GDPはそれぞれ90万円，108万円，81万円に変動します。

　いまの例で明らかになったように，実質とは，価格変動の影響を差し引いて，純粋に生産量の動きだけを見るための指標です。したがって，名目GDPより実質GDPの方が，経済活動の実態を的確にとらえているといえます。実際に，経済分析によく用いられるのは実質値で，名目値はほとんど使われていません。特に，異時点での付加価値や経済成長，所得の大きさなどの比較には，実質値が不可欠であるといえます。

　ちなみに，名目GDPや実質GDP，**GDPデフレーター**（GDP deflator）は，それぞれどのように関わっているかについて説明しましょう。ここでGDPデフレーターとは，名目GDPを実質GDPで割ることによって求められる**物価指数**（price index）のことです[2]。したがって，GDPデフレーターは，つぎのように表すことができます。

> **GDPデフレーター＝（名目GDP÷実質GDP）×100**

　つぎの**表4-2**は，過去4年間の名目GDP，実質GDP，GDPデフレーターの数値例です。この表のGDPデフレーターを見れば，経済全体の物価の変動がよくわかります。たとえば，t＋1年のGDPデフレーターは107.1ですが，これはt＋1年の物価水準が，基準年度（t年）のそれより7.1％上昇した

　2）　名目GDPと実質GDPは，つぎのような計算方法で求められます。
　　名目GDP＝当該年度の1単位当たり価格×当該年度の生産量。
　　実質GDP＝基準年度の1単位当たり価格×当該年度の生産量

表 4-2　名目 GDP，実質 GDP，GDP デフレーターの数値例

	t 年*	t+1 年	t+2 年	t+3 年
価格	98	105	112	95
生産量	500	520	530	510
名目 GDP	49,000	54,600	59,360	48,450
実質 GDP	49,000	50,960	51,940	49,980
GDP デフレーター	100	107.1	114.3	96.9

(注)　＊は基準年度が t 年であることを表しています。

ことを意味します。

　ちなみに，物価水準は一方的に上昇するものだと思いがちですが，バブル経済崩壊後の日本経済のように，長期にわたって下がる場合も珍しくありません。それは，**表 4-2** の t+3 年のケースでも確認することができます。t+3 年の物価水準は，基準年度に比べて 3.1％も下落しています。その結果，実質 GDP が名目 GDP を上回っていることが確認できます。

◆ GDP の利用

　GDP は，1 国の経済活動をはじめ，現在の景気判断や景気の見通しだけではなく，その国の「経済規模」や「豊かさ」，「経済成長」を測る指標としても重要な役割を果たします。ここでは，まず，経済規模や豊かさの指標としての GDP について解説しましょう。

①経済規模と豊かさ

　表 4-3 は，OECD（経済開発協力機構）上位 10 か国の GDP と 1 人当たり GDP を示したものです。ちなみに，OECD は世界の「先進国クラブ」という別名をもっており，36 の会員国（2019 年現在）が主に経済成長や自由貿易，開発途上国への経済支援などを目的に設立された組織です。

　GDP はそれぞれの国の経済規模，いわば経済力を示すものですが，この表から明らかなように，2015 年のアメリカの経済規模は，OECD の第 2 位である日本の約 4.1 倍，第 10 位であるメキシコの約 15.1 倍もの経済力を持っていることがわかります。

表 4-3　OECD 上位 10 か国の名目 GDP と 1 人当たり名目 GDP（2015 年）

	GDP（100 万米ドル）	順位	1 人当たり GDP（米ドル）	順位
アメリカ	18,036,648	1	56,054	5
日　　本	4,383,584	2	34,522	20
ド イ ツ	3,363,600	3	41,686	15
イ ギ リ ス	2,858,003	4	44,162	11
フ ラ ン ス	2,418,946	5	36,304	18
イ タ リ ア	1,821,580	6	30,462	21
カ ナ ダ	1,552,808	7	43,206	13
韓　　国	1,377,873	8	27,397	22
豪　　州	1,230,859	9	51,352	7
ス ペ イ ン	1,192,955	10	25,865	23

（出所）　総務省統計局『世界の統計 2017』山浦印刷株式会社，2017 年，60-63 ページより作成。

　1 人当たり GDP は，国民の豊かさを表す一つの指標として，GDP を総人口で割ったものです。たとえば，日本の場合，2015 年の GDP は 43,836 億ドルで，それを 2015 年の総人口で割れば，1 人当たり GDP は 3 万 4522 ドルになります。この数値が高くなればなるほど豊かな国を意味し，逆に低くなればなるほど貧しい国を意味します。また，1 人当たり GDP が高い国を「先進国」や「高所得国」，低い国を「開発途上国」や「低所得国」と呼ぶ場合もあります[3]。

　ちなみに，アジアで 1 万ドルを超える国は，日本を先頭に，いわゆる NIEs（新興工業経済群）と呼ばれている韓国，台湾，シンガポール，香港，イスラエル，カタール，クウェートです。一方，ネパールやバングラデシュ，パキスタンなどの国は，2015 年の現時点で 1 人当たり GDP が 1500 ドルにもいたらず，しばしばアジアの「最貧国」と呼ばれる場合もあります。

②経済成長率

　また，GDP は経済成長を測る指標として，通常，1 年間の GDP の増加率を

---

3)　世界銀行の定義では，1 人当たり GDP が 1046 ドル未満の国を「低所得国」，1046 ドル〜1 万 2700 ドル以下の国を「中所得国」，1 万 2700 ドル以上の国を「高所得国」と呼びます。

経済成長率（economic growth rate）といいます。この大きさによって，実際の経済の動きや景気の善し悪しを判断しますが，経済成長率の求め方は，つぎのとおりです。

経済成長率＝{(今年の GDP －去年の GDP)/去年の GDP}× 100

　すでに，第 3 章のセーの法則で説明したように，総供給そのものが経済成長と直結しています。とりわけ，高い経済成長率を維持するためには，生産面において企業の投資が活発に行われる必要があります。また，絶えざる技術革新の結果，生産活動に高い技術が積極的に利用されることも大切です。

◆ GDP の問題点

　ところで，GDP の大きさで豊かさが測れるということに違和感はないでしょうか。実際に，地域や国ごとに物価水準は異なっており，GDP の大きさだけで，その国の豊かさを測るとすれば，その方法に問題はないかどうかを考えなければなりません。

　表 4-4 は，アジア主要国の GDP および 1 人当たり GDP を名目と**購買力平価**（purchasing-power parity）で示したものです。購買力平価の「購買力」の意味は，文字どおり「モノを買う力」であり，平価とは「同じ価格」の意味です。たとえば，マクドナルドで販売している同一のチーズバーガーが，日本で 100 円，アメリカでは 1 ドルで買えるなら，100 円と 1 ドルは購買力平価であるといいます。

　表 4-4 の各国の名目と購買力平価による 1 人当たり GDP に注目すれば，両者の間にはかなりの差があることに気付きます。ここで「購買力＝実質」であると考えれば，その差は名目と実質の差であることがわかります。

　とりわけ，豊かさの指標として，購買力平価による GDP が重要ですが，その理由は，購買力平価による GDP が購買力そのものを直接表す指標だからです。表 4-4 から，日本の 1 人当たり名目 GDP はタイのそれより約 6 倍も高いのですが，果たして日本はタイより 6 倍も豊かな国でしょうか。答えは，必ずしもイエスとはいえません。なぜならば，日本と比べて 1 人当たり名目

表 4-4　アジア所得上位国の１人当たり名目 GDP と購買力平価 GDP

	名目 GDP（米ドル）	順位	購買力平価（米ドル）	順位
カタール	75,274	1	141,543	1
シンガポール	52,239	2	85,382	2
香　港	42,431	3	56,924	3
イスラエル	37,129	4	35,831	5
日　本	34,522	5	37,322	4
韓　国	27,397	6	34,549	6
マレーシア	9,768	7	26,950	7
ト ル コ	9,126	8	19,609	8
中　国	8,109	9	14,450	10
タ　イ	5,815	10	16,340	9

（注）　2015 年のデータ。カタール以外の産油国は除外。
（出所）　総務省統計局，前掲書，62 ページ，73 ページより作成。

GDP が低い国ほど物価が安い傾向があり，実際の生活水準は１人当たり名目 GDP の差が示すほど大きくないからです。その物価の影響を取り除いて計測した GDP が購買力平価による GDP です。

　日本の購買力平価による GDP はタイの約 2.3 倍であり，名目 GDP と比べると半分以下になっていることがわかります。つまり，日本はタイより 6 倍程の豊かな国ではなく，実は 2.3 倍程の豊かな国であると考えるべきでしょう。もちろん，豊かさを GDP だけで判断するのは如何なものかと思いますが，ここで強調したいのは，名目 GDP は豊かさの指標として，それほど役に立たないということです。

　第 2 の問題に，GDP は市場価格で評価されますが，実は市場での評価が困難な経済活動もあります。たとえば，母の家事労働は，市場で取引されないために，賃金は支払われず，GDP に算入されません。しかし，母の代わりにお手伝いさんを雇えば，お手伝いさんに賃金を支払わなければならないので，その賃金は GDP にカウントされます。また，余暇や非営利的なボランティア活動なども適切な市場価格を持っていないため，GDP に含まれませんし，麻薬取引のような地下経済も GDP に算入されない経済活動です。

　ところで，家賃のように例外的なものもあります。借家に住んでいる人が支払う家賃は，家主の GDP になりますが，持ち家に住んでいる人の場合も，

住宅サービスに相当する家賃を，まるで自分が自分に払ったかのようにみなして，架空の家賃を GDP に計上するわけです。これと同じようなケースとして，農家の自家消費用の農産物や政府サービスなどがありますが，これらを帰属計算（imputation accounting）といいます。

　第3の問題に，GDP には自然および環境破壊につながる経済活動や軍事用武器の生産など，負の社会的費用をもたらすものも含まれています。そのような問題を解決するために，日本の経済審議会は，1973 年に国民純福祉（NNW）の試算結果を発表したことがあります。国民純福祉とは，GDP に含まれる財やサービスの中から，公害や軍事産業など福祉に貢献しないものを控除する一方，余暇時間や家事労働を市場価格で評価することで，国民の経済的福祉を計量的に把握しようとするものです。そのような動きの背景には，経済成長にともなう公害や環境破壊の問題があり，最近はグリーン GDP や MEW（Measure of Economic Welfare），EAW（Economic Aspects of Welfare）などの研究も積極的に行われています。

　第4の問題に，GDP は平等な所得配分を考慮していないという点です。特に1人当たり GDP とは，言い換えれば，1人当たり平均 GDP のことなので，貧富の格差は反映されていません。したがって，1人当たり GDP の水準が同じ国であっても，一握りの金持ちと大勢の貧乏人によって構成されている国と，すべての人々がほぼ同じ所得水準で構成されている国とを比較してみればわかるように，両者の評価はまったく異なるものになります。

　ついでに，GNP（Gross National Product：国民総生産）について簡単に説明しておきましょう。GNP とは，国と地域を問わず，日本人によって，ある一定期間に生産されたすべての財・サービスの付加価値の総額です。したがって，日本に住んでいるイギリス人のミュージシャンが，日本国内のコンサートで得た報酬は，日本の GDP にカウントされますが，日本の GNP にはカウントされません。一方，海外に進出している日本企業の現地法人からの収益は，日本の GNP にはカウントされますが，日本の GDP にカウントされることはありません。

　内閣府（旧経済企画庁）は，1993 年まで GNP を経済活動や経済規模を表す代表的な指標として使っていましたが，それ以降は GNP の代わりに GDP

を採用しています。その理由は，主に二つあります。第1に，国内の経済活動（景気動向）や雇用の動きを捉えるのは，GDPがより適切な概念だからです。第2に，内閣府は2000年から国民経済計算の方式を改定して，GNPの代わりにGDI（国内総所得：Gross Domestic Income）を採用しているからです。GDIは，分配面から見たGDPですので，両者（GNPとGDI）は同一のものです。したがって，もはやGNPという言葉は，どの国でも利用しなくなりました。

しかし，最近，GNPを復活させるべきだという主張が強くなっているのも事実です。その背景には，経済のグローバル化がますます進み，外国に進出している日本企業の収益をはじめ，海外投資から得られる配当や利子などが拡大しつつあるからです。

4.2　輸入の決定

すでに第3章でも説明しましたが，輸入は海外で生産されたものを日本人が購入して消費するものです。ここでは**2国1財モデル**（two countries one goods model）を用いて輸入の決定について説明します。2国1財モデルとは，この世に存在する国は2か国だけで，取引する商品も1財しか存在しないという仮定のもとで創り出されたモデルです。そのような仮定は現実離れも甚だしく，実に荒唐無稽なモデルだと不満を持つ読者もいらっしゃるかもしれません。しかし，このような単純なモデルであるからこそ，むしろ複雑きわまりない現実経済を説明するのに有効な手法であり，経済学では，このような手法がごく当たり前のように使われています。

輸入の決定について検討する前に，まず，貿易（輸入＋輸出）の必要性について簡単に説明します。ご周知のとおり，現在地球上のどの国でも外国との貿易を行っていますが，その背景にはさまざまな理由があります。どの国でも自給自足で経済活動が可能であれば，国際貿易は必ずしも必要ではないかもしれません。しかし，日本のように高い生産技術はあるものの，資源が少なく，主に原材料を外国から輸入せざるを得ない国がある一方，逆の場合の国もあります。

第4章　GDPと輸入　　77

貿易理論の先駆者である英国の経済学者リカード（David Ricard, 1772-1823）は，**比較優位説**（theory of comparative costs）のなかで，自給自足の有無にかかわらず，貿易は両国にとって有効であると主張しました。その中心的な考え方はつぎのとおりです。どの国でも生産面で得意（比較優位）なモノと不得意（比較劣位）なモノがあり，生産面で得意なモノを輸出して不得意なモノを輸入した方が両国に利益をもたらすという内容です。

リカードは具体例として，イギリスとポルトガルを取り上げました。イギリスはポルトガルに比べて羊毛の生産が得意ですが，ポルトガルはイギリスに比べてワインの生産が得意です。したがって，イギリスは羊毛の生産に専念し，ワインはポルトガルから輸入した方がよいと考えました。もちろん，ポルトガルは不得意な羊毛まで生産して資源の無駄使いをする必要はなく，ワインの生産に専念し，羊毛はイギリスから輸入した方が得になると考えたのです[4]。

それでは輸入の決定について取り上げましょう。輸入は外国で生産された財・サービスが，外国で消費されることなく，日本の国内で消費されるわけですから，まず日本の景気に左右されるといえます。たとえば，日本の景気が良好であれば，日本の輸入は増加しますし，逆の場合，日本の輸入は減少すると考えられます。

1986年-1991年の**バブル経済**（bubble economy）のとき，日本では世界中の高価なブランド製品がよく売れました。それは日本の景気が好転して日本人の所得水準が上昇したからでしょう。当然なことですが，所得の増加によって，私たちはより多くの舶来品を買い求めることになります。

> 日本の景気が良く（悪く）なって，日本の所得水準（GDI）が高く（低く）なると，日本の輸入（IM'）は増加（減少）する

つぎに，**為替レート**（exchange rate）も輸入や輸出の決定に大きな影響を与えます。為替レートとは，自国の通貨（たとえば，日本円）と外国の通貨

4）　その根拠について，もっと理解を深めたいのであれば，高増明・野口旭『国際経済学』ナカニシヤ出版，1977年，第1章をご参照ください。

（たとえば，米国ドル）を交換するときに適用される交換比率のことです。私たちは，自国の通貨だけではなく，しばしば外国の通貨をも必要とします。

たとえば，日本人がアメリカに旅行するとき，アメリカでは基本的にドル以外の通貨は通用しませんので，アメリカのドルを用意する必要があります。また，輸入業者がアメリカの取引先に輸入代金を支払うとき，決済手段としてアメリカのドルを用意する必要があります。

結局，旅行者も輸入業者も外国通貨を取り扱っている銀行（外国為替市場）に赴き，円をドルに交換（両替）しなければなりません。つまり，円を手放してドルを入手するわけですが，それを別の言い方で表現すると，「円売り・ドル買い」といいます。たとえば，100 円を手放して，1 ドルを入手したとすれば，これが円とドルの交換比率，つまり，為替レート（1 ドル = 100 円）になります。そのような意味で，為替レートを**為替相場**（exchange rate）と呼ぶ場合もあります。

以上のように，私たちは通貨といえども通貨をまるで普通の商品のように買ったり，売ったりして取引を行っています。実際に，通貨の取引はこの地球上で 24 時間行われています。日本では，為替市場が日没とともにその日の営業を終了しても，日本の反対側にある国々では，通貨の取引が行われていても不思議ではありません。したがって，為替レートは昼夜を問わず，1 日中変動します。

ちなみに，日本の為替相場制度の変遷を簡単に紹介しましょう。日本は戦後**ブレトン・ウッズ体制**（Bretton Woods Agreement）のもとで，一貫して 1 ドル = 360 円の**固定為替相場制**（fixed exchange rate system）を採用してきました。1960 年代になると，アメリカではベトナム戦争への膨大な戦争費用の出費などからインフレが進み，1971 年 8 月に起こった**ニクソン・ショック**（Nixon Shock）以降，国際通貨であるドルに対する不安感がいっそう蔓延するようになりました。その後，**スミソニアン協定**（Smithsonian agreement）のもとで日米間の為替レートは一時的に 1 ドル = 308 円となりました。しかし，日本は 1973 年 4 月以降，完全に**変動為替相場制**（floating exchange rate system）に移行するようになって，今日に至っています。

図 4-1 は，1980 年から 2016 年まで，為替レートがどのように変動してき

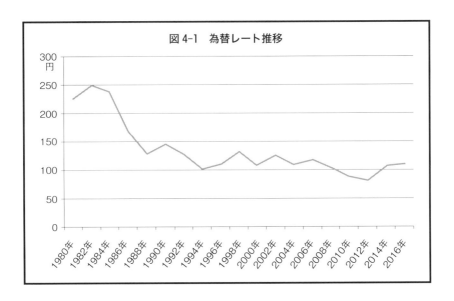

図4-1 為替レート推移

ているかを示したものです。1982年以降，日本の為替レートは持続的に円高の傾向にあることが読み取れます。とりわけ，1985年の**プラザ合意**（Plaza Accord）以降，急激な円高によって日本の輸出は激減し，当時，日本では**円高不況**（yen appreciation recession）という言葉が流行っていました。

さて，お金の価値も普通の商品のように，需要と供給の変化によって高くなったり安くなったりしますが[5]，いったい**円高**（strong yen）とか**円安**（weak yen）とは何を意味するのでしょうか。それをわかりやすく説明するために，先程取り上げた2国1財モデルを使うことにします。ここで2国とは，日本とアメリカであり，1財とはパソコンであると仮定します。文字どおり，円高とは，「ドルに対する円の価値が高くなっていること」です。まったく同じことですが，アメリカ人の立場から，「円に対するドルの価値が安くなっていること」を意味します。いまの説明で，「円高＝ドル安」であり，「円安＝ドル高」であることが理解できたと思います。

為替レートについて，さらに，理解を深めるために数字を用いて説明しま

---

5) 為替レートの決定要因は，通貨に対する需給だけではなく，実は複雑で多岐にわたっています。それについては第8章で詳細に紹介します。

しょう。昨日の時点で「1 ドル = 100 円」だった為替レートが，今日の時点で「1 ドル = 50 円」に変動したとします。この場合，円の価値は増価したので，円高（ドル安）になったことはいうまでもありません。

「1 ドル = 100 円から 1 ドル = 50 円になったのに，なぜ円高なの？円安の間違いでしょう？」と不思議に思う読者（著者の杞憂であれば，いいですが）がいらっしゃるかもしれませんので，もう一度説明しましょう。まず，為替レートとは，円とドルの交換比率であることを思い出してください。いまの例でいえば，昨日の時点では，1 ドルを手に入れる（買う）のに，ちょうど 100 円が必要だったわけですが，今日の時点では 50 円でも 1 ドルを手に入れることが可能です。当たり前のことですが，今日の時点で 100 円をドルに交換すれば，ちょうど 2 ドルが手に入るわけですので，確かに円の価値は高くなっています。

逆に，為替レートが「1 ドル = 100 円」から「1 ドル = 200 円」になったとすれば，円の価値は減価（1 ドルを手に入れるのに 200 円も必要）し，円安（ドル高）になったことは明らかです。

- 円高（ドル安）：円の価値が高いこと（増価）
  （例）1 ドル = 100 円　⇒　1 ドル = 50 円（為替レートは下落）
- 円安（ドル高）：円の価値が安いこと（減価）
  （例）1 ドル = 100 円　⇒　1 ドル = 200 円（為替レートは上昇）

通常，円高のとき，日本の輸入は増加し，円安のとき，日本の輸入は減少するといわれますが，これから為替レートの変動が輸入に与える影響について説明しましょう。たとえば，日本人である木村さんはアメリカ製のあるパソコンが好きで，いまそのパソコンの購入を検討していると仮定します。現在，そのパソコンはアメリカの国内で，1 台 1000 ドルで販売されているとし，その価格はしばらく変化しないものとします。さらに，現時点での為替レートは 1 ドル = 100 円であるとすれば，木村さんはそのパソコンを 1 台買うのに，ちょうど 10 万円が必要であることがわかります。

しかし，もし為替レートが円高になった場合，木村さんの購入価格はどの

ように変化するのでしょうか。非現実的な例かもしれませんが，かりに為替レートが1ドル＝50円（つまり，1000ドル＝5万円）と極端的に円高になったとし，木村さんの購入代金を考えてみれば，簡単に理解できると思います。

　説明する必要もないと思いますが，木村さんは円高の影響で，そのパソコンを半値で購入することができます。つまり，為替レートが1ドル＝100円であれば，例のパソコンを買うのに10万円の支払いが必要ですが，為替レートが1ドル＝50円になれば，同じパソコンを5万で買うことが可能です。

　このように，円高になった場合，多くの日本人はいまこそ買い求めのチャンスだと判断して，アメリカのパソコンを積極的に購入するはずです。つまり，円高になると日本の輸入は増加することになります。

　一方，為替レートが1ドル＝200円と円安になったとすれば，木村さんは10万円で同じパソコンを買うことはできません。なぜなら，円安によってパソコンの輸入価格は20万に高騰したからです。言い換えれば，アメリカの国内価格はまったく変化していないのに，為替レートが変化しただけで日本での販売価格は2倍も高くなってしまいます。したがって，円安の場合，日本人はアメリカ製のパソコンの購入を手控えるでしょう。その結果，円安になると日本の輸入は減少します。

円高⇒日本の輸入増加，　円安⇒日本の輸入減少

▨▨ 練習問題 ▨▨▨

4-1 以下の文章の（　）内に最も適切な用語や数値を記入しなさい。

(1) 名目とは計測時点の（　①　）で計算したものであるのに対し，実質とは（　②　）の市場価格で計算したものである。

(2) GDPとは，国籍を問わず，ある国の（　①　）によって，ある（　②　）に生産された（　③　）の付加価値の（　④　）である。

(3) 輸入の大きさは，主に自国の景気と為替レートに依存する。かりに自国の景気がよくなると自国の輸入は（　①　）するが，逆に自国の景

気が悪くなると自国の輸入は（　②　）する。一方，為替レートが円高になれば，自国の輸入は（　③　）するが，円安になれば（　④　）する。

4-2　以下の用語を説明しなさい。
(1) 付加価値
(2) フローとストック
(3) GDP デフレーター
(4) 購買力平価
(5) 為替レート

4-3　次の問いに答えなさい。
(1) 日本の GDP が去年の 528 兆円から今年の 546 兆円に増加したとする。経済成長率を求めなさい。
（計算式：　　　　　　　　　　　　　　　　　　　　　）
(2) 以下のような経済の場合，それぞれの問に答えなさい。

（単位：兆円）

生産主体	生産総額	原材料代	部品代	付加価値
農　　家	200	0	50	
製 粉 所	300	200	10	
パン会社	600	300	40	
合　　計				

①最終生産物の生産総額（合計額）を求めなさい。
②中間財投入額（合計額）を求めなさい。
③GDP を求めなさい。
(3) 衣料品と食料品しか存在しない単純な 2 財モデルにおいて，2010 年と2015 年のそれぞれの生産量と価格が，つぎのように与えられていると仮定する。

第 4 章　GDP と輸入　　83

衣料品	2010 年	2015 年
生産量	60	50
価　格	40	50

食料品	2010 年	2015 年
生産量	100	120
価　格	50	60

① 2010 年と 2015 年のそれぞれの名目 GDP を求めなさい。

② 2010 年を基準年度とし，2015 年の実質 GDP を求めなさい。

③ 2015 年の GDP デフレーターを求めなさい。

(4) つぎの表は日本と中国の 2 か国，財は衣料品と食料品の 2 財しかない「2 国 2 財モデル」である。それぞれの商品はもっぱら労働力だけに依存して生産するものと仮定し，表の数字は両国でそれぞれの財を 1 単位生産するのに必要な労働量を表している。つぎの問いに答えなさい。

	衣料品	食料品
日本	2	4
中国	6	6

① 閉鎖経済（貿易を行わない経済）での両国の生産量を計算しなさい。

② 日本では比較優位を持っている衣料品の生産を 1 単位増やし，中国では比較優位を持っている食料品の生産を 1 単位増やした場合，両国での衣料品の生産量と食料品の生産量を計算しなさい。

③ ②の計算結果，両国で合算した衣料品の生産量は変化しないが，食料品の生産量は（　　　）単位増加したことが確認できる。

第5章

消費と投資

本章の目的：

○ 総需要の第1番目と第2番目の構成項目である消費と投資について学びます。

○ 消費の決定に大きな影響を及ぼす可処分所得について説明します。また，租税が消費に与える影響をも取り上げます。

○ 投資とは何か，また投資の決定に影響を及ぼす利子率はどのようなものかについて説明します。

○ 貨幣量はマクロ経済の安定化に重要な役割を果たしていることから，ここでは貨幣，貨幣市場，貨幣量の調整方法，利子率の決定について検討します。

キーワード：

▶消費関数　▶可処分所得　▶消費性向　▶投資関数　▶投資の限界効率　▶資本ストック　▶投資の二面性　▶利子率　▶マネーサプライ　▶流動性　▶公定歩合　▶ハイパワード・マネー　▶日銀当座預金　▶準備率　▶政策金利　▶無担保コール翌日物金利　▶公開市場操作　▶売りオペ　▶買いオペ　▶法定準備率操作

5.1　消費の決定

　マクロ経済学では，1国の経済活動の水準（GDP）を決めるのは有効需要であると考えます。すでに第3章で取り上げたとおり，ケインズはこれまでの需要を**有効需要**（effective demand）と呼んで，有効需要の構成項目である消費，投資，政府支出，貿易収支（純輸出）の役割を強調しました。本章で

は，総需要の第1構成項目と第2構成項目である消費と投資について学びます。とりわけ，消費と投資はどのようなものであり，それを決定する要因は何かについて詳細に説明します。

　まず，消費についてですが，**消費**（consumption）とは[1]，私たちが日常生活や自分の欲望を満たすために，商品やサービスを購入して使用する行為です。私たちは消費者として，一般に自分の労働力（能力）を企業などに提供して，その見返りとして所得を手に入れます。手に入れた所得は，まず消費と税金などに充てられ，残りは貯蓄に回すことになりますが，そのような経済行動を「家計の消費行動」といいます。

　家計の消費は，GDP の最大の構成項目です。すでに第3章で取り上げたように，2015 年の日本の家計消費は約 364 兆円で，GDP の約 69％を占めていました（**表3-2**）。したがって，家計消費は GDP の決定に最も大きな影響を与えるものといえます。

◆消費関数

　さて，家計の消費はどのように決定されるのでしょうか。マクロ経済学の教科書には，家計の消費は**可処分所得**（disposable income）によって決定されると書かれています。ここで可処分所得とは，稼いだ総所得から税金や社会保険料などを差し引いた後の所得で，文字どおり，「自分で自由に処分できる所得」のことです。

　たとえば，太郎さんの1か月の給料（所得）は 120 万円で，そのうち税金と社会保険料として 20 万円を支払うとすれば，彼の可処分所得は 100 万円になります。この 100 万円は，太郎さんの可処分所得なので，彼はそれを自由に使うことができます。

　以上の内容を記号を使って簡単に書き直してみましょう。Y_d は可処分所得，Y は所得，T は税金と社会保険料などとすれば，可処分所得は次式のように示されます。

$$Y_d = Y - T \tag{5-1}$$

1）　厳密にいえば，ここでの消費とは「民間最終消費支出」のことです。

可処分所得は家計の消費水準を決めるのに，最も重要な役割を果たしています。一般に，可処分所得の大きさが消費の大きさに最も強い影響を与えるものと考えられます。

たとえば，1か月の可処分所得が100万円の社長と1か月の可処分所得が10万円しかない大学生を比較してみれば容易にわかるように，社長の消費水準は大学生のそれより高いはずです。

以上のような可処分所得と消費の関係をまとめると，つぎのようになります。

> 可処分所得の増加（減少）　⇒　消費の増加（減少）

さらに，以上の内容を関数の形で書き直すと，つぎのようになります。

$$消費関数：C = f(Y_d) \tag{5-2}$$
$$\therefore Y_d \uparrow (\downarrow) \Rightarrow C \uparrow (\downarrow)$$

（5-2）式を**消費関数**（consumption function）と呼びます。消費関数とは，消費の大きさを，「何が」，「どのように」決めるのかを示した関係式のことです。（5-2）式は，単に左辺の消費（C）は右辺の可処分所得（Y_d）によって決定されることを示しているにすぎません[2]。

一般に，独立変数（可処分所得）が従属変数（消費）を決定するのが関数の性質であり，その逆は成立しないことに注意する必要があります。つまり，可処分所得は消費の決定に重要な役割を果たしますが，逆に消費が直接的に可処分所得を決定することはあり得ません。また，この式の右辺 $f(Y_d)$ は，$f \times (Y_d)$ ではなく，f は単なる**関数**（function）の意味です。

2）　現実の世界では，消費に影響を及ぼすものは可処分所得だけではなく，商品の価格，利子率，不確実性などさまざまな要因が考えられます。その場合，消費関数は，C＝f（可処分所得，価格，利子率，不確実性……）になりますが，ここでは単純に可処分所得だけが消費に影響を与えるものと仮定します。

◆消費性向

消費関数の性質をもう少し深く掘り下げていくことにしましょう。まず，**平均消費性向**（average propensity to consume：APC）についてですが，平均消費性向とは，可処分所得に対する消費の平均割合のことです。したがって，平均消費性向は，次式のように表します。

$$APC = C / Y_d \tag{5-3}$$
$$(0 < APC < 1)$$

ここで平均消費性向の値が $0 < APC < 1$ の範囲内にある意味を考えてみましょう。たとえば，ある人が 10 万円の可処分所得のうち 6 万円を消費に充てて 4 万円を貯蓄したとすれば，平均消費性向は 0.6 であることがわかります。もちろん，10 万円の可処分所得のうち 7 万円を消費に充てた場合，平均消費性向は 0.7 になることは言うまでもありません。ちなみに，もし，平均消費性向が 0 や 1 以上の人がいるとすれば，その人はどのような状況に置かれているのか，各自考えてみてください。

可処分所得が増加すれば消費も増加することに異論はないと思いますが，一般的な傾向として，消費の増加は可処分所得の増加ほど大きくないといえます。たとえば，可処分所得が 1 万円増加したとしても，消費は 1 万円以下にしか増えないのが普通です。なぜなら，可処分所得の増加分を現時点で全て消費に回すことなく，将来のためにいくらか貯蓄に回すはずだからです。

◆ケインズの消費関数

以上のことを踏まえて，(5-2) 式のようにやや抽象的な消費関数ではなく，より現実を反映した消費関数を紹介しましょう。その代表的な消費関数は**ケインズ型消費関数**ですが，それは以下のようなものです。

$$C = C_1(Y_d) + C_0 \tag{5-4}$$
$$(0 < C_1 < 0, \ C_0 > 0)$$

まず，右辺第1項のC_1は限界消費性向（MPC）です[3]。それに第2項のC_0は「基礎消費」というもので，第1項の可処分所得Y_dがゼロ円の場合でも，生命を維持するために必要な最低限の消費のことです。

たとえば，太郎さんは毎月120万円の所得（Y）を得て，そのうち20万円は税金（T）に，60万円は消費（C）に充てるとすれば，彼の消費関数は，つぎのようになります。

太郎さんの消費関数 $= 0.6(Y_d) + 0$

ここで注意すべき点は，太郎さんの基礎消費（C_0）がゼロになっていることです。その理由は，太郎さんの可処分所得は100万円もあるので，特に生命を維持するための基礎消費は要らないからです。ただし，何らかの理由（たとえば，失職，倒産，定年退職など）で太郎さんの可処分所得がゼロになった場合，彼の基礎消費はゼロより大きくならないと困ります。なぜなら，可処分所得（$Y_d = 0$）がまったくない場合でも，彼が生きていくためにはいくらか最低限の消費は必要であるからです。

どの国や社会でも，まったく所得がない人々はたくさんいます。たとえば，赤ちゃんや年金の受取りのない年寄りなどがそのいい例です。したがって，1国の消費関数であれば，基礎消費C_0は必ず正の値をもつものと考えられます（$C_0 > 0$）。

図5-1は，ケインズ型の消費関数を描いたものです。つまり，（5-5）式を図で表したものですが，ここで消費関数 $C = C_1(Y_d) + C_0$ を，$y = 0.6x + 200$ と仮定すれば，図5-1のような形になることは，簡単に理解できます。

$$C = C_1(Y_d) + C_0$$
$$\downarrow \quad \downarrow \quad \downarrow \qquad \downarrow$$
$$y = 0.6 \quad x \quad + 200 \tag{5-5}$$

---

3) 限界消費性向とは，可処分所得がわずかに1円増加したとき，その1円のうち，どのくらいを消費に充てるかを示す指標です。ちなみに，経済学で使う「限界」とは，「わずかに1単位」の意味であることに注意しましょう。

第5章　消費と投資　　89

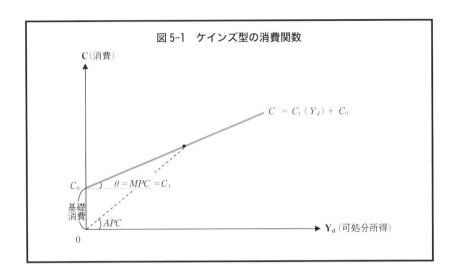

図5-1 ケインズ型の消費関数

図5-1から、可処分所得が増加すると消費も増加することが確認できます。したがって、消費関数を表す曲線は、右上がりの曲線になります。また、消費関数の傾きである限界消費性向C_1の値（$\Delta C/\Delta Y_d$）は、1より小さく、0より大きいものですので、消費は可処分所得の増加分ほどには増えないことがわかります（Δは「デルタ」と読み、増分を意味します）。また、可処分所得がゼロであっても、生命を維持するためには、C_0の基礎消費が必要であること（$C_0 > 0$）も確認できます。さらに、原点と消費関数上にある点を結ぶ直線の傾きは、平均消費性向を示していることも明らかです。このグラフは、第6章に登場する均衡GDPの決定に応用されますので、よく理解しておきましょう。

5.2 投資の決定

消費に引き続き、総需要の第2番目の構成項目である企業の投資について取り上げます。企業は生産を拡大して利潤を最大化するために、工場を拡張したり、新しい機械や設備などを購入したりします。いわば、投資とは、企業が利潤の最大化を実現するために、土地や生産設備（これらを**資本ストッ**

ク（capital stock）ともいいます）などの購入に伴う支出のことです。

投資には，主に企業の設備投資と在庫投資のほかに，家計の住宅投資，政府の公共投資があります[4]。政府の**公共投資**（public investment）に対し，企業と家計の投資を**民間投資**（private investment）と呼びます。政府の公共投資については第6章の「政府支出」のところで詳しく取り上げることにして，ここではもっぱら民間投資について説明します。

◆投資関数

ところで，民間投資（以下，「民間投資」を「投資」と表記します）の決定要因は何でしょうか。これから投資の決定要因について説明します。投資は，総需要の構成項目のなかで，消費に次ぐ規模といわれていますが，投資はGDP の決定や経済成長，供給能力（生産能力）などに重要な役割を果たします。新しい投資の増加は，機械や工場など生産設備が新たに増えることを意味しますから，供給能力も高くなります。したがって，投資は需要面での貢献だけではなく，供給面でも重要な役割を果たすことになりますが，それを**投資の二面性**（dual character of investment）といいます。

投資を I，**利子率**（interest rate）を r とすれば[5]，**投資関数**（investment function）は，つぎのように示されます。

$$投資関数：I = f(r) \tag{5-6}$$
$$\therefore r \blacktriangle(\downarrow) \Rightarrow I \blacktriangledown(\uparrow)$$

---

4) 「在庫投資」と「住宅投資」について，もう少し詳細に説明しておきます。企業によって生産されたものは，最終的に販売されることになります。しかし，生産されたすべてのものが売り切れるとは限らず，売れないものもあるはずです。その売れ残りについて，企業はそれを自らの需要とみなし，統計的には投資の一部として計上します。また，住宅投資も私たちの生産活動のために不可欠なものなので，投資とみなします。

5) ここでの利子率は名目利子率ではなく，実質利子率ですが，実際に，企業の投資決定に影響を与えるのは実質利子率です。ちなみに，名目と実質利子率の間には，つぎのような関係が成立します。

　　名目利子率＝実質利子率＋予想物価上昇率

第5章　消費と投資　　91

（5-6）式からわかるように，投資は利子率の影響を強く受けます。たとえば，利子率が高くなれば投資は減少しますが，逆に，利子率が下落すると投資は増加します。

> ## 利子率の上昇（下落）⇒ 消費の減少（増加）

　繰り返しになりますが，（5-6）式から，投資の大きさを決めるのは利子率（金利）であることがわかります[6]。さらに，**図 5-2** は投資と利子率の関係をグラフで図示したものです。一見してわかるように，投資と利子率は相反する動きを見せています。その理由をつぎの例を用いて説明しましょう。

　たとえば，これから新たに投資を増やそうとする経営者がいて，投資に必要な資金を銀行から全額借りるものと仮定します。その際，経営者がもっとも気にすることは，利子率の水準でしょう。なぜなら，利子率が高いときに資金を借りた場合，返済が大変なことになるからです。逆に，利子率が低い場合，返済もそんなに苦にならないはずなので，企業は投資を増加させると考えられます。このように，投資と利子率は正反対の動きをするので，投資関数を表す曲線は右下がりの曲線になります（**図 5-2**）。

　ところで，投資資金を銀行から借りるのではなく，自己資金で賄う場合でも，以上のような関係は成立するのでしょうか。先に結論をいいますと，自己資金の場合でも，そのような関係は成立します。たとえば，利子率が高いとき，経営者はわざわざ工場を建てたり，機械を購入したりして苦労することなく，ただその投資資金を銀行に預金して，高い金利を手に入れようとするのが自然な行動です。なぜなら，投資による企業活動には，常に販売不振や事業の失敗など予想外のリスクがつきものですが，後者の方はそのようなリスクはほとんどないからです。

　以上のことから，投資資金が銀行からの借入金であるか，自己資金である

6）　消費の場合と同じように，利子率（金利）だけが投資の決定に影響を及ぼすとは限りません。最近の研究によれば，利子率以外に，競争相手企業の情報，将来への期待と不確実性，技術革新，調整費用などさまざまな要因が投資に影響を与えていることが明らかになっています。

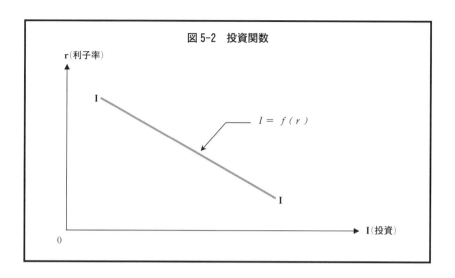

図 5-2 投資関数

かにかかわらず，利子率が高くなれば，投資は減少し，逆の場合，投資は増加すると考えられます。

◆投資の限界効率

ところで，企業はいったい何を基準に利子率の高低を判断するのでしょうか。投資理論では，**投資の限界効率**（marginal efficiency of investment）をその基準たるものと考えます。ここで投資の限界効率とは，投資による**予想収益率**（rate of prospective yield）のことです。

したがって，利子率が予想収益率を上回れば，企業は高金利だと判断し，投資を控えるでしょう。逆に，予想収益率が利子率を上回れば，企業は低金利だと判断し，投資を増やすと考えられます。予想収益率と利子率の相関関係によって，投資はつぎのように変動します。

①利子率(r)＞予想収益率(π)：高金利⇒損失発生⇒投資減少
②利子率(r)＜予想収益率(π)：低金利⇒利益発生⇒投資増加
③利子率(r)＝予想収益率(π)：損失も利益も発生しない

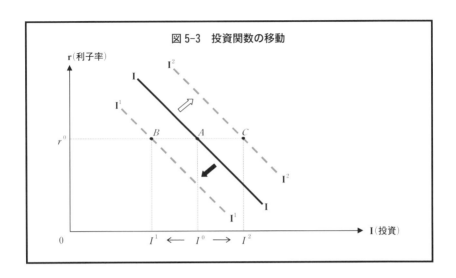

図 5-3 投資関数の移動

　たとえば，銀行から1億円の資金を年利5%で借りて投資を行うとしましょう。この場合，ごく単純に考えて，1年後の予想収益率は5%を上回ることが望ましいといえます。なぜなら，もし予想収益率が5%以下であれば，損失が発生するからです。当たり前のことですが，損失が発生すると予想すれば，新しい投資は行われません。

　しかし，現実の経済において，投資の決定は利子率だけではなく，より複雑な要因によって決定されます。低金利にもかかわらず，投資がいっそう落ち込む場合もあれば，高金利なのに投資がますます増加する場合もありえます。

　前者のいい例として，アベノミクスを取り上げましょう。アベノミクスとは，2012年末にスタートした第2次安倍政権の経済政策の総称です。安倍政権は景気浮揚対策の一環として，「大胆な金融政策」の標榜のもとで「マイナス金利政策」を導入しました。しかし，未曾有のマイナス金利政策で市中銀行の貸出金利が下がったにもかかわらず，企業の投資は思うように増えませんでした。その主な理由は，将来の景気に対する企業の予測が悲観的であったからでしょう。もし投資が減少したとすれば，投資関数は図 5-3 の I から I^1 のように，左下の方へシフトします。

一方，将来の景気に対する楽観的な見方や技術進歩などによって収益の向上が予想されるときには，利子率が高くても投資は増加します。その場合，投資曲線は右上の方にシフトします（図5-3のI⇒I²）。

5.3 投資と利子率

◆利子率とは何か

これまでの説明で明らかになったように，投資の増減は利子率の動向によって大きく左右されることがわかりました。しかし，利子率とはなんぞやという問いに，正しく答えられる人は少ないように思います。それで，これから「利子」とは何かについて説明しましょう。

私たちは，日常生活のなかでお金を貸したり借りたりすることは往々にしてありますが，まず，債権者の立場からお金を貸すときの利子から考えてみましょう。債権者は自分のお金を債務者に貸すときや銀行に預金して運用する場合，債務者から必ず利子を得ようとするはずです。その場会，利子とは，債権者のお金の運用に伴う「収益」のことです。また，この利子収益を別の言葉で「利息」と呼ぶ場合もあります。

一方，債務者が債権者からお金を借りるとき，債務者が債権者に支払う利子とは，債権者からお金を借りて使用することに伴う「費用」です。言い換えれば，利子とは，まさにレンタルビデオのレンタル料のようなものです。レンタルビデオ店の経営者はお客さんからレンタル料（収益）をもらいますし，お客さんはレンタルビデオ店の経営者にレンタル料（費用）を払わなければなりません。結局，利子とは債権者の立場から見れば収益，債務者の立場から見れば費用以外の何ものでもありません。

この説明から，**利子率**（interest rate）とは，利子を元本で割った割合であることがわかります。たとえば，100万円を銀行に預金して，1年後に5万円の利息が手に入ったとすれば，この場合，利子率は年利で5％（(5/100) × 100)）になります。

実際に，私たちは日常生活のなかで利子より「金利」という言葉をよく耳にするかもしれません。たとえば，預金金利や貸出金利をはじめ，住宅ロー

第5章 消費と投資　95

ン金利，国債金利，闇金融の法外な金利などさまざまです。しかし，金利と利子とは異なるものではありませんが，一般に「金利＝利子率」の意味としてよく用いられています。ちなみに，金利には貸借期間によってさまざまな金利が存在します。たとえば，1日〜1年未満の貸借契約による金利を**短期金利**（short-term interest rate），貸借期間が1年〜5年未満のものを**中期金利**（medium-term interest rate），5年以上のものを**長期金利**（long-term interest rate）と呼びます。

◆利子率の決定

さて，利子率は上がったり下がったりしますが，そもそも利子率はどのように決定されるのでしょうか。ここでは，主に名目利子率（名目金利）の決定について説明します。

すでに第1章で，リンゴの価格はリンゴの需給状況によって上下することがわかりました。つまり，リンゴの供給＞リンゴの需要であれば，リンゴの価格は下がりますし，逆の場合，その価格は上昇するというものでした。リンゴの価格のように，貨幣（お金）の価格が利子であると考えれば，利子は貨幣市場で貨幣の需給によって決定されることになります。もちろん，貨幣は普通の財・サービスと違う性質を持っており，必ずしも貨幣の需給によって決定されない場合もあります。たとえば，中央銀行が景気の安定化のために利子率（政策金利）を意図的に上下させる場合もしばしばあります。

しかし，最近のアベノミクスの金融政策で明らかになったように，膨大な貨幣供給の増加が利子率の低下を誘引することは紛れもない事実です。したがって，利子率も財・サービスのケースと同じように，主に貨幣の需給状況によって変動するといえます。

> 貨幣供給＞貨幣需要⇒利子率↓，貨幣供給＜貨幣需要⇒利子率↑

貨幣供給はマクロ経済の安定化に重要な役割を果たしますが，貨幣供給とは具体的に何を意味するのか，また，中央銀行はどのような方法で貨幣供給量をコントロールするのかについて説明しましょう。

「お金」は，私たちが日常生活のなかでよく使う言葉ですが，まったく同じ意味として，お金を貨幣や通貨と呼びます。通常，お金とは，現金通貨（以下では「現金」と表記します）と預金通貨（以下では，「預金」と表記します）のことです。現金は私たちの財布や箪笥の中に入っている紙幣と硬貨のことですが，預金には普通預金，当座預金，定期預金などさまざまなものがあります。

また，貨幣量とは，家計や企業が保有する現金（紙幣＋硬貨）と預金（普通預金＋当座預金）の合計金額です。経済学ではそれを**貨幣供給量＝マネーサプライ**（money supply）と呼びます。

貨幣供給量（M^s）＝現金（m）＋預金（D）

すでに述べたとおり，普通預金や当座預金，定期預金は貨幣としての条件を満たしています。しかし，貯金[7]や株式，国債，社債などは曖昧なところもありますが，実際には広義の貨幣として見做しています。

さて，日本銀行は貨幣をどのように定義しているのでしょうか。**表5-1**は，日本銀行による貨幣の定義と分類です。

この分類は，**流動性**（liquidity）の高い順から低い順になっていることがわかります。流動性とは，金融市場での現金化の容易さです。たとえば，普通預金のように簡単に現金化できるものを「流動性が高い」といいます。したがって，M1は現金をはじめ，最も流動性の高い**要求払い預金**（demand deposits）[8]である普通預金と当座預金の合計です。つまり，現金と要求払い預金（普通預金＋当座預金）は流動性が非常に高く，最も狭意の貨幣といえます。しかし，日本ではM2＋CDが代表的な貨幣供給量（マネーサプライ）の指標として使われています[9]。

---

7) お金を銀行に預けることを「預金」，銀行以外の金融機関（たとえば，郵便局や信用組合，農協など）に預けることを「貯金」といいます。

8) 普通預金と当座預金のほかに，「要求払い預金」を代表するものが「通知預金」です。通知預金とは，文字どおり，予め通知すればいつでも払い戻しのできる預金のことです。

第5章 消費と投資　97

表 5-1　貨幣の定義

① M1：現金＋預金（普通預金＋当座預金）
② M2：M1＋定期預金
③ M2＋CD（譲渡性預金）
④ M3：M2＋貯金
⑤ M3＋CD
⑥広義の流動性：M3＋CD＋国債＋金融債＋投資信託＋外債など

日本の貨幣供給量(M^s) = M2 + CD

　すでに解説したように，貨幣供給量が利子率の変動に多大な影響を及ぼしますが，中央銀行はどのような方法で市中の貨幣供給量をコントロールするのか，これから貨幣供給量の調整方法について説明します。

5.4　貨幣供給量の調整方法

◆公定歩合政策

　公定歩合（bank rate）[10]とは，一言でいえば，「中央銀行が民間銀行に直接資金を貸し出す（借り入れる）ときに適用される利子率のこと」です。中央銀行が公定歩合を上下させることによって，市中の貨幣量と利子率も変化しますが，これからそのメカニズムについて説明しましょう。

　かりに，中央銀行が公定歩合を引き下げたとします。それによって民間銀行は，中央銀行からの資金を借りるとき，利子に対するコストが低くなるので，なるべく借入金を増やそうとするでしょう。その結果，民間銀行の資金

---

9)　CD（certificate of deposit）とは「譲渡性預金」のことです。CD は誰にでも譲渡可能な自由金利の大口定期預金のことで，お金が必要になった場合，満期になる前でもCD を市場で売却することが可能な預金です。

10)　本来の公定歩合の意味は，中央銀行が民間銀行からの**手形**（bill）を割り引くときに適用される**割引率**（discount rate）のことです。ここで手形とは，一定の金額の支払いを約束，または委託した有価証券のことで，現金・小切手とともに重要な決済手段であり，金融取引を円滑に行うための有効手段です。

は豊富になります。そのような状況のもとでは，当然ながら，民間銀行の個人や企業への貸出金は増えるはずなので，市中に出回る貨幣量は増加します。

　つまり，中央銀行が公定歩合を引き下げると**ハイパワード・マネー**（high-powered money）[11]は増加することになります。ここでハイパワード・マネーについて簡単に説明しておきましょう。ハイパワード・マネーとは，中央銀行が直接コントロールできる「現金」と「日銀準備預金」の合計額です。

> **ハイパワード・マネー＝現金＋日銀準備預金**

　現金とは，私たちが持っている紙幣や硬貨のことなのでわかりやすいのですが，日銀準備預金とはいったいどのようなものでしょうか。私たちはお金に余裕があれば，銀行に口座を作って預金をしますが，それと同じように，民間銀行も日本銀行に口座を開設してお金を預けています。このように民間銀行が日本銀行の口座に預金するお金のことを**日銀当座預金**と呼びます。ちなみに，日銀当座預金の出し入れは自由ですが，その場合，利子は付きません。

　しかし，日銀当座預金のなかには法律によって必ず運用資金の一定割合（これを「準備率」といいます）の金額を預けなければならない制度があります。それを「日銀準備預金制度」または**法定準備金制度**（statutory reserve）と呼びますが，その目的は主に二つあります。一つは，日本銀行が準備率を上下させ，市中の貨幣供給量をコントロールするためです。たとえば，市中に貨幣量を多く流通させる必要があると判断した場合，日銀は準備率を下げます。準備率が下がれば，民間銀行が日銀に預ける準備預金も少なくなりますので，その分，民間銀行は個人や企業への貸出金を増やすことが可能です。その結果，市中の貨幣供給量は増加することになります。

　そして，もう一つの目的は，**取り付け騒ぎ**（bank run）に対応するためです。たとえば，某銀行が深刻な経営難のため，そろそろ倒産するかもしれないと

11）　ハイパワード・マネーを「ベース・マネー（base money）」または「マネタリー・ベース（monetary base）」と呼ぶ場合もあります。

第5章　消費と投資　　99

いう噂が拡散すれば，その銀行に預金している預金主は即座に預金を引き出そうとするはずです。そのとき，当該銀行に十分な現金がなければ，預金主の引出金に対応できず，大変な騒ぎになるかもしれません。しかし，日銀準備預金がある場合，取り付け騒ぎが発生したとしても日銀準備預金で対応すればいいだけの話です。

　さらに，中央銀行による公定歩合の引き下げによって，民間銀行は企業や個人に資金を貸し出すとき，貸出金利を下げることも可能です。民間銀行は中央銀行から資金を借入れて，その資金を企業や個人などに貸出することによって利益（利ザヤ）を確保するケースもあります。もし，公定歩合が引き下げられた場合，民間銀行はその分貸出金利を下げても，一定の利益を確保することは可能です。市中金利が下落すれば，すでに検討したように，企業の投資は増加し，その結果，景気は好転することになります。

　以上の内容を要約すると，中央銀行の公定歩合↓⇒貨幣供給量↑⇒民間銀行の貸出金利（市中金利）↓⇒投資↑⇒総需要↑⇒景気好転……，という効果が期待できます[12]。

　一方，中央銀行が公定歩合を引き上げた場合，マクロ経済にどのような影響を与えるのでしょうか。それについては，公定歩合の引き下げの場合と逆の現象が発生すると考えれば，簡単に理解できると思います。

> **公定歩合↑(↓)⇒貨幣供給量↓(↑)⇒市中利子率↑(↓)**
> **⇒投資と消費↓(↑)**

　最近，公定歩合の話題は，ほとんど聞かなくなりました。その理由は，1994年の金利自由化に伴って，公定歩合と預貯金金利，公定歩合と貸出金利との制度的連動性が弱くなったからといえます。そして，96年に日本銀行は，公定歩合を金融調節の手段として採用しない方針を公表しました。その結果，公定歩合は，かつてのようにマスコミが取り上げることはほとんどなく，い

---

12)　公定歩合が下がった場合，消費者の消費も増加すると考えられます。なぜなら，公定歩合の下落によって市中金利が下がれば，預金の魅力は低下し，消費者は消費を増やすと考えられるからです。

わば脇役になってしまいました。

　それでは，日銀は従来の公定歩合の代わりに，どのような政策手段を用いて貨幣量や利子率をコントロールしているのでしょうか。日銀は，公定歩合の代わりに**政策金利**（bank rate）を導入しています。政策金利とは，日本銀行が金融政策手段として用いる短期金利のことで，それは日本銀行の「金融政策決定会合」で決定されます。現在，日本では**無担保コール翌日物金利**（uncollateralized overnight call rate）を政策金利として採用しています。

　無担保コール翌日物とは，金融機関同士が資金繰りのために，担保なしにお金を借りて翌日に返済する取引のことで，この取引に適用される金利を無担保コール翌日物金利といいます。それが最近の代表的な短期市場金利として位置づけられており，翌日物金利が上がれば，中長期の市場金利も上昇しやすくなります。日銀は，この無担保コール翌日物を上下させることで，実体経済に影響を与える政策を実施しています。

◆公開市場操作

　中央銀行は，債券市場で手形や債権を売買することによって，市中の貨幣量（ハイパワード・マネー）をコントロールします。日本銀行が手形や債券を売ることを**売りオペレーション**（selling operation），買うことを**買いオペレーション**（buying operation）と呼びます[13]。

　かりに，中央銀行が手持ちの債券を買い手（個人や民間銀行など）に売ったとすれば，買い手はその代金を中央銀行に支払わなければなりません。その結果，個人の現金と民間銀行の資金が中央銀行に吸収され，市中ではそれと同額の貨幣量が減少することになります。

　一方，買いオペレーションは，中央銀行が手形や債券を市中から買い戻す場合です。したがって，売りオペレーションとは逆のプロセスを経て，市中の貨幣量は増加します。

13）　売りオペレーションを簡単に「売りオペ」，買いオペレーションを簡単に「買いオペ」と呼びます。

第5章　消費と投資　　101

> 売りオペ⇒市中の貨幣供給量の増加⇒利子率の下落
> 買いオペ⇒市中の貨幣供給量の減少⇒利子率の上昇

◆法定準備率操作

　金融機関は，個人や企業から預けられた預金をすべて貸し出すことはでき
ず，その一部を準備金として中央銀行に預けなければなりません。それを
「法定準備金」といいますが，その理由は，すでにハイパワード・マネーのと
ころで述べたとおりです。

　法定準備率操作とは，日本銀行によって定められた「準備預金制度に関す
る法律」にしたがって，金融機関が日本銀行に預金することが義務付けられ
ている「準備預金」の**準備率**（reserve ratio）を変更することです。

　つまり，準備率とは，「預け金」に対する一定割合のことで，日銀によって
定められています。そして，日銀に預けられる準備預金は，金融機関が日銀
当座預金に積み立てることで行われます。逆に，金融機関が日銀から資金を
借り入れるときも，借入金は金融機関の日銀当座預金口座に振り込まれるこ
とになります。

　もし，法定準備率が2.0％から1.0％に引き下げられたとすれば，市中の金
融機関ではどのようなことが発生するのでしょうか。金融機関は，準備率が
下げられたことによって，準備預金を縮小することができますので，その分，
運用資金は増えることになります。なぜなら，日銀当座預金には利子が付か
ず，定められた準備率以上の準備預金を，日銀当座預金として保有するメ
リットはないからです。

　たとえば，ある金融機関に顧客から1億円の預金があったとき，準備率が
2.0％であるとすれば，準備預金（中央銀行預け金）は200万円になります。
しかし，中央銀行が準備率を1.0％にダウンすれば，準備預金は100万円で
済むはずなので，その差額である100万円の運用資金が増えることになりま
す。このようにして増えた資金は，家計や企業に貸出されるなど何らかの形
で運用され，市中の貨幣量は増えることになります。

しかし，現在，法定準備率操作が金融政策手段として利用されることはほとんどありません。その理由は，日銀がこの政策手段を発動しても，予想どおりの効果が得られないからです。たとえば，平成不況のとき，日銀が法定準備率を引き下げたにもかかわらず，金融機関は必要以上の準備預金を抱え込んでしまい，市中に出回る貨幣供給量はほとんど増加しなかったことが，それを物語っています。

> 法定準備率↓(↑)⇒市中の貨幣量↑(↓)⇒利子率↓(↑)

■ 練習問題

5-1 以下の文章の（　）内に最も適切な用語や数値を記入しなさい。

(1) 可処分所得は，家計が稼いだ（　①　）から（　②　）や（　③　）などを差し引いた後の所得である。

(2) 消費の大きさは，（　①　）によって決定される。たとえば，可処分所得が増加すると消費は（　②　）する。また政府が減税を行えば，可処分所得は（　③　）し，その結果，消費も（　④　）する。

(3) 投資の大きさは利子率の影響を強く受ける。たとえば，利子率が上昇すると投資は（　①　）し，逆に利子率が下落すると投資は（　②　）する。

(4) 利子率が予想収益率（投資の限界効率）を上回っているとき，企業の投資は（　①　）する。なぜなら，この場合，企業に（　②　）が発生するからである。

(5) 貨幣供給量が貨幣需要量を上回れば，利子率は（　①　）し，逆に貨幣需要が貨幣供給を上回れば利子率は（　②　）する。

5-2 以下の用語を簡単に説明しなさい。

(1) 投資の二面性

(2) 貨幣の流動性

第5章　消費と投資　　103

(3) ハイパワード・マネー

(4) 日銀当座預金

(5) 政策金利

5-3 太郎さんの年収は 1000 万円，1 年間の税金と貯蓄額はそれぞれ 200 万円，300 万円とする。このとき，以下の問いに計算式を用いて答えなさい。

(1) 太郎さんの可処分所得を計算しなさい。

(2) 太郎さんの平均消費性向を求めなさい。

5-4 次の問いに答えなさい。

(1) ケインズ型消費関数：$C = C_1 (Y_d) + C_0$ にちなんで，あなた自身の消費関数を完成しなさい。そのとき，具体的な数字を用いてそれぞれの変数を示すとともに（ただし，C_0 は 200 とする），それを用いてあなたの消費関数をグラフで図示しなさい。

(2) ケインズ型消費関数は $C = C_1 (Y_d) + C_0$ である。この消費関数の右辺にある C_0 について説明しなさい。

(3) 日本銀行は市中の貨幣供給量のコントロール手段として，公開市場操作や法定準備率操作などの金融政策を実施するが，貨幣供給量を増やす必要があると判断した場合，公開市場操作と法定準備率操作の役割について説明しなさい。

(4) 日本銀行は，政策金利として公定歩合の代わりに無担保コール翌日物金利を採用するが，無担保コール翌日物金利は何かについて説明しなさい。

(5) 日本銀行は 1999 年にゼロ金利政策を導入し，さらに 2016 年 1 月に前代未聞のマイナス金利政策を導入した。その背景や目的について述べなさい。

第6章

政府支出と輸出

本章の目的:

○総需要の第3番目の構成項目である政府支出と第4番目の構成項目である輸出を取り上げ,それぞれの役割や決定要因について学びます。

○日本の歳出(政府支出)と歳入の実態から,日本の財政が直面している問題や特徴をはじめ,財政の役割について説明します。

○マクロ経済の安定を前提に,均衡GDPがどのように決定されるかについて検討します。その際,乗数効果がGDPの決定に及ぼす影響を取り上げます。

キーワード:

▶政府の役割 ▶政府支出 ▶政府投資 ▶歳入と歳出 ▶建設国債 ▶特例国債 ▶財政均衡 ▶財政赤字 ▶財政黒字 ▶45度線モデル ▶均衡GDPの決定 ▶乗数効果 ▶政府支出・減税の乗数効果

6.1 政府支出の決定

総需要の第3番目の構成項目である政府支出について説明しましょう。まず,政府の意味ですが,マクロ経済学で用いられている政府とは,中央政府(国)をはじめ,地方政府(都道府県,市町村)や中央銀行をも含めた組織をいいます[1]。

まず,**政府の役割**(role of government)について簡単に触れておきましょ

---

1) 本書では,もっぱらマクロ経済に関心があるので,主に中央政府を念頭に置いて解説します。

105

う。一言でいえば，政府は国民の生命と財産を守ると同時に，国民の**厚生（福祉）最大化**（welfare maximization）を実現することを主な目的としています。とりわけ，マクロ経済の観点から政府の役割は，①景気の安定化，②経済成長，③所得や資源配分の平等化などです。政府はこれらの役割を果たすために，さまざまな支出を行いますが，それを**政府支出**（government expenditure）と呼びます。

　たとえば，政府は，①外交，国防，警察，消防，教育など公共サービスを提供したり，②道路や下水道，港湾，通信施設などインフラを整備したり，③各種保険や年金を提供するのにお金を使います。①と③のケースを政府消費，②のケースを**政府投資**（government investment）と呼びます。このような部門への消費と投資は，民間部門（家計と企業）では難しく，政府によって実現可能であるといえます。政府支出とは，つまり政府消費と政府投資を合わせたものです。

　それでは，政府は翌年度の政府支出（政府歳出）に必要な予算をどのように編成するのか，いわゆる**予算編成**（budgeting）について簡単に触れておきましょう。予算編成とは，政府が主に税金による収入（歳入）をどの分野にどれだけ使うかを決定する作業です。そのプロセスは，各府省庁が財務省の**概算要求基準**（budgetary policy）[2]に従って，毎年8月下旬に概算要求書（予算の見積書）を財務省に提出することから始まります。財務省は，9月〜12月の間に各府省庁から提出された予算の見積書を審査し，12月中旬にその結果を財務省原案として各府省庁に内示します。そして，12月下旬に政府内で財務省原案の最終調整を行って財務大臣が閣議に提出し，閣議決定が行われることになります。その後，翌年の1月〜3月の間に予算案が政府によって国会に提出され，国会で衆参両院の過半数の賛成があれば，予算は成立することになります。

◆**政府歳出**

　政府は私たちの厚生福利のために，さまざまな部門で政府予算を支出しま

　2）　概算要求基準とは，中央政府の予算編成に先立って財務省が各府省庁に示す予算方針のことで，英語では「シーリング（celling）」といいます。

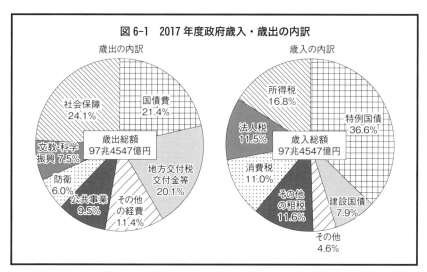

（出所）総務省統計局監修・財団法人日本統計協会編集発行『統計でみる日本 2018』新井工芸印刷株式会社，2017 年，301 ページより作成。

すが，それを**政府歳出**（annual expenditure）といいます。**図 6-1** から，政府歳出は社会保障，公共事業，文教・科学振興，防衛などからなる**一般歳出**（general expenditure）と「国債費」，「地方交付税」などの項目によって構成されていることがわかります。

ここで国債費とは，いままで発行した国債に対する利子の支払や国債償還などに必要な経費です。一方，地方交付税は，中央政府が地方自治体の収入を補うために支出する歳出項目です。**図 6-1** でわかるように，2017 年度の政府歳出の中身は，一般歳出が 47.1％，国債費と地方交付税交付金等がそれぞれ 21.4％，20.1％です。ここで，マクロ経済政策の対象となるのは一般歳出であり，国債費と地方交付税は，政府が政策手段として直接コントロールできるものではありません。

さて，政府予算の種類について紹介しましょう。最初に紹介しなければならないのは**一般会計予算**（general account budget）です。一般会計予算は国の最も基本的な予算であり，通常，日本の予算という意味で用いられることの多いものです。主に税金の収入を財源として，社会保障，文教・科学，公

共事業，防衛など，国の基本的な経費を賄う予算です。

　つぎに，**特別会計予算**（special account budget）というものがありますが，それは国民年金，国有林野事業など国が特定の事業を行うか，特定の目的を達成するために，一般会計とは区別して管理・運営される予算です。行政コストの合理化や運用内容の透明化が意図されています。

　最後に，**補正予算**（supplementary budget）は，会計年度の途中に，何らかの理由で予算が不足した場合や予算の内容を変更する必要が生じた場合，すでに決まっている予算に対してその内容を変更する予算です。とりわけ，洪水や台風，地震，戦争などによって緊急に経費が必要になったとき，普通はこの予算で賄います。

◆政府歳入

　ところで，政府は政府支出に必要な財源をどのように調達するのでしょうか。まず，その調達方法について説明しましょう。

　一般に，政府収入のことを**政府歳入**（annual revenue）といいます。**図6-1**で明らかなように，日本の場合，政府歳入の主な財源は，税金（租税）と国債発行によるものです。たとえば，2017年度の政府歳入のなかで税金が占める割合は50.9％（所得税：16.8％，法人税：11.5％，消費税：11.0％，その他：11.6％）で，国債の割合は44.5％（特例国債：36.6％，建設国債：7.9％）でした。つまり，税金徴収と国債発行による収入が政府歳入の主な内訳であることがわかります。

　税金には家計の所得に課される**所得税**（income tax）をはじめ，法人企業の所得（利益）をベースに課される**法人税**（corporate tax），家計の消費支出に課される**消費税**（consumption tax）など，さまざまな項目の税金があります。すでに説明したとおり，政府の総収入のなかで所得税，法人税，消費税が占める割合は大きく，どの国でも代表的な租税であるといえます。したがって，ここでは日本の三大国税である三つの租税について簡潔に取り上げます。

　まず，所得税から説明しましょう。私たちは給与をはじめ，株主であれば株の配当金，預金主であれば，利子などから所得を得ますが，すべての所得にかかる税金を所得税と呼びます。**表6-1**でわかるように，所得税は国税で

表 6-1　日本の主要租税

			直接税	間接税
国税		普通税	所得税，法人税，地方法人税，相続税，贈与税など。	酒税，たばこ税，揮発油税，自動車重量税，登録免許税，印紙税，関税など。
		目的税		消費税など。
地方税	道府県税	普通税	道府県民税，自動車税，事業税，固定資産税（特例分）など。	地方消費税，不動産取得税，道府県たばこ税，ゴルフ場利用税，自動車取得税
		目的税	狩猟税など	
	市町村税	普通税	市町村民税，固定資産税，軽自動車税など。	市町村たばこ税など
		目的税	都市計画税，住宅開発税，共同施設税，国民保健保険税など	入湯税など

（出所）　総務省のホームページ（www.soumu.go.jp/）より作成。

あり，なお直接税です。**直接税**（direct tax）とは，税金を負担する者が直接中央政府や地方政府に納税する税金です。一方，間接税とは，担税者（税金を負担する者）と納税者が異なる税のことをいいます。たとえば，消費税のことですが，私たちは購入した商品価格の10％を消費税として政府へ納税しなければなりません。この場合，私たちが消費税を直接政府へ納めるのではなく，商店の店主が納税者となって，私たちの代わりに国に納めることになります。消費税の場合，税金の負担者は消費者，納税者は商店の店主になりますので，消費税は間接税になります。また，日本政府は所得水準の高い人には高い税金の納付を義務付けている反面，所得水準の低い人には税負担が軽くなるような**累進課税**（progressive taxation）制度を導入しています。その目的は，所得分配の平等化を図るためですが，さらに，第11章で具体的に取り上げます。

　つぎに，法人税についてですが，法人税とは企業の所得金額などを課税標準として課される国税で，それは直接税です。家計の所得税に相当する企業の税金として，所得税と並んで納税金額の多い税金です。法人税は企業の所得（利益）にかかる税金なので，もし利益がない場合には納税義務は発生し

第6章　政府支出と輸出　　109

ません。日本では赤字決算の企業が多く，約70％の企業が法人税を払っていないといわれています。

　消費税は文字どおり消費に対して課される間接税です。消費税は1953年にモーリス・ローレというフランスの財務省官僚によって考案されました。日本では，消費した本人が直接負担・納税する直接消費税と間接消費税がありますが，前者はゴルフ場利用税や入湯税などがそれに該当し，後者には酒税やタバコ税などがあります。

◆均衡財政

　以上の説明で政府の歳出や歳入の決定プロセスが理解できたと思います。翌年の予算額（歳出の見積額）が決まれば，それに応じて歳入額も決まります。もし1国の歳出額＝歳入額であれば，その国の財政はきわめて健全な状態にあるといえます。ここで**財政**（public finance）とは，中央政府や地方政府（地方自治体）が私たちの厚生を最大化するためにやりくりする経済行為のことです。とりわけ，歳入と歳出が過不足なく等しい場合，**均衡財政**（balanced budget）といいます。政府の立場から見れば，歳出＝需要，歳入＝供給であり，均衡財政とは財政需給の均衡（歳出＝歳入）を意味します。したがって，均衡財政の下では政府の健全な財政活動が期待できると考えられます。

均衡財政：政府歳入＝政府歳出

　しかし，世界中のほとんどの国では財政赤字の問題が深刻な悩みの種になっており，日本の**財政赤字**（budget deficit）の問題も例外ではありません。財政赤字とは歳出が歳入を上回る状態を表すもので，日本の場合，GDPに対する財政赤字の累積額は約200％を超えています。日本の財政赤字問題は，戦後最悪の状態であると言われている由縁です。つまり，財政赤字のもとでは既定の予算が足りず，足りない分を国内外からの借金で賄うことを意味します。日本の場合，主に国債を発行して足りない予算に充てられますが，第1章に引き続き，ここで国債についてもう少し具体的に説明します。

> 政府歳入＜政府歳出：財政赤字
>
> 政府歳入＞政府歳出：財政黒字

　国債とは，政府が何らかの理由（たとえば，予期せぬ天災地変や戦争，景気対策など）で歳出を増やす必要があると判断した場合，それをまかなうために発行する債券のことです。政府は，歳出が歳入を上回るとき，足りない資金を調達する手段として，主に国債を発行します。

　政府はそのような理由で発行された国債を国内外の個人や機関投資家に販売し，それで必要な財源を確保します。もちろん，政府は予め定められた一定期間が経過すれば，販売したすべての国債を買い戻さないといけません。したがって，国債の発行は，政府が国債を購入した個人や機関投資家だけではなく，国民にも借金をすることを意味します。なぜなら，国債の返済に必要な財源は，結局，国民の税金で賄うことになるからです。

　ちなみに，国債のほとんどは，**建設国債**（construction bond）と**特例国債**[3]（deficit-financing bond）ですが，建設国債とは，道路や港湾，通信施設など社会資本の整備や蓄積のために発行される国債です。一方，特例国債は公務員の給与や消耗品など，政府の経常経費を調達するために発行する国債です。建設国債はそれに見合う社会資本を子孫に残すのに対し，特例国債は，経費として借金ばかりを残すことになります。そういう意味で，日本では原則的に特例国債の発行は法律で禁止されています。

　しかし，特別なケースとして，特例国債は第1次オイル・ショック以降，毎年発行されています。**図6-1**のとおり，2017年度の歳入総額に占める特例国債の割合は36.6％と非常に高く，それに建設国債7.9％を加えると44.5％に達しています。特に，初めて特例国債が発行された1975年以降，その残高は年々増えつつあり，決して油断のできない状況になっています。

3）　特例国債を「赤字国債」と呼ぶ場合もあります。

6.2 輸出の決定

　輸出とは外国による需要ですが，まず，輸出の決定要因について説明しましょう。輸出は自国で生産された財・サービスが，自国で消費されることなく，外国で消費されますので，外国の景気に左右されます。もし，日本とアメリカしか存在しない2国モデルを想定すれば，日本の輸出はアメリカの景気によって増減することになります。

　たとえば，アメリカの景気がよくなれば，アメリカ人の所得水準（厳密にいえば，可処分所得）は高くなるでしょう。所得水準が高くなったアメリカ人は，人気のある日本製品を積極的に購入するはずです。その結果，日本の輸出は増えることになります。

　そのような観点から世界経済が好調であれば，日本の輸出は増加するので（日本の輸入が不変である場合），日本の**貿易黒字**（trade surplus）は増加します[4]。したがって，世界経済の良し悪しによって，日本経済も多大な影響を受けることになります。

> 米国の好況（不況）⇒米国の所得水準（Y^{DA}）の増加（減少）⇒日本の輸出（EX^J）の増加（減少）⇒日本の GDP の増加（減少）

　また，輸入のケースと同じように，為替レートも輸出の決定に深く関わっています。通常，円高のとき，日本の輸出は減少し，円安のとき，日本の輸出は増加するといわれますが，これから為替レートが輸出に与える影響について説明します。

　たとえば，日本で鉛筆を生産して，それをアメリカに輸出する企業があるとしましょう。鉛筆の価格は，日本の国内で1本100円であると仮定し，この価格はしばらく変化しないものとします。このとき，為替レートが1ドル＝100円であれば，アメリカではちょうど1ドルで，日本製の鉛筆を1本買

4）　輸出額＞輸入額＝貿易黒字，輸出額＜輸入額＝貿易赤字

うことができます。

　ところが，円安になって為替レートが1ドル＝200円に変わったとすれば，
どうなるのでしょうか。この場合，アメリカでは，1ドルで日本製の同じ鉛
筆を2本も買えるので，アメリカ人は為替レートの影響で販売価格が半値に
なった日本製の鉛筆に魅力を感じるはずです。つまり，アメリカ人はいまが
買い求めのチャンスだと判断して日本製の鉛筆の購入量を増やすでしょう。
したがって，円安になると日本の輸出は増加することになります。

　一方，為替レートが1ドル＝50円と円高になったとすれば，1ドルでは同
じ鉛筆を1/2本しか買えず，アメリカでは日本製の同じ鉛筆を1本購入する
のに2ドルも必要です。この場合，アメリカでは日本製の鉛筆価格が非常に
高くなったので，アメリカ人はその購入を手控えるでしょう。したがって，
円高になると日本の輸出は減少します。

円安⇒日本の輸出（EX^J）の増加

円高⇒日本の輸出（EX^J）の減少

　以上のことを輸出関数で表すと，つぎのようになります。ここで，Y^{DA} は
アメリカの GDP 水準，e は為替レートを表します[5]。

$$輸出関数：EX = f(Y^{DA},\ e) \tag{6-1}$$
$$\therefore\ Y^{DA}\,\text{↑}(↓) \Rightarrow EX^J\text{↑}(↓),\ e\,\text{↑}(↓) \Rightarrow EX^J\text{↑}(↓)$$

6.3　均衡 GDP の決定

◆総供給曲線：45 度線

　これまでの議論を踏まえて，これから均衡 GDP がどのように決定される
かについて図を用いて検討します。財市場において，総供給と総需要が均衡

5）　(6-1) 式の Y^{DA}↑（↓）は，アメリカ景気の良し悪しを表しています。また，e↑は
　　円安，e↓は円高を意味します。

第6章　政府支出と輸出　　113

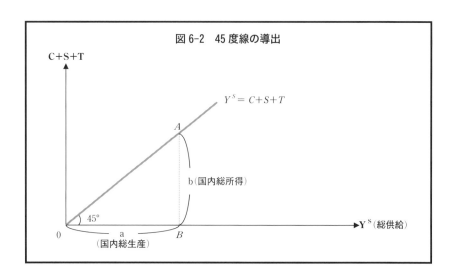

しているとき，均衡 GDP は決定されるわけですが，まず，総供給のほうから取り上げてみましょう。

　図 6-2 の右上がりの直線は，第 2 章で学んだとおり，総供給を表すグラフです（図 2-2）。この直線のことを，いわゆる **45 度線**（45-degree line）と呼びますが，図 6-1 でわかるように，45 度とは∠ AOB の角度なので，言い換えれば，それは総供給曲線の傾きのことです。

　ところで，45 度線はいったいどのような経済的意味をもつものでしょうか。それを説明するために，まず 45 度線上にある任意の点 A と横軸の線上にある任意の点 B を垂直に結んで，直角三角形△ AOB を作ります。すでに説明したように，∠ AOB は 45 度なので，この三角形は二等辺直角三角形であることがわかります。したがって，△ AOB の底辺の長さ a と高さ b は等しく，それは総供給を表す直線（45 度線 = 総供給曲線）の傾きが 1 であることを意味します。傾きが 1 であるということは，△ AOB の∠ AOB が 45 度であることと同じ意味であり，その理由から「45 度線」という用語が生まれました。

　とりわけ，ここで重要なことは，底辺の長さ a（横軸）は国内総生産（GDP）を，高さ b（縦軸）は国内総所得（GDI）を表していることです。すでに第 2 章の「三面等価の原則」で検討したように，生産主体の経済活動に

よって生み出された GDP は，生産要素を提供するすべての経済主体に，所得として分配されます。したがって，45 度線は生産面から見た GDP（Y^s）を横軸に，分配面から見た GDP（GNI）を縦軸に目盛ったものにすぎず，両方はつねに等価であることがわかります。

45 度線とは，生産面から見た GDP（Y^s）と分配面から見た GDP（GNI）が，常に等価であることを表すものである

$$45 度線 = Y^s（GDP）= C + S + T（GNI） \tag{6-2}$$

◆総需要曲線

つぎに，総需要曲線について説明しましょう。くどいようで大変恐縮ですが，総需要は，消費，投資，政府支出，貿易収支の 4 項目で構成されています（3-5 式を参照）。

$$Y^D = C + I + G + NX \tag{6-3}$$

まず，消費のことですが，ここではケインズ型消費関数 $C = C_1(Y_d) + C_0$ をそのまま用いることにします。具体的に，限界消費性向（C_1）は 0.6，基礎消費（C_0）は 10 とすれば，消費関数はつぎのようになります。

$$C = 0.6Y + 10 \tag{6-4}$$

（6-4）式の消費関数を図示したものが，**図 6-3** の点線のグラフです[6]。この消費関数は，横軸に総需要，縦軸に消費をとったとき，傾きは 0.6，切片が 10 の右上がりの点線になっていることがわかります。

さらに，I = 15，G = 10，NX = 5 と仮定し，これらを（6-3）式に代入すると，総需要 Y^D は，

6）厳密にいえば，消費は可処分所得（Y_d）によって決定されますが，ここでは議論を単純化するため，消費は総所得（Y）に依存して決定されるものと仮定します。

第 6 章　政府支出と輸出　　115

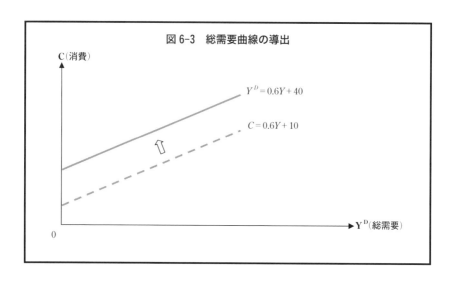

図6-3 総需要曲線の導出

$$Y^D = (0.6Y + 10) + 15 + 10 + 5$$
$$= 0.6Y + 40 \quad (6\text{-}5)$$

となります。いうまでもなく，総需要は消費と投資と政府支出，そして貿易収支を足し合わせたものなので，当然ながら，(6-5) 式は総需要を表す式です。つまり，総需要曲線は，消費（関数）のグラフ（**図 6-2 点線**）を上方に 30（＝投資 15 ＋政府支出 10 ＋貿易収支 5）だけ平行移動させたものにすぎません。

◆均衡 GDP の決定

それでは，実際に 45 度線と総需要を表す (6-5) 式を用いて均衡 GDP を求めてみましょう。均衡 GDP は総需要と総供給が等しいところで決まりますので，(6-2) 式＝ (6-5) 式のとき，つまり，(6-2) 式の 45 度線（総供給曲線）と (6-5) 式の総需要曲線が交わるところで決まります。このように，45 度線を用いて均衡 GDP の決定を説明するものを **45 度線モデル**（45-degree line diagram）といいます。

郵 便 は が き

6 0 6 - 8 1 6 1

恐縮ですが
切手を貼って
お出し下さい

京都市左京区
一乗寺木ノ本町 15

ナカニシヤ出版

愛読者カード係 行

■ ご注文書（小社刊行物のご注文にご利用ください）

書　名	本体価格	冊 数

ご購入方法（A・B どちらかをお選びください）
A. 裏面のご住所へ送付（代金引換手数料・送料をご負担ください）
B. 下記ご指定の書店で受け取り（入荷連絡が書店からあります）

市　　　　　町	書店
区　　　　　村	店

愛読者カード

今後の企画の参考、書籍案内に利用させていただきます。ご意見・ご感想は
匿名にて、小社サイトなどの宣伝媒体に掲載させていただくことがあります。

お買い上げの書名

（ふりがな） お名前	（　　　歳）

ご住所　〒　　　　－

電話　　　　（　　　　）	ご職業

Eメール　　　　　　　　＠

■ お買い上げ書店名

　　　　市　　　　町　　　　　　　　　ネット書店名
　　　　　　　　　　　　　書店・（　　　　　　　　　　　　　　）
　　　　区　　　　村

■ 本書を何でお知りになりましたか

　1. 書店で見て　2. 広告（　　　　　　　　）　3. 書評（　　　　　　　）
　4. 人から聞いて　5. 図書目録　6. ダイレクトメール　7. SNS
　8. その他（　　　　　　　　　　　　　　　　　　　　　　　　　　　）

■ お買い求めの動機

　1. テーマへの興味　2. 執筆者への関心　3. 教養・趣味として
　4. 講義のテキストとして　5. その他（　　　　　　　　　　　　　）

■ 本書に対するご意見・ご感想

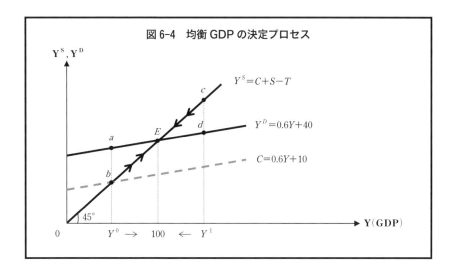

$$\text{総供給}(Y^S = 45\text{度線}) = \text{総需要}(Y^D = 0.6Y + 40) \tag{6-6}$$

(6-6) 式より[7],

$Y^S = Y^D$
$Y^S = 0.6Y + 40$
$Y - 0.6Y = 40$
$0.4Y = 40$ ∴ $Y = 100$

となります．したがって，均衡 GDP の大きさは 100 であることがわかります（図 6-4）．

均衡 GDP の決定プロセスについて，さらに図を用いながら，もう少し深く掘り下げてみましょう．図 6-4 は，均衡 GDP の決定プロセスを説明するために，図 6-2 と図 6-3 を重ね合わせたものです．

図 6-4 の点線 C と直線 Y^D は，図 6-3 の消費関数と総需要を表す曲線と同

---

[7] (6-6) 式の左辺の Y^S と右辺の Y は，両方とも均衡（総供給＝総需要）GDP 水準を示しています．したがって，$Y^S = Y^D = Y$ であることに注意しましょう．

じものです。Y^S 線（45 度線）と Y^D 線の交点 E（そのとき，均衡 GDP は 100です）では，生産主体である企業と消費主体である消費者（家計）が，それぞれ利潤最大化や効用最大化を実現できる均衡点です。この点では，企業は計画どおりの生産・販売ができ，消費者も計画どおりの買い物（消費）ができるわけで，生産量の過不足は存在せず，経済は安定します。もちろん，E点で均衡 GDP の水準が決定されるのは当然のことです。

しかし，現実の GDP が Y^0 の水準であれば，**図 6-4** のとおり，総需要が総供給を $a \sim b$ だけ上回ることになり（このときの需要と供給の差を**インフレ・ギャップ**（inflationary gap）と呼びます），消費者は購入したいモノをすべて買えなくなります。その理由は，$a \sim b$ にあたる分のモノが不足しているからです。このとき，企業は利潤の最大化をねらって直ちに生産拡大に乗り出すと思われます。そのような企業の行動は，総需要と総供給が等しくなるまで続くはずです（詳細については第 2 章をご参照ください）。

Y^0 とは逆に，現実の GDP が Y^1 の水準であれば，$c \sim d$ だけ総供給が総需要を上回りますので（このときの需給差を**デフレ・ギャップ**（deflationary gap）と呼びます），売れないモノが存在します。そのとき，企業は生産量を減らし，在庫の増加やそれによる費用の増加を避けようとするでしょう。そのような企業の努力は需給が一致するまで繰り返されることになり，結局，総供給＝総需要のところ（均衡点 E）で安定することになります。

6.4 乗数効果

マクロ経済学の理論によれば，景気が悪くなる理由は，有効需要（総需要）が不足しているからです。したがって，景気沈滞（不況）は総供給と総需要の不均衡（$Y^S > Y^D$）が原因であるといえます。そのような状況であれば，生産されたモノがすべて消費されることはなく，モノの売れ残りが存在するので，企業は生産量を減らすでしょう。生産量の減少は雇用量の減少をもたらし，結局，失業者が増えることになります。

景気沈滞の場合，その対策として，ケインズは有効需要（総需要）を増やす政策をとるべきであると主張しました。つまり，有効需要の中身は，消費

（C）をはじめ，投資（I），政府支出（G），貿易収支（NX）で構成されているので，どれかを増やした結果，総需要＝総供給になれば，景気は回復することになります。

実際に，総需要項目のうち，どれかをわずか（1単位）に増やしたとき，GDPはどのくらい（何単位）増えるのか，その変動の大きさを数量的に表したものが**乗数**（multiplier）です。さらに，その乗数がGDPの増加に直接・間接的に与える効果を**乗数効果**（multiplier effect）といいます。私たちが日常よく使っている「経済効果」や「波及効果」という用語は，実はこの乗数効果を指す場合が多いのです。

◆政府支出の乗数効果

それでは，これから政府支出を例にとって乗数効果を説明しましょう。かりに，政府が新幹線整備事業に1兆円の政府支出を行ったとしましょう。ご存知のとおり，政府支出は総需要の構成項目ですので，この段階（第1段階）で総需要を1兆円分押し上げることになります。第2段階として，政府はゼネコンであるA建設会社に新幹線整備事業を依頼すると仮定すれば，先程の1兆円はA建設会社の所得（売上高）になります。実際に，A建設会社は1兆円の所得のうち6000億円を支出して新幹線の整備事業を行うとします。6000億円の根拠は，A建設会社の消費性向は0.6であると仮定しているからです（以下，すべての経済主体の消費性向は0.6であると仮定します）。

つぎに第3段階を考えてみましょう。建設資材の問屋であるB会社は，A会社から6000億円の所得（売上高）を得て，そのうち3600億円を資材購入代金としてC会社（建設資材の製造会社）に支払って建設資材を購入し，それをB会社に納品することになります。さらに第4段階では，C会社は所得3600億円のうち約2160億円を建設資材の製造に必要な原材料や部品代としてD会社に支払うと考えられます。その後も1兆円の政府支出は，第5段階，第6段階を経て論理的に第∞段階まで影響を及ぼすことになります。

つぎの**表6-2**は，以上の説明をまとめたもので，支出欄を合計した金額が乗数効果です。この表で1兆円の政府支出の乗数効果は，第4段階まで2兆1760円になることがわかります。つまり，いまの例で1兆円の政府支出は，

表6-2　政府支出による乗数効果のプロセス

	所　得	支　出	GDP の増加
第1段階（政　府）		1兆円（ΔG）	1兆円
第2段階（A 企業）	1兆円	6000億円（$C_1 \Delta G$）	6000億円
第3段階（B 企業）	6000億円	3600億円（$C_1^2 \Delta G$）	3600億円
第4段階（C 企業）	3600億円	2160億円（$C_1^3 \Delta G$）	2160億円
⋮	⋮	⋮	⋮
第 N 段階	$C_1^{N-2} \Delta G$	$C_1^{N-1} \Delta G$	$C_1^{N-1} \Delta G$

（注）　政府支出（ΔG）は1兆円，消費性向（C_1）は0.6と仮定。

第1段階から第4段階まで，2倍以上の総需要の増加をもたらす効果があることが明らかになりました。もちろん，乗数効果はここでの例のように4段階で終了することなく，無限に続くはずです。したがって，実際の乗数効果はもっと大きいものになると考えられますが，具体的に第1段階から第N段階までの乗数効果は，つぎの式で表せます。

$$\Delta Y = \Delta G + C_1 \Delta G + C_1^2 \Delta G + C_1^3 \Delta G + \cdots\cdots + C_1^{N-1} \Delta G$$

$$(6\text{-}7)$$

　ここで，左辺のΔY＝乗数効果であり，それは総需要の増分，すなわちGDPの増分を表します。すでに説明したとおり，ΔGとC_1はそれぞれ政府支出と消費性向です。表6-2のように，乗数効果のプロセスが第4段階で終了した場合，乗数効果は誰でも簡単に計算できるでしょう。しかし，（6-7）式のように延々と続く場合，どのように計算するのでしょうか。これからその計算方法について紹介しますが，もし難しいと感じる方は，この部分をスキップしても構いません。

　（6-7）式は，初項＝ΔG，公比＝C_1の無限等比級数なので，その和の公式を使えば，乗数効果は簡単に計算できます。まず，下記の（ⅰ）式の両辺に公比（C_1）をかけて（ⅱ）式を作り，その後，（ⅰ）式から（ⅱ）式を差し引けば，乗数効果が出てきます。

120

$$\Delta Y = \Delta G + C_1 \Delta G + C_1^2 \Delta G + C_1^3 \Delta G + \cdots + C_1^{N-1} \Delta G \qquad (\text{i})$$

$$- \quad C_1 \Delta Y = C_1 \Delta G + C_1^2 \Delta G + C_1^3 \Delta G + \cdots + C_1^{N-1} \Delta G + C_1^N \Delta G \qquad (\text{ii})$$

$$\Delta Y - C_1 \Delta Y = \Delta G - C_1^N \Delta G$$

計算の結果は $\Delta Y - C_1 \Delta Y = \Delta G - C_1^N \Delta G$ になりますが，それを $\Delta Y(1-C_1)$ $= \Delta G(1-C_1^N)$ に書き直して，ΔY について整理すると，次式になります。

$$\Delta Y = \Delta G\ (1-C_1^N)/(1-C_1) \qquad (6\text{-}8)$$

すでに述べたとおり，C_1 は $0 < C_1 < 1$ の値をもつもので，前例とおなじように 0.6 と仮定します。一方，N について，上の例では第 4 段階までしか考慮していませんが，ここでは無限大を想定していますので，大きい数字であることに異論はないでしょう。かりに，N を 20 と仮定すれば，0.6^{20} になるので，この値はほぼゼロに近い数字になることがわかります（$C_1^N \fallingdotseq 0$）。したがって，C_1^N は無視することにします。

結局，計算結果は $\Delta Y = \Delta G/(1-C_1)$ となり，この式は次式のようになります。

$$\Delta Y = \frac{1}{(1-C_1)} \Delta G \qquad (6\text{-}9)$$

（6-9）式こそ乗数効果であり，ここで（$1/1-C_1$）を乗数といいます。上の例のように，$\Delta G = 1$ 兆円，$C_1 = 0.6$ であると仮定した場合，乗数効果は 2.5 兆円になります。つまり，1 兆円の政府支出の追加的な増加によって，GDP は 2.5 兆円も増加することになります。

しかし，ここで重要なことは，①乗数の大きさは限界消費性向の大きさによって決まる，②乗数効果は支出が独立的に増加した時点での直接効果だけではなく，時間の無限経過とともに発生するすべての間接効果をも考慮したものであるということです。

以上の政府支出の乗数効果を図 6-5 から確認することもできます。この図の ΔG は政府支出の増分（1 兆円）であり，ΔY は ΔG によって生み出された

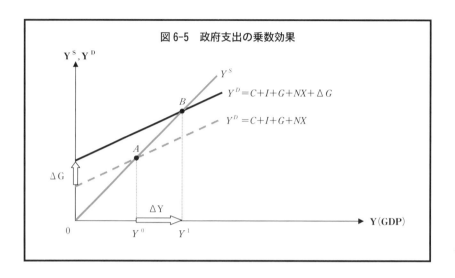

図 6-5 政府支出の乗数効果

GDP の増分，すなわち，乗数効果（2.5 兆円）です。正確ではありませんが，ΔY の矢印の大きさが ΔG のそれより 2.5 倍長いことがわかります。

一方，投資の場合はどうでしょうか。(6-7) 式の ΔG の代わりに，ΔI を代入すればわかるように，政府支出乗数の場合とまったく同様の乗数効果が期待できます。しかし，減税の場合のみ，その効果は若干違いますので，その点について取り上げることにしましょう。

◆減税の乗数効果

これから，税金が ΔT だけ減税となったとき，その減税が GDP の増加に与える乗数効果について検討します。

ここでは政府支出による乗数効果の説明で用いた計算方法ではなく，財市場で総供給と総需要が均衡しているときの均衡式を用いて，減税の乗数効果を検討します。もちろん，政府支出や投資の増加による乗数効果も，このような計算方法で簡単に計算できます。

すでに第 3 章で詳しく説明したように，均衡 GDP は総需要 (Y^D) と総供給 (Y^S) が等しいところで決定されます。さらに，有効需要の原理を思い出せば，GDP の大きさは，有効需要の大きさによって決定されることになります。

$$Y^S = Y^D$$

$$Y^D = C + I + G + NX$$

$$Y^S(GDP) = C + I + G + NX \tag{6-10}$$

（6-10）式に，（6-4）式で説明したケインズ型の消費関数 $C = C_1 (Y-T) + C_0$ を代入すると，つぎのようになります。

$$Y = \frac{1}{1 - C_1} (C_0 - C_1 T + I + G + NX) \tag{6-11}$$

この式は「減税前」の GDP を表す式ですが，これから景気を刺激するために，政府が減税（$- \Delta T$）を実施したとします。減税なので（6-11）式の右辺第 2 項の $- C_1 T$ を新たに $- C_1 (T - \Delta T)$ のように書き直す必要があります。一方，増税であれば，マイナスではなく，プラス ΔT になることはいうまでもありません。

一見してわかるように，つぎの（6-12）式は，減税を実施した後（減税後）の GDP を表したものです。

$$Y = \frac{1}{1 - C_1} (C_0 - C_1 T + C_1 \Delta T + I + G + NX) \tag{6-12}$$

当然ながら，減税効果は，減税後の（6-12）式から減税前の（6-11）式を差し引くことで簡単に計算できます。その効果を ΔY とすれば，

$$\Delta Y = \frac{C_1}{1 - C_1} \Delta T \tag{6-13}$$

となります。政府支出の場合と同じように，限界消費性向（C_1）を 0.6，減税額を 1 兆円とすれば，減税による GDP の増加分は，（6-13）式によって 1 兆 5000 億円になることがわかります。

ところで，（6-9）式と（6-13）式を比較してみると，同じ金額の政府支出と減税なのに，政府支出の増加による乗数効果が，減税によるそれより 1 兆

第 6 章　政府支出と輸出　　123

円も大きいことがわかります。なぜ，このような結果になるのでしょうか。それは**表 6-2**で明らかなように，政府支出は GDP の構成項目なので，1兆円の政府支出の増加は，第1段階で直ちに1兆円の GDP の拡大をもたらすからです。以降第2段階から，消費の増加⇒GDP の増加⇒消費の増加⇒GDP の増加⇒……と無限に続くわけです。

　一方，1兆円の減税の場合はどうでしょうか。私たちは，第1段階で減税額の1兆円をすべて消費に充てることなく，将来のためにいくらか貯蓄すると思われます[8]。かりに，限界消費性向が 0.6 であるとすれば，第1段階で 6000 億円だけを消費に，残り 4000 億円を貯蓄に回すはずです。したがって，減税の第1段階は政府支出の第2段階に等しく，減税の場合，政府支出の第1段階に該当する消費（1兆円）が存在しません。したがって，減税の乗数効果は政府支出のそれより小さくなります。

▮ 練習問題

6-1　以下の用語を簡単に説明しなさい。
　(1) 均衡財政
　(2) 乗数効果
　(3) インフレ・ギャップ
　(4) 45度線
　(5) 貿易収支

6-2　次の問いに答えなさい。
　(1) 政府支出と減税の規模が同額である場合，どちらの乗数効果が大きいのか。また，そのような結果になる理由は何かについて説明しなさい。
　(2) GDP（Y）は消費（C），投資（I），政府支出（G），貿易収支（NX）から構成されている。ここで消費関数は C = 0.6Y + 40，投資は 60 兆

---

8)　減税の場合，政府から減税額に相当するお金をもらうわけではありませんが，減税によって可処分所得が増えるのは事実なので，ここでは減税によって増加した可処分所得を恰も政府支出の場合と同じようにみなしています。

円，政府支出は 80 兆円，貿易収支は 20 兆円とする。

① GDP を求めなさい。

②政府が政府支出を 10 兆円増加したとすれば，GDP はどれだけ増加するのか，それを計算しなさい。

③この場合，乗数を求めなさい。

(3) 消費関数が C = 0.8（Y_d）+ 80，投資は 60 兆円，政府支出は 100 兆円，輸出は 20 兆円で与えられ，さらに輸入関数と租税関数が，それぞれ以下のように与えられているとする。

$$IM = 0.1Y, \quad T = 0.25Y$$

これに関してつぎの問に答えなさい。

① GDP を求めなさい。

②貿易収支を求めなさい。

③完全雇用 GDP 水準が 500 兆円のとき，この経済はインフレ・ギャップであるか，デフレ・ギャップであるかを図で示し，その大きさを求めなさい。

第7章

国内市場の安定化

本章の目的：

○マクロ経済の安定にはそれぞれの市場において需給の均衡が不可欠であり，本章では，国内の財市場をはじめ，貨幣市場や労働市場の同時均衡を取り上げます。

○財市場の均衡を表す IS 曲線と貨幣市場の均衡を表す LM 曲線を導出し，利子率と GDP の関係について説明します。

○IS-LM 曲線を用いて，財市場と貨幣市場の同時均衡と不均衡（不安定）の原因について学びます。

○マクロ経済の理想的な安定条件である財市場・貨幣市場・労働市場の同時均衡について検討します。

キーワード：

▶IS 曲線　▶LM 曲線　▶閉鎖経済　▶開放経済　▶流動性選好　▶均衡利子率　▶IS-LM モデル　▶完全雇用 GDP　▶自発・非自発失業者　▶賃金の下方硬直性

7.1 財市場の均衡

◆ IS 曲線

1国の経済が安定するためには，まず財・サービス市場（以下では「財市場」と表記します）で総需要と総供給が均衡する必要がありますが，IS 曲線は財市場の均衡を表すものです。

なぜ IS 曲線と名づけたのか，まず，その理由について説明しましょう。すでに取り上げたとおり（3-3 式），財市場の均衡とは，財市場での総需要と総供給の均衡を意味しますので，その均衡式はつぎのとおりです。

$$総需要（Y^D）＝総供給（Y^S） \tag{7-1}$$

また，第 3 章や第 6 章で検討したように，総需要（Y^D）は，消費（C）や投資（I），政府支出（G），輸出（EX）によって構成されていますが，ここでは，とりあえず国内経済だけを想定して国際貿易（輸出と輸入）は存在しないものと仮定します[1]。したがって，総需要の中身は，以下のようになります。

$$Y^D = C + I + G \tag{7-2}$$

一方，総供給（Y^S）は，消費（C）と貯蓄（S），租税（T）の合計額と同じものです[2]。つまり，$Y^S = C + S + T$（6-2 式）なので，総需要と総供給の均衡式（7-1 式）を書き直すと，つぎの式になります。

$$Y^D \quad = \quad Y^S$$
$$C + I + \overline{G} = C + S + \overline{T} \tag{7-3}$$

その結果，（7-3）式の左辺と右辺の消費（C）は，まったく同じものであり，それぞれ消去することができます。また，左辺の政府支出（$\overline{G}$）と右辺の租税（$\overline{T}$）も同じ金額ですので，これも消去することができます。G と T の上のバー（‾）は，「短期において不変（一定）」を意味します。

（7-3）式は次式のようになって，この式から財市場の均衡を表す IS 曲線が誕生することになります。

$$I = S \tag{7-4}$$

以上の説明から，IS の由来が明らかになったと思います。つまり，IS 曲線

---

1) 国際貿易については，第 9 章で具体的に説明します。
2) これに関する内容は，第 6 章の「45 度線モデル」で確認してください。

第 7 章　国内市場の安定化　　127

とは，I＝S のときの曲線であり，これで総需要（Y^D）と総供給（Y^S）が均衡
しているときの均衡式であることがわかります。この式は，ここで初めて登
場したものではなく，すでに第 1 章から何回も取り上げられた式であり，し
かもこの式こそ，GDP の決定式であることを忘れてはいけません。それを
念頭におきつつ，これから IS 曲線を描いてみましょう。

（7-1）式を具体的に示すと次式になります。

$$
\begin{aligned}
Y^S &= Y^D \\
&= C + I + G \\
\therefore \quad Y(GDP) &= C + I + G
\end{aligned}
\tag{7-5}
$$

（7-5）式は，一見してわかるように，**閉鎖経済**（closed economy）[3] の財市場
における総需要と総供給の均衡式です。この式を消費関数と投資関数を用い
て書き直すと，IS 曲線式になります。

$$
\text{IS 曲線式：} Y(GDP) = C(Y_d) + I(r) + G
\tag{7-6}
$$

C（Y_d）と I（r）はそれぞれ消費関数と投資関数，G は政府支出ですが，こ
れらについては，すでに第 5 章で具体的に学びました。結論として，IS 曲線
はつぎのように定義されます。

> **IS 曲線とは，財市場において総需要と総供給が一致するような利子率
> （r）と GDP（Y）の組合せを表す曲線である**

ところで，IS 曲線の定義でちょっとわかりにくい点は，「組合せ」という言
葉の意味でしょう。それは利子率と GDP の値が一つではなく，複数あるい
は無数にあるという意味です。それについては，つぎのページの IS 曲線の
数値例でよく理解できると思います。

3）　閉鎖経済とは，国際貿易や国際資本などの取引が行われない「国内経済」のことで
　　す。ちなみに，開放経済（open economy）は閉鎖経済に対応する概念で，「国際経済」
　　を意味します。

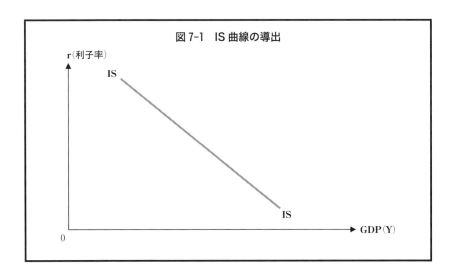

図 7-1 IS 曲線の導出

◆ IS 曲線の導出

　以上のことを考慮しながら，IS 曲線をグラフに描くとすれば，どのような形になるのでしょうか。まず，IS 曲線は財市場を均衡させるのに必要な利子率と GDP の組合せですが，ここで重要なポイントは，縦軸の利子率が投資に影響を与えた結果，横軸の GDP が変動するということです。すでに(5-6)式で学んだように，利子率が上昇（下落）すると，投資は減少（増加）します。もし投資が減少（増加）すれば，他の事情が変化しない限り，GDP も減少（増加）します[4]。したがって，利子率を縦軸に GDP を横軸にとって利子率と GDP の関係をグラフに描くと，IS 曲線は図 7-1 のような右下がりの曲線になります。

> 利子率の上昇（下落）⇒ 投資の減少（増加）⇒ GDP の増加（減少）
> 　∴ IS 曲線は，右下がりの曲線である

---

4) 投資と利子率の関係は，第 5 章の (5-6) 式，投資と GDP との関係は，(7-5) 式でも確認することができます。

第 7 章　国内市場の安定化　　129

◆ IS 曲線の数値例

　IS 曲線に関するいままでの説明は，かなり抽象的でわかりにくかったのではないでしょうか。それで，これから数値例を用いて，IS 曲線をちょっと具体的に説明することにします。

　まず，財市場の均衡式である（7-6）式の消費（C）と投資（I）の代わりに，第5章で紹介したケインズ型消費関数（$C = C_1(Y_d) + C_0$）と投資関数（$I = -ar + I_0$）を代入します[5]。その結果，（7-5）式はつぎのようになります。

$$Y = C_1(Y_d) + C_0 - ar + I_0 + G \qquad\qquad (7\text{-}7)$$

　具体的な数値例として，$C_1 = 0.8$，$T = 10$，$C_0 = 58$，$a = 5$，$I_0 = 40$，$G = 10$，$Y_d = Y - T$，単位は兆円とすれば，消費関数，投資関数，政府支出は，それぞれ以下のようになります。

$$消費関数：C = C_1(Y_d) + C_0 = 0.8(Y - 10) + 58$$
$$投資関数：I = -ar + I_0 = -5r + 40$$
$$政府支出：G = 10 \qquad\qquad (7\text{-}8)$$

　さらに，（7-8）式を（7-7）式に代入し，利子率（r）について整理すると，つぎのようになります。

$$r = -(1/25)\ Y + 20 \qquad\qquad (7\text{-}9)$$

　これが IS 曲線の具体例として，財市場において総需要と総供給が一致するような利子率（r）と GDP（Y）の組合せを表すものです。ここで「組合せ」とは，財市場の需給均衡に必要な利子率（r）と GDP（Y）の組合せ（r, Y）のことですが，すでに取り上げたとおり，その組合せはたくさん存在します。それは，それぞれの利子率に対応するそれぞれの GDP が存在することを意

5）　ここで用いる投資関数は，利子率の減少関数（利子率が上昇すれば，投資は減少する）として，$I = -ar + I_0$ と仮定します。ここで a と I_0 は定数（既知数）で，それぞれ a > 0，$I_0 > 0$ です。この投資関数からも利子率 r が上昇すれば，投資 I は減少することがわかります。

130

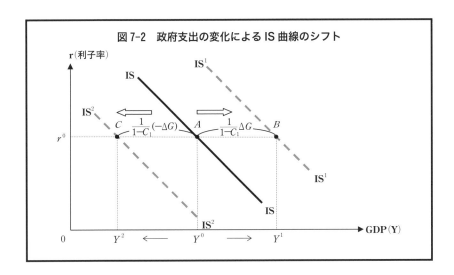

図7-2 政府支出の変化によるIS曲線のシフト

味します。かりに，利子率がそれぞれ1.0％，2.0％，3.0％に変動すれば，それに応じてGDPもそれぞれ変動しますが，それは（7-9）式で確認できます。

◆ IS曲線のシフト

図7-2からわかるように，IS曲線のシフトは，利子率（r）とGDP（Y）の変動を意味します。利子率が一定のとき，IS曲線が右の方へシフトすれば，GDP（Y）は増加（$Y^0 \Rightarrow Y^1$）し，経済は成長することになります。しかし，逆にGDP（Y）が減少（$Y^0 \Rightarrow Y^2$）すれば，有効需要の不足による失業の問題など，経済は不安定になる可能性が高くなります。したがって，IS曲線の動きはマクロ経済において，非常に重要な意味をもっています。

さて，IS曲線はどのような要因によってシフトするのでしょうか。IS曲線式（7-6式）からわかるように，消費（C），投資（I），政府支出（G）が変化することによってIS曲線はシフトします。

まず，単純化のために，利子率は一定と仮定して政府支出（G）が△Gだけ増加したとしましょう。この場合，GDPは政府支出の乗数効果を伴って，$\{1/(1-C_1)\}$ △Gだけ増加します（この内容について理解が足りない方は，第6章をご参照ください）。したがって，IS曲線はその乗数倍，つまり，{1/

第7章 国内市場の安定化 131

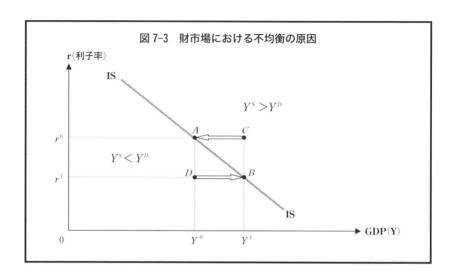

$(1-C_1)\}\Delta G$ だけ右へシフトすることになります（図7-2のIS⇒IS¹）。逆に，政府支出がΔGだけ減少すると，GDPも$\{1/(1-C_1)\}\Delta G$だけ減少しますので，IS曲線はその分，左にシフトします（図7-2のIS⇒IS²）。

> Gの増加（減少）⇒ GDPの増加（減少）⇒ IS曲線は右（左）へシフト

◆財市場の不均衡

　以上の説明から，財市場を安定させる利子率とGDPの組合せは，IS曲線上にたくさん存在することが明らかになりました。しかし，財市場の需給が一致しない不均衡の場合，利子率とGDPの組合せは，IS曲線から離れたところに存在します。

　図7-3のC点とD点は，IS曲線から離れているので，財市場の需給は不均衡の状態にあることがわかります。したがって，経済は不安定であり，何らかの調整（政策）を行うべきです。当たり前のことですが，最善の政策をとるためには，不均衡の原因を正確に把握する必要があります。まず，C点からその原因を探ってみることにしましょう。C点の利子率水準はr^0で，均

衡点（A 点）の利子率と同じ水準ですので，利子率の方は何の問題もないことがわかります。つまり，総需要（厳密にいえば，投資）の方は安定しており，この時点で不均衡の原因はほかのところにあると考えられます。

　一方，GDP の方はどうでしょうか。均衡点（A 点）での GDP 水準は Y^0 なのに，C 点のそれは Y^1 ですので，C 点の GDP は A 点のそれを上回っていることがわかります。つまり，総供給（Y）＞総需要（C ＋ I ＋ G）の状態であり，これが不均衡の原因なのです。ちなみに，C 点のように IS 曲線の右上の方に存在するすべての不均衡点は，同じ原因（総供給＞総需要）によるものです。

　一方，D 点はどうでしょうか。C 点の場合とまったく同じ方法で D 点を均衡点（B 点）と比較してみると，不均衡の原因は，総供給（Y）＜総需要（C ＋ I ＋ G）にあることがわかります。D 点のように，IS 曲線の左下の方に存在するすべての不均衡点は，総供給＜総需要が原因であるといえます。

7.2　貨幣市場の均衡

◆ LM 曲線

　IS 曲線は，財市場を均衡させる利子率と GDP の組合せを表す曲線でしたが，**LM 曲線**（LM curve）とは，いったいどのようなものでしょうか。まず，LM の由来ですが，LM 曲線の L は**貨幣需要**（money demand）を，M は**貨幣供給**（money supply）を表しています[6]。IS 曲線が I ＝ S，つまり，財市場での需給均衡を表しているように，LM 曲線も L ＝ M という意味で，貨幣市場での貨幣供給量（M^S）と貨幣需給量（M^D）の均衡状態を表しています。したがって，貨幣市場の均衡式は，つぎのようになります。

$$貨幣供給(M^S) ＝ 貨幣需要(M^D) \tag{7-10}$$

---

6)　貨幣需要を表す L は，Liquidity Preference（**貨幣の流動性選好**）の頭文字です。本来，貨幣の流動性選好は，利子率の決定理論ですが，ここでは「貨幣需要」と同じ意味で使います。一方，M は Money Supply（マネーサプライ＝貨幣供給）の頭文字をとったものです。

第 7 章　国内市場の安定化　　133

> **LM曲線とは，貨幣市場において貨幣供給（Mˢ）と貨幣需要（Mᴰ）が一致するような利子率（r）と GDP（Y）の組合せを表す曲線である**

　（7-10）式の左辺の貨幣供給量（Mˢ）はどのように決定されるかについて説明しましょう。すでに第5章で取り上げたように，貨幣供給量は現金や普通預金，当座預金の合計です。現金は紙幣と硬貨のことですが，それを製造して流通させるのは中央銀行の仕事です。つまり，貨幣供給量を決定するのは中央銀行です。たとえば，中央銀行が現金供給量を増やした場合，市中の普通預金や当座預金も増えて貨幣供給量は増加することになります。また，貨幣供給量は短期間で激しく増減することはないので，ここでは短期において貨幣供給量は一定であると仮定します。

$$貨幣供給量（Mˢ）＝一定（\overline{Mˢ}） \tag{7-11}$$

　一方，貨幣需要（Mᴰ）の目的とはどのようなものであり，貨幣需要量はどのように決定されるのでしょうか。まず，私たちが貨幣需要（貨幣保有）を必要とする理由から説明しましょう。その理由は，主に二つあります。第1に，貨幣は**流動性選好**（liquidity preference）という性質を持っているので，お金さえあれば，いつ，どこでも欲しいものが買えるからです。第2に，貨幣そのものが資産であるからです。お金を保有さえしていれば，現在の1万円札は，1年後も5年後も1万円という価値（名目）をもっていることから，値減りの損失を心配することもない立派な資産であることがわかります。

　以上の二つの要因を貨幣需要の主な動機といいますが[7]，前者を貨幣の**取引需要**（transactions motive），後者を貨幣の**資産需要**（speculative motive）と呼びます。つまり，貨幣の総需要（Mᴰ）は，主に貨幣の取引需要（M₁）と貨

7）　実は，ほかにも貨幣需要（貨幣保有）の要因はいろいろあります。たとえば，今月の物価水準が先月より2倍以上に上昇したにもかかわらず，先月と同じ消費水準を維持しようとすれば，先月より2倍以上の貨幣量を保有しなければなりません。また，将来に起こりうる病気や事故など，予測不可能な不確実性も貨幣需要に影響を及ぼします。

幣の資産需要（M₂）という二つの動機によって構成されています。

$$貨幣需要(M^p) = 取引需要(M_1) + 資産需要(M_2) \tag{7-12}$$

　それでは，取引需要と資産需要の決定について検討してみることにしましょう。まず，取引需要ですが，貨幣の取引需要の大きさは，私たちの所得水準（マクロ経済では GDP）に比例します。一般的な傾向として，所得水準の高い人は所得水準の低い人より多くのものを購入するはずなので，高所得者は低所得者より多額の現金を需要（保有）すると考えられます。たとえば，大学生とプロ野球選手の財布の中身を想像してみてください。平均的にプロ野球選手が大学生より多くの現金を保有して，より多くの買い物をするはずです。

　一方，資産需要は，利子率によって変化します。たとえば，利子率が高い場合，貨幣をそのまま保有しようとするのではなく，その貨幣を預金に充てるか，債券を購入して高い利息を得ようとするはずです。したがって，利子率が高いとき，資産需要は減少し，逆に利子率が低いとき，資産需要は増加すると考えられます。したがって，取引需要と資産需要はそれぞれ GDP（Y）と利子率（r）の変化によって，以下のように変動します。

> GDP(Y)↑(↓) ⇒ 取引需要(M₁)↑(↓)
> 利子率(r)↑(↓) ⇒ 資産需要(M₂)↓(↑)

　以上の説明と（7-11）式と（7-12）式から，貨幣市場の均衡式，つまり，LM 曲線式は，つぎのようになります。

$$LM 曲線式 : \overline{M^s} = M_1(Y) + M_2(r) \tag{7-13}$$

◆ LM 曲線の導出

　貨幣市場の均衡を表す LM 曲線は，どのような形をしているのでしょうか。これから数値例を用いて，LM 曲線の形状について検討します。たとえば，（7-13）式の左辺の貨幣供給量は 1000 兆円で，一定と仮定します。また，右

辺の第1項と第2項は，それぞれ800兆円と200兆円とします。

$$1000 = 800(Y) + 200(r) \tag{7-14}$$

　かりに，利子率が何らかの理由で上昇し，第2項の資産需要が100兆円に減少したとすれば，第1項の取引需要は900兆円に増加する必要があります。なぜなら，左辺の貨幣供給が一定（1000兆円）のもとで，貨幣市場が均衡を維持するためには，資産需要の減少分だけ取引需要が増加しなければならないからです。したがって，新しい貨幣市場の均衡式はつぎのようになります。

$$1000 = 900(Y) + 100(r) \tag{7-15}$$

ところで，ここで第1項の取引需要が800兆円から900兆円に増加するためには，GDP（Y）の増加が不可欠です。その理由は，GDP（Y）が取引需要の決定要因だからです。したがって，貨幣市場の需給均衡を表すLM曲線は，図7-4のように右上がりの曲線になります。

> 利子率↑(↓)⇒資産需要↓(↑)⇒取引需要↑(↓)⇒ GDP ↑(↓)
> 　∴LM曲線は，右上がりの曲線である

◆ LM曲線の数値例

　貨幣供給と貨幣需要をつぎのように仮定して，実際にLM曲線を描いてみることにしましょう。

$$\text{貨幣供給：} M^s = 1000$$
$$\text{取引需要関数：} M_1 = (4/5)Y$$
$$\text{資産需要関数：} M_2 = -5r + 625 \tag{7-16}$$

したがって，（7-16）式からLM曲線式は，以下のようになります。

$$1000 = (4/5)Y - 5r + 625 \tag{7-17}$$

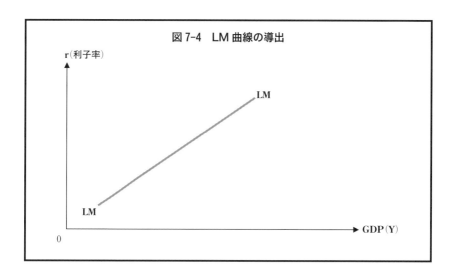

図 7-4 LM 曲線の導出

(7-17) 式を利子率 (r) について整理すると,

$$r = (4/25)Y - 75 \qquad (7\text{-}18)$$

となり，貨幣市場の需給を均衡させるのに必要な利子率と GDP の組合せとして，LM 曲線を描くことができます。実際に，利子率がそれぞれ 1.0%，2.0%，3.0%に変動した場合，それに応じて GDP はどのように変動するかを計算してみてください。計算の結果，LM 曲線は図 7-4 のように右上がりの曲線になることが確認できるはずです。

◆ **LM 曲線のシフト**

LM 曲線は，貨幣市場の均衡に必要な利子率 (r) と GDP (Y) の組合せを表すものなので，LM 曲線のシフトは，利子率と GDP の変化を意味します。一般に，貨幣供給が変化すれば，LM 曲線もシフトすることになりますが，一体どのような理由で，どのようにシフトするのでしょうか。それを説明するために，利子率 (r) は一定で貨幣供給 (M^s) だけが増加した場合を取り上げることにします。貨幣需要は一切変化せず，貨幣供給だけ増加したと仮定しているので，LM 曲線式 (7-13 式) は，つぎのようになります。

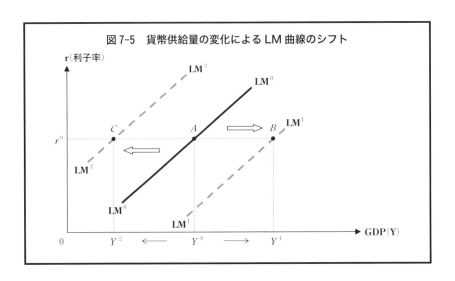

図 7-5 貨幣供給量の変化による LM 曲線のシフト

$$M^s > M_1(Y) + M_2(r) \qquad (7\text{-}19)$$

この式の左辺と右辺が一致するためには，右辺の GDP（Y）か利子率（r）が変化する必要があります。しかし，利子率は一定であると仮定しているので，資産需要（M_2）も一定です。この場合，変数は GDP だけであり，GDP が変化することによって，取引需要（M_1）も変化することになります。つまり，左辺の貨幣供給（M^s）が増加した分，右辺の取引需要（M_1）も増加しなければなりません。すでに説明したとおり，取引需要（M_1）が増加するためには，GDP の増加が前提となりますので，結局，マネーサプライ（M^s）の増加がGDP の増加をもたらす結果になります。

結論として，貨幣供給が増加すれば，LM 曲線は右の方向にシフトし，GDP は増加します（図 7-5 の $Y^0 \Rightarrow Y^1$）。一方，貨幣供給が減少した場合，LM 曲線は左の方向にシフトし，GDP は減少します（図 7-5 の $Y^0 \Rightarrow Y^2$）。

貨幣供給↑（↓）⇒ GDP ↑（↓）⇒ LM 曲線の右（左）移動

◆貨幣市場の不均衡

　財市場と同じように，貨幣市場でも需給が一致しない不均衡の場合，経済はLM曲線から離れることになります。図7-6のC点とD点がそれに該当しますが，その二つの点は貨幣市場の不安定な状況を表すものです。したがって，貨幣市場を安定させるために，その原因を探ってみることにしましょう。

　まず，不均衡点Cを均衡点Aと比較してみると，C点のGDP水準は均衡点Aのそれと同じ水準（Y^0）であることがわかります。したがって，(7-13)式よりGDPの水準には何の問題もなく，C点の不均衡は，取引需要（M_1）の不都合によって発生したものではないことが明らかです。

　一方，利子率はどうでしょうか。C点の利子率（r^1）は，均衡点（A点）の利子率（r^0）より高いので，C点の資産需要（M_2）はA点（均衡点）の資産需要より少ないことになります。これでC点では貨幣供給が貨幣需要を上回っていることがわかります。つまり，C点のLM曲線式は，つぎのようになります。

$$C点：M^S > M_1(Y^0) + M_2(r^1) \tag{7-20}$$

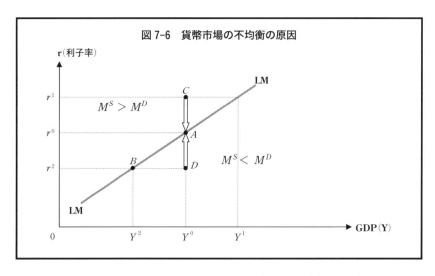

図 7-6　貨幣市場の不均衡の原因

ちなみに，D点はどうでしょうか。C点とは逆に，D点の利子率（r^2）は均衡点（A点）のそれより低い水準ですので，貨幣需要が貨幣供給を上回っていることになります。

$$D点：M^S < M_1(Y^0) + M_2(r^2) \tag{7-21}$$

7.3 財市場と貨幣市場の同時均衡

以上の説明から，IS 曲線は財市場の均衡を，LM 曲線は貨幣市場の均衡を表すものであることに異論はないでしょう。いわば IS 曲線と LM 曲線は，それぞれ財市場と貨幣市場の均衡に必要な GDP（Y）と利子率（r）の組合せを表したのです。

これまで，財市場の均衡と貨幣市場の均衡を別々に分離して検討してきましたが，以下では二つの市場を同じ俎上に載せて同時に分析してみることにします。なぜなら，現実の世界では，財市場が貨幣市場の影響を受けたり，逆に貨幣市場が財市場の影響を受けたりするからです。

財市場と貨幣市場の同時均衡（同時安定）のためには，IS 曲線と LM 曲線が必ず交わる必要があります。**図 7-7** は，すでに導出した IS 曲線（**図 7-1**）と LM 曲線（**図 7-4**）を同一の平面上で描き，両市場での同時均衡を示したものです。

したがって，E点（均衡点）で財市場と貨幣市場の需給を同時に均衡させるのに必要な GDP と利子率の組合せが決まります。この点では，財市場も貨幣市場も安定しているため，GDP も利子率もそれ以上調整する必要はありません。そのような意味で，E点での GDP を**均衡 GDP**，利子率を**均衡利子率**（equilibrium rate of interest）と呼びます[8]。

実際に，私たちは **IS-LM モデル**を用いて均衡 GDP や均衡利子率を求めたり，財政政策や金融政策の有効性を検討したりするなど，IS-LM モデルはさ

---

8) **図 7-7** の均衡点（E点）は，財市場と貨幣市場だけの均衡点であり，労働市場などすべての市場が均衡しているわけではありません。そういう意味で，E点を短期均衡点（short-run equilibrium point）と呼びます。

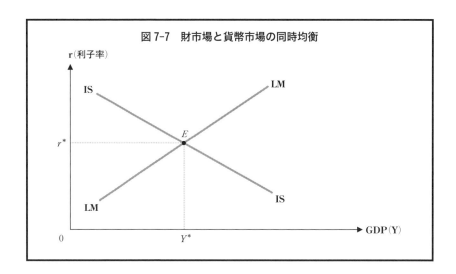

図7-7 財市場と貨幣市場の同時均衡

まざまなマクロ経済分析に利用されています[9]。ここで，つぎの (7-22) 式と (7-23) 式を用いて，実際に均衡 GDP と均衡利子率を求めてみることにしましょう。

$$\text{IS 曲線}: r = -(1/25)Y + 20 \qquad (7\text{-}22)$$
$$\text{LM 曲線}: r = (4/25)Y - 75 \qquad (7\text{-}23)$$

いうまでもなく，財市場と貨幣市場を同時に均衡させる GDP と利子率の組合せは，(7-22) 式と (7-23) 式を解くことで求められます。計算の結果，利子率は1%で，GDP が 475 兆円のとき，財市場と貨幣市場は同時に均衡することがわかります。

---

9) マクロ経済学の教科書に必ずと言っていいほど登場する「IS-LM 分析モデル」は，イギリスの経済学者ヒックス (J. R. Hicks, 1904-1989) によって考案されたものです。ヒックスは，ケインズの難解で膨大なマクロ経済理論をたった2本の曲線 (IS 曲線と LM 曲線) を用いて，わかりやすく定式化することに成功しました。彼はこの業績をはじめ，経済成長モデルの研究や一般均衡モデルの研究などで頭角をあらわし，1972年度にノーベル経済学賞を受賞しました。

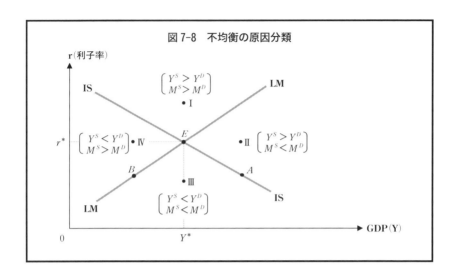

◆不均衡の原因

以上の検討から得られた結論は，経済が IS 曲線と LM 曲線から離れたところにあれば，財市場と貨幣市場は何らかの理由で不安定な状態にあるということです。図 7-8 は不均衡の種類とその原因を説明するために，図 7-3 と図 7-6 を同じ平面で合成したものです。すでに，それぞれの図で説明しましたが，財市場と貨幣市場の同時不均衡の原因を整理したものが，つぎの表 7-1 です。

表 7-1　財市場と貨幣市場における不均衡の分類

	A 点	B 点	Ⅰの領域	Ⅱの領域	Ⅲの領域	Ⅳの領域
財 市 場	均衡	不均衡	$Y^S > Y^D$	$Y^S > Y^D$	$Y^S < Y^D$	$Y^S < Y^D$
貨幣市場	不均衡	均衡	$M^S > M^D$	$M^S < M^D$	$M^S < M^D$	$M^S > M^D$

7.4 労働市場の均衡

◆労働市場の均衡と完全雇用 GDP

　商品の取引が財市場で行われるように，労働の取引は労働市場で行われます。「労働の取引」といえば，昔の「奴隷市場」を思い出して不愉快な心境になるかもしれませんが，いったい現代の労働市場とは，どのようなものでしょうか。いまの時代に昔の奴隷市場のような労働市場はどの国や地域にも存在しません。しかし，どの国やどの地域でも確かに労働市場は存在します。

　たとえば，ある民間企業が来年度の新入社員を採用するために採用試験を行い，その試験に応募した 100 名のうち，全員が採用されたとしましょう。この場合，労働供給（求職者）の 100 名に対し，労働需要（採用者）も 100 名になって立派な労働の取引が行われたことになります。このように，採用試験から採用の決定，就職にいたるまでの一連のプロセスが，いわば現代版労働市場といえるでしょう。

　いまの例のように，働きたいという意志のある労働者が全員雇用され，**非自発的失業者**（involuntary unemployment）[10]が 1 人もいない状態を**完全雇用**（full employment）といいます。

> 労働市場の均衡：労働供給(L^S)＝労働需要(L^D)

　新古典派経済学は，長期において労働市場の需給は均衡し，常に完全雇用が実現されると主張します。その背景には賃金（労働価格）の「自動調節機能」が機能するからです。たとえば，労働供給が労働需要を上回れば，賃金は下落するので，労働需要は増加します。したがって，労働市場では常に需給が均衡し，完全雇用が実現されることになります。

---

10)　非自発的失業者とは，現在の賃金水準で働きたいという意志は強くあるものの，働き口がないので失業している人たち，またはすでに解雇されている人たちのことです。

第 7 章　国内市場の安定化　　143

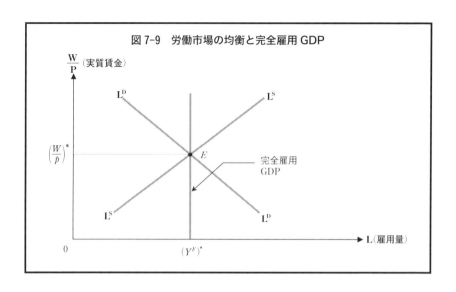

図7-9 労働市場の均衡と完全雇用GDP

> 労働供給＞労働需要⇒賃金↓, 労働供給＜労働需要⇒賃金↑

　完全雇用状態のもとでは，働く意志のあるすべての労働者が雇われて，生産活動に参加するわけですが，そのとき，雇用されたすべての労働者によって創り出されたGDPを**完全雇用GDP**と呼びます。

　図7-9は労働市場の均衡と完全雇用GDPを表したものです。E点では，実質賃金$\left(\frac{W}{P}\right)^*$のもとで，すべての労働者（L）が雇用されていますが，そのとき決定されるGDPが，完全雇用GDP $(Y^F)^*$です。

　しかし，完全雇用はあくまでも理論上の概念であり，現実の経済において，失業者が1人も存在しない地域や国はどこにもありません。なぜなら，労働者は実質賃金の下落を短期においても容認しようとせず，実際に実質賃金が下落するケースはほとんどないからです（これを**賃金の下方硬直性**（downward rigidity of wage）といいます）。

　日本の場合，労働の需給如何にかかわらず，賃金は年々上昇するのが当たり前のようになっています。もし，賃金を年々下げる会社があるとすれば，労使間にどのような問題が発生するのでしょうか。そのような企業があると

すれば，その企業で働こうとする人は少なく，最悪の場合，その企業は倒産するかもしれません。また，どの国や地域でも**自発的失業者**（voluntary unemployment）が存在するはずなので，失業者が1人もいない経済なんて，非現実的な話にすぎません[11]。

練習問題

7-1 以下の文章の（ ）の中に最も適切な用語や数値を入れなさい。

(1) IS曲線とは，財市場において（ ① ）と（ ② ）が一致するような（ ③ ）と（ ④ ）の組合せを表す曲線である。

(2) 減税や政府支出の増加は，GDPの（ ② ）をもたらす。そのとき，IS曲線は（ ① ）にシフトする。

(3) LM曲線とは，貨幣市場において（ ① ）と（ ② ）が一致するような（ ③ ）と（ ④ ）の組合せを表す曲線である。

(4) 貨幣供給の増加は，LM曲線を（ ① ）にシフトさせる。その結果，GDPは（ ② ）する。

(5) 貨幣の取引需要は，GDP（所得）の水準によって変化する。たとえば，GDPが増加すれば，取引需要は（ ① ）し，GDPが減少すれば取引需要は（ ② ）する。一方，貨幣の資産需要は，利子率の影響を受ける。たとえば，利子率が上昇すれば資産需要は（ ③ ）し，逆に利子率が下落すれば，資産需要は（ ④ ）する。

7-2 以下の用語を簡単に説明しなさい。

(1) 貨幣の資産需要

(2) 閉鎖経済

(3) 流動性選好

(4) 非自発的失業

(5) 賃金の下方硬直性

---

11) 自発的失業者とは，労働需要はあるものの，現行の賃金水準や労働条件などに不満があって自ら失業を選択している人をいいます。

7-3 次の計算問題に答えなさい。

(1) ある経済は，以下のようなマクロ経済モデルで表されるとする。

$$C = (3/4)Y + 20 \qquad I = -2.5r + 10$$
$$G = 100 \qquad M^S = 40$$
$$M^D = (1/5)Y - 2r$$

（ただし，C は消費関数，Y は GDP，I は投資関数，r は利子率，G は政府支出，M^S は貨幣供給量，M^D は貨幣需要量である）

① IS 曲線を求めなさい。

② LM 曲線を求めなさい。

(2) つぎのようなマクロ経済モデルを仮定する

IS 曲線：$r = -(1/25)Y + 20$

LM 曲線：$r = (4/25)Y - 75$

① 均衡 GDP（Y）を求めなさい。

② この経済が均衡（安定）するための利子率を求めなさい。

第8章

国内経済とマクロ経済政策

本章の目的：

○国内の財市場，貨幣市場，労働市場での需要と供給が，なんらかの理由で一致しないとき，経済は不安定になります。本章では，その不均衡の調整に必要なマクロ経済政策を取り上げます。

○財政政策は，どのようなメカニズムを通じて経済安定化や経済成長に貢献するかについて学びます。

○金融政策が GDP や利子率に与える影響をはじめ，経済安定化のために果たす役割について解説します。

○労働市場の不安定がマクロ経済に与える影響やそのときの財政・金融政策の有効性について説明します。

キーワード：

▶拡張的・緊縮的財政政策　▶クラウディング・アウト効果　▶金融緩和・金融引締政策　▶流動性の罠　▶増加・減少関数　▶相関関係　▶名目金利　▶実質金利　▶フィッシャー方程式　▶ポリシー・ミックス

8.1　財政政策

◆財政政策とは何か

　第 7 章で検討した IS-LM モデルによって，実は複雑きわまりないはずの財市場と貨幣市場での均衡 GDP と均衡利子率が，いとも簡単に求められます。現実の経済が IS 曲線と LM 曲線の交わるところに存在すれば，財市場

147

と貨幣市場はともに安定しているといえます。

　しかし，実体経済はどうでしょうか。IS-LM 曲線が示しているように，財市場と貨幣市場は常に安定しているのでしょうか。実は必ずしもそうではありません。なぜなら，実体経済は，私たちが考えている以上に複雑であるからです。それぞれの市場において総需要と総供給が均衡することは稀であり，常に供給超過か需要超過の状態であると考えるべきです。

　そのような需給の不均衡によって発生する経済問題を解決する方法として，さまざまな政策が考えられますが，まずは，財政政策から取り上げることにします。財政政策はつぎのようなものです。

> 財政政策とは，政府が租税（T）や政府支出（G）を調整して，消費や政府支出を増減させ，マクロ経済の安定や成長を図る経済政策である

　一般に，景気が沈滞しているときは，**拡張（拡大）的財政政策**（expansionary fiscal policy）が有効であり，逆に景気が過熱しているときは**緊縮（縮小）的財政政策**（contractionary fiscal policy）が有効です。ここで，拡張的財政政策とは，政府が有効需要を増やすために政府支出の増加や減税を行う政策です。一方，緊縮的財政政策は，拡張的財政政策とは逆に，政府が有効需要を減らすため，主に政府支出の削減や増税を行う政策です。ここでは，とりあえず景気沈滞の原因とその代表的な対策として，拡張的財政政について説明することにしましょう。

　すでに第3章で取り上げたように，景気沈滞の根本的な原因は，総需要が総供給を下回ることにあります（供給超過）。つまり，財市場で超過供給が発生すれば，モノの売れ残りが存在するので，企業は売れない分の生産量を減らそうとするはずです。企業が生産量を減らすことによって，労働市場では失業者が増加します。当然ながら，失業者は所得を得ることができないので，さらに社会全体の消費量は減少することになります。すでに第3章で取り上げたとおり，供給超過（需要不足）⇒生産量の減少⇒失業者の増加⇒所得の減少⇒さらなる需要不足⇒……といった悪循環のループが形成され，景気はますます悪くなります。

このような景気沈滞を改善するのに必要な政策手段の一つとして，マクロ経済学では拡張的財政政策が用意されていますが，これからその政策効果について説明しましょう。繰り返しになりますが，景気沈滞の本質的な原因は，供給超過（$Y^S > Y^D$）なので，それを改善させるために，政府は総需要（Y^D）を増やす必要があります[1]。つまり，(8-1) 式の右辺（消費 C ＋投資 I ＋政府支出 G）を増やさなければなりません。

$$景気沈滞：Y^S > C(Y-T) + I(r) + G \qquad (8\text{-}1)$$

　当然ながら，政府はその改善策として，総需要の構成項目である政府支出（G）の増加や租税（T）を引き下げて消費（C）を増加させる政策（減税政策）をとりますが，このようなマクロ経済政策を拡張的財政政策といいます。一方，景気が過熱している場合（$Y^S < Y^D$）は，総需要を抑える必要があり，政府は政府支出（G）を抑制するか，租税（T）を引き上げる政策（増税政策）をとります。このようなマクロ経済政策を緊縮的財政政策といいます。

拡張的財政政策：(G ↑，T ↓)⇒ Y^D↑⇒ GDP ↑：景気沈滞のとき発動
緊縮的財政政策：(G ↓，T ↑)⇒ Y^D↓⇒ GDP ↓：景気過熱のとき発動

◆政府支出の変化とその効果

　政府は，景気が沈滞または過熱しているとき，総需要をコントロールすることによって経済の安定化を図ります。(8-1) 式で容易にわかるように，もし政府が政府支出を増やせば，他の条件が変わらない限り，直ちに総需要は増加します。総需要の増加は GDP の増加をもたらしますが[2]，逆に政府が政府支出を抑制すれば，それによって GDP は減少します。

---

　1)　もちろん，Y^S を減らす方法もありますが，それは実際になかなか採用しにくい政策といえます。なぜなら，Y^S↓⇒失業者↑⇒所得水準↓⇒消費量↓⇒さらなる Y^S↓⇒……となり，経済はさらに悪化するうらみがあるからです。

　2)　その理由は，政府が政府支出（G）を増加させることによって総需要（Y^D）が増加するので，企業は増加した総需要の水準に見合うような生産量の増加を決定するからです（有効需要の原理）。

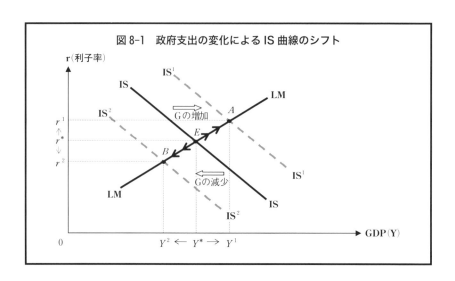

図8-1 政府支出の変化によるIS曲線のシフト

政府支出↑(↓)⇒総需要↑(↓) ⇒ GDP↑(↓)

　以上のことをベースに，政府支出の変化がGDPと利子率に及ぼす影響を，IS曲線を用いてもう少し具体的に説明することにしましょう。

　図8-1は，IS曲線式（7-6式）に基づいて描いたIS曲線です。かりに，政府が不況対策として政府支出を増やした場合，(7-6)式の右辺の消費（C）と投資（I）はそのままで，政府支出（G）だけが最初のGからΔGに増加します。

　　　　政策前のIS曲線：$Y = C(Y - T) + I(r) + G$
　　　　政策後のIS曲線：$Y = C(Y - T) + I(r) + G + \Delta G$

　しかし，ここで留意しなければならないことは，政府支出の増加（ΔG）によるGDPの増分は，ΔG以上になるということです。もうおわかりだと思いますが，それは政府支出の乗数効果が働くからです。したがって，ΔGによる新しいGDPの増分は，単純に$Y + \Delta G$ではなく，その乗数倍（{1/(1 −

C_1)$\}\Delta G$）だけ増加することになります[3]。

　その結果，IS 曲線は政府支出の乗数倍（$\{1/(1 - C_1)\}\Delta G$）だけ右の方へシフトすることになり（図 8-1 の IS $\Rightarrow$ IS^1），この場合，新しい均衡点は E 点から A 点へ移動します。その結果，GDP は Y^* から Y^1 に増加しますが，利子率も r^* から r^1 に上昇します。

　一方，政府支出が ΔG だけ減少すると，GDP も $\{1/(1 - C_1)\}\Delta G$ だけ減少するので，その分，IS 曲線は左の方へシフトします（図 8-1 の IS $\Rightarrow$ IS^2）。その結果，GDP は減少（$Y^* \Rightarrow Y^2$）し，利子率も下落（$r^* \Rightarrow r^2$）します。

> **政府支出↑(↓)⇒利子率↑(↓)**
> **∴ IS 曲線は右（左）へシフト**

　以上の説明から，政府支出の変化が GDP にどのような影響を与えるかがよく理解できたと思います。しかしながら，政府支出と利子率の関係についてはそう簡単に理解できるものではありません。以下では，政府支出が増加（減少）すると，どうして利子率が上昇（下落）するかについて説明します。

　いま，政府が景気浮揚対策として，政府支出を増やしたとしましょう。その結果，GDP が増加することは以上で説明した通りですが，新しく増加した GDP は貨幣市場に少なからぬ影響を与えることになります。つまり，GDP の増減によって利子率も変動し，利子率の変動はさらにマクロ経済に影響を与えることになります。

　それを説明するために，もう一度貨幣市場の均衡式に戻ることにしましょう（7-10 式と 7-12 式）。繰り返しになりますが，貨幣市場の均衡式は，つぎのとおりです。

$$\overline{M^S} = M^D$$
$$M^D = M_1(Y) + M_2(r) \tag{8-2}$$

---

[3]　これについては，(6-9) 式および図 6-5 をご参照ください。

ここで（8-2）式の貨幣供給量（$\overline{M^s}$）は 1000 兆円で，この数値は短期的には変わらないもの（一定＝不変＝所与）と仮定しましょう。一方，貨幣需要は，取引需要量（M_1）が 800 兆円，資産需要量（M_2）が 200 兆円であるとします。したがって，この例では，貨幣供給量（1000 兆円）＝取引需要量（800兆円）＋資産需要量（200 兆円）になって，この式が貨幣市場の均衡式であることがわかります。

　それでは，早速本題に入りましょう。先ほどの政策後の IS 曲線式で明らかになったように，なんらかの理由（ここでは政府支出の増加）で GDP が増加すれば，貨幣の取引需要量（M_1）も増加します（貨幣の取引需要量は，GDPの増加関数）。たとえば，GDP の増加によって貨幣の取引需要量が 800 兆円から 900 兆円に増加した場合，貨幣市場の均衡を維持するためには，取引需要量が増えた分，資産需要量（M_2）は 200 兆円から 100 兆円に減少する必要があります（資産需要量は，利子率の減少関数）[4]。なぜなら，（8-2）式の貨幣供給量（M^s）は，短期において 1000 兆円のままですので，貨幣市場が均衡を保つためには，右辺の貨幣需要量も 1000 兆円になる必要があるからです。いうまでもなく，貨幣の資産需要量の増加は，利子率の上昇をもたらします（その理由については，第 7 章で具体的に紹介しました）。したがって，GDPが増加すれば，利子率も上昇することになります。

◆租税の変化とその効果

　つぎに，租税の変化が GDP と利子率に与える影響について検討してみましょう。たとえば，景気が沈滞しているとき，政府が景気浮揚対策の一環として減税政策を採用したとします。政府が税金を当初の T から ΔT だけ引き下げると，第 5 章の消費関数（5-2 式）のところで説明したように，可処分所得は増加します。可処分所得の増加によって消費も増加することになりま

---

4)　貨幣市場の均衡式において，取引需要（M_1）は GDP（Y）の増加関数，資産需要（M_2）は利子率（r）の減少関数であることを思い出してください。ここで**増加関数**とは，貨幣の取引需要量と GDP との関係のように，GDP が増加すれば取引需要量も増加するような相関関係をいいます。一方，**減少関数**とは，貨幣の資産需要量（M_2）と利子率（r）との関係のように，利子率が下落すれば，むしろ資産需要は増加する関数をいいます。

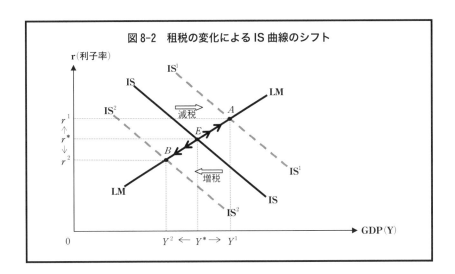

図 8-2 租税の変化による IS 曲線のシフト

すが,消費の増加は,政府支出の場合と同じように,GDP の増加をもたらします。その結果,IS 曲線は右の方へシフトします(図 8-2)。

より具体的にいえば,(6-13)式で説明したように,減税によって GDP は $\{C_1/(1-C_1)\} \Delta T$ だけ増えるので,ちょうどその分,IS 曲線は右上の方へシフトすることになります(図 8-2 の IS ⇒ IS^1)。

一方,増税の場合,GDP は $\{C_1/(1-C_1)\} \Delta T$ だけ減少し,IS 曲線は,ちょうどその分,左下へシフトします(図 8-2 の IS ⇒ IS^2)。以上の説明から租税の政策効果をまとめると,つぎのようになります。

税金↓(↑)⇒可処分所得↑(↓)⇒消費↑(↓)⇒総需要↑(↓)
∴ GDP ↑(↓)

以上のように,拡張的財政政策として政府支出の増加と減税を実施した場合,どちらも GDP の増加と利子率の上昇をもたらします。しかし,政府支出の増加と減税といった二つの政策手段のうち,どちらか一つの政策手段のみ採用するとしたら,いったいどれを優先するべきでしょうか。それについては一概にいえませんが,一般的に政府支出の方が選ばれると思われます。

その理由は、すでに第6章で説明したとおり、政府支出の乗数効果が減税のそれより大きいからです。

◆クラウディング・アウト効果

政府支出の増加によってGDPは増加しますが、利子率も同時に上昇するので、逆に投資は抑制されることになります。その結果、せっかく増加したGDPの増分の一部が相殺されてしまう結果になりますが、そのような現象を**クラウディング・アウト**（crowding out）効果といいます。クラウディング・アウト効果とは、いわば財政政策の副作用ともいうべきものです。

英語のクラウディング・アウトとは、本来「締め出す」という意味ですが、なぜ、このような用語がここで使われるようになったかについて簡単に説明しましょう。政府は、現在（あるいは近い未来）のマクロ経済状況が供給超過（$Y^S > Y^D$）の状態であり、この経済の安定には総需要の増加が必要であると判断したとしましょう。そのとき、もし政府が政府支出を増やせば、政府支出の増加⇒GDPの増加⇒利子率の上昇⇒民間投資の減少⇒……という結果を招くことになります。

すなわち、政府が政府支出を増やした場合、同じ総需要の構成項目である投資が減少し、いわば「政府支出が民間投資を締め出す」結果になることから、クラウディング・アウトという用語が使われるようになりました。このクラウディング・アウト効果を**図8-3**で確認してみましょう。まず、政府が政府支出を増やすと、IS曲線はISからIS^1にシフトし、GDPは最初のY^*からY^2まで増加します。しかし、GDPの増加は利子率の上昇を伴うので、その結果、投資が減少し、GDPはY^1の水準まで逆戻りしてしまいます。したがって、新しい均衡点はA点からB点（Y^1, r^1）に移動しますが、それをクラウディング・アウト効果と呼びます。いわば、政府支出の増加はGDPを押し上げるプラス効果とGDPを押し下げるマイナス効果を同時に持っていることになります。当然ながら、プラス効果がマイナス効果より大きい場合、政府支出による政策効果は期待できますが、そうでない場合、政府支出は望ましい政策手段とはいえません。

ちなみに、減税も政府支出と同じように、クラウディング・アウト効果を

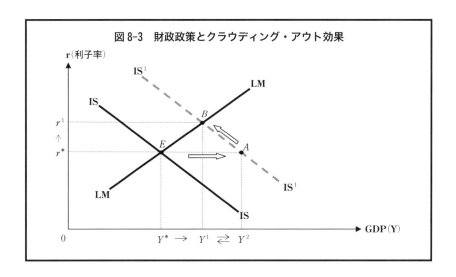

図8-3 財政政策とクラウディング・アウト効果

伴います。政府が減税を行った場合，可処分所得が増えることによって消費は増加しますが，同時に利子率も上昇するので，投資は減少してしまいます。したがって，減税の場合も消費の増加というプラス効果と投資の「締め出し」というマイナス効果が混在していることがわかります。

8.2　金融政策

◆金融政策とは何か

今まで検討してきたとおり，財政政策は政府が政府支出や租税の水準を上下させることで，GDPに影響を与える政策でした。一方，金融政策とは，政府（厳密にいえば，中央銀行）が貨幣供給量や利子率（金利）などを操作することで，GDPに影響を与える政策です。

日本では，日本銀行が公開市場操作や法定準備率操作などの政策手段を用いて貨幣供給量をコントロールします[5]。一般に，景気が沈滞しているとき

---

[5]　第5章で述べたように，現在日本銀行による主な金融調節手段は公開市場操作と無担保コール翌日物金利であり，公定歩合と法定準備率操作はほとんど運用されていません。

は金融緩和政策（expansionary monetary policy）が有効であり，逆に景気が過熱しているときは，金融引締政策（contractionary monetary policy）が有効です。ここで金融緩和政策とは，中央銀行が貨幣供給量を増やす政策であり，これを「量的緩和政策」と呼ぶ場合もあります。一方，金融引締政策とは，逆に貨幣供給量を減らす政策で，「量的引締政策」ともいいます。

> 金融政策とは，中央銀行が貨幣供給量や利子率などを操作することで消費や投資を増減させ，マクロ経済の安定や成長を図る経済政策である

◆貨幣供給量変化とその効果

　それでは，貨幣供給量の変化が貨幣市場およびGDPにどのような影響を与えるかについて検討してみましょう。以下ではLM曲線を用いて金融政策の効果を分析することにします。なぜなら，LM曲線こそ貨幣市場の均衡を表すものであり，金融政策の最も重要な役割は，貨幣市場の安定とマクロ経済の成長にあるからです。

　さて，貨幣供給の変化によってLM曲線はどのようにシフトするのでしょうか。たとえば，貨幣需要は一切変化せず，貨幣供給だけが増加した場合，LM曲線式（7-13式）は，つぎのようになります。

$$M^s > M_1(Y) + M_2(r) \tag{8-3}$$

　この式が均衡するためには，右辺の取引需要量（M_1）か資産需要量（M_2）が増加する必要があります。つまり，（8-3）式が均衡するためには，左辺の貨幣供給量（M^s）が増加した分，右辺も増加しなければなりません。そこで取引需要量（M_1）の増加には，GDP（Y）の増加が必要です。また，資産需要量の増加には，利子率（r）の下落が必要であることは，すでに第7章で学んだとおりです。

　したがって，日本銀行が貨幣供給量を増やせば，GDPは図8-4のY^*からY^1へ増加しますが，利子率はr^*からr^1に低下します。そのとき，LM曲線は，右下へシフトします。一方，貨幣供給が減少した場合，LM曲線は，逆に

156

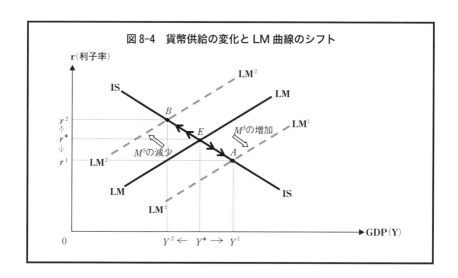

左上へシフトすることになります。

> 貨幣供給の増加（減少）は，GDP の増加（減少）をもたらすとともに，利子率を下落（上昇）させる

　なぜ，貨幣の供給量が増加すれば，GDP も増加するのでしょうか。それには，主に二つの理由があります。まず第1の理由は，貨幣量の増加によって利子率が低下し，利子率の低下は投資の増加をもたらすからです。実際の均衡 GDP 水準は総需要の大きさで決まるので，投資が増えることによって，GDP が拡大するのは当然のことです（I↑⇒Y^D↑⇒GDP↑）。

　第2の理由は，貨幣量が増加すれば，その分，市中には多くの貨幣が出回ることになります。したがって，私たちはより多くのお金（貨幣）を保有するチャンスに恵まれ，そのお金の一定金額を消費のために使うと考えられます。つまり，貨幣量が増加すると消費も増加するので，その結果，GDP も増加することになります。

第8章　国内経済とマクロ経済政策　　157

> 貨幣供給量↑⇒利 子 率↓⇒投資↑⇒総需要↑⇒ GDP ↑
> 貨幣供給量↑⇒貨幣需要↑⇒消費↑⇒総需要↑⇒ GDP ↑

　つまり，貨幣供給量の増加や利子率の低下は消費や投資を刺激し，それによって総需要は拡大します（金融緩和政策）。一方，貨幣供給量の減少や利子率の上昇は消費と投資の減少を招き，その結果，総需要も減少します（金融引締政策）。

> 金融緩和政策：$(M^s\uparrow, r\downarrow) \Rightarrow Y^D\uparrow \Rightarrow$ GDP ↑；景気沈滞のとき発動
> 金融引締政策：$(M^s\downarrow, r\uparrow) \Rightarrow Y^D\downarrow \Rightarrow$ GDP ↓；景気過熱のとき発動

◆流動性の罠

　日本経済は 1986 年から始まった，いわゆる「バブル経済」の崩壊によって，1991 年から未曾有の不況に見舞われました。それ以降，「平成大不況」や「失われた 20 年」という言葉が流行るようになり，いかに日本経済が深刻な状態だったのかを物語っています。

　日本政府は，平成不況の根本的な原因は，長引く景気沈滞の結果，総需要が著しく落ち込んだこと（$Y^D < Y^S$）によるものと判断し，主に拡張的な財政政策（政府支出の増加や減税）と金融緩和政策（貨幣供給量の増加や低金利政策）で日本経済の回復を図りました。特に金融緩和政策の一環として，1992 年 2 月に実施された「ゼロ金利政策」や 2016 年に導入した「マイナス金利政策」によって，日本の金利（利子率）はいままで経験したことのない低金利水準を維持しています[6]。

　このように景気が悪くなれば，政府は貨幣量を増やすか，低金利政策を実施して総需要（特に消費と投資）の拡大を図りますが，量的金融緩和政策と

---

6)　しかし，「ゼロ金利」や「マイナス金利」時代だからといって，私たちが銀行からお金を借りるときやお金を預けるときに適用される金利がゼロやマイナスになるという意味ではないことに注意しましょう。

低金利政策の間に，本質的な違いはありません。なぜなら，貨幣供給量を増やせば，金利は下がるからです。

　ところで，金利水準が下限まで下がってゼロに近くなると，金融緩和政策の効果は期待できないという研究結果があります。その理由は，中央銀行が景気対策として貨幣供給量を増やしても，金利はすでに下限まで下がっているので，金利をそれ以上下げることはできないためです。金利が下がらないと，投資は増加せず，総需要に影響を及ぼすことはありません。その場合，金融緩和政策は景気拡大にほとんど効果を持たないことになりますが，イギリスの経済学者であるヒックス（J. R. Hicks, 1904-89）は，そのような現象を**流動性の罠**（liquidity trap）と名づけました。

　拡張的財政政策の副作用としてクラウディング・アウトの効果があるように，流動性の罠は，いわば金融政策の副作用であるといえます。歴史的に見て，経済が流動性の罠にはまったケースは珍しく，ときたま話題になるのは，1930 年代の世界恐慌の例くらいです。しかし，1991 年から 10 年以上も続いた日本の長期不況の原因は，実は流動性の罠にはまったからだという主張がありました。その後，研究者の間で流動性の罠の問題が脚光を浴びるようになりました[7]。

　以上の内容を踏まえて，1990 年代に日本経済が経験した長期不況を例にとって，流動性の罠についてもう少し詳しく説明しましょう。まず，**図 8-5**の IS 曲線に注目してください。1990 年代後半の日本経済は，長引く不況の影響で GDP が大幅に減少し，IS 曲線は図のように大きく左の方へシフトしていました（IS^1）。経済が落ち込む前の GDP 水準は Y^*（IS 曲線と LM 曲線の交点）でしたが，不況が原因で GDP は Y^1 まで減少していることがわかります。

　日本銀行は，不況対策として度重なる貨幣の量的緩和政策と低金利政策を実施しましたが，期待どおりの成果をあげることはありませんでした。中央銀行が金融緩和政策を続けた結果，金利だけが下限まで下落し，LM 曲線は

---

[7]　日本経済が流動性の罠にはまっているという主張は，つぎの文献に詳しく紹介されています。吉川洋・通商産業研究所編集委員会編著『マクロ経済政策の課題と争点』東洋経済新報社，2000 年。

第 8 章　国内経済とマクロ経済政策　　159

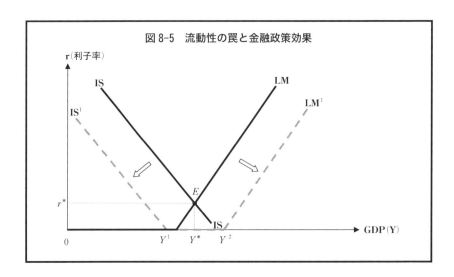

図8-5のように，変わった形（水平）になったと思われます。もちろん，実際にこの図のような形であったかどうかは，より精緻化された分析が必要ですが，ここでは流動性の罠を説明するのが目的なので，図8-5のような形になったと仮定して説明することにします。

これまでの説明で明らかなように，通常のLM曲線は右上がりの曲線です。しかし，図8-5のLM曲線は，水平部分と右上がりの部分によって構成されています。なぜLM曲線が右上がりの曲線ではなく，水平になっているのでしょうか。それは，名目金利が金融緩和政策によって下限まで下がってしまい，これ以上下がる余裕がないためです。つまり，日本銀行の「低金利政策」によって，金利水準がほぼゼロ水準になっているとすれば，これ以上金利を下げることは不可能です。なぜなら，通常金利がマイナス水準になることはありえないからです[8]。

以上のような理由で，IS曲線は最初のISからIS¹へシフトし，一方LM曲

---

8) 正確にいえば，ここでの金利は**名目金利**（nominal interest rate）のことです。実際に，名目金利がマイナスになることはありませんが，**実質金利**（real interest rate）はマイナスになる場合もあります。名目と実質の意味およびその関係については，第4章をご参照ください。

線は水平になっているため，IS 曲線と LM 曲線がプラス金利の領域で交わることはありません。また，日本銀行が景気を刺激するために金融緩和政策を実施し，LM 曲線が LM から LM^1 にシフトしたとしても，利子率がこれ以上下がらないため，投資は変化しません。したがって，IS 曲線はそのまま（IS^1）で，金融緩和政策によって LM 曲線がいくら右へシフト（LM^1）しても，マクロ経済は流動性の罠にはまってしまい，GDP は当初の Y^1 の水準のままで変化しないことになります。

8.3　労働市場の不均衡調整

　これまで，財市場と貨幣市場の需給が一致せず，マクロ経済が不安定なときに実施される財政政策と金融政策の効果について検討しました。以下では，労働市場を取り上げて労働市場が不安定なとき，それが経済全体に及ぼす影響やそのときの財政金融政策の効果について説明します。

　マクロ経済の安定化を考えるとき，財市場と貨幣市場の安定だけではなく，労働市場の安定も不可欠です。なぜなら，財市場と貨幣市場のように，労働市場と財市場，労働市場と貨幣市場との間にも強い相互依存関係があるからです。

　たとえば，財市場において供給が需要を上回っているとき，企業は生産量を減らす対策を講じると考えられます。それによって生産量が減少した場合，その減少分を作っていた労働力も不要になるので，失業者が増えるのは当然のことです。その場合，財市場の不均衡が労働市場の不均衡（労働供給＞労働需要）を招く結果になります。

　逆に，労働市場が財市場に及ぼす影響について考えてみましょう。かりに，労働市場が不安定（労働供給＞労働需要）で失業者が存在しているとします。その場合，失業者は所得を得ることができませんので，失業者の消費も減少します。その結果，財市場では総供給＞総需要の状態になって景気はますます悪くなります。

　いまの説明は，財市場と労働市場との相互依存関係を示した一つの例にすぎませんが，現実の経済では，それぞれの市場が互いにもっと深く関わって

第 8 章　国内経済とマクロ経済政策　　161

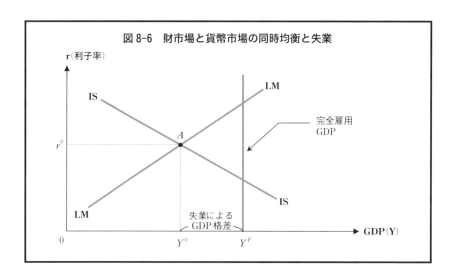

います。

◆ **労働市場の不均衡とマクロ経済政策**

どの国や地域でも完全雇用の実現はほぼ不可能ですが、失業の問題は至急に解決しなければならない課題であるといえます。現実のマクロ経済において財市場と貨幣市場では需給が一致する均衡状態が実現されたとしても、労働市場では常に失業者が存在すると考えなければなりません。

図8-6は、財市場と貨幣市場では需給が均衡しているものの、労働市場での需給は均衡せず、失業者が存在していることを表しています。なぜ失業者が存在すると断定できるのでしょうか。

まず、完全雇用 GDP を表す垂直線に注目してください。それが垂直線になっている理由は、完全雇用 GDP が利子率とは直接関わることなく、もっぱら労働市場の需給によって決定されると考えるからです。さらに、完全雇用 GDP とは、完全雇用が実現されたときに生み出されるであろう GDP のことです（図8-6の Y^F）。

一方、図8-6のように財市場と貨幣市場の需給が均衡しているとき、二つの市場で決定される実際の GDP 水準は Y^0 です。その Y^0 と完全雇用が実現

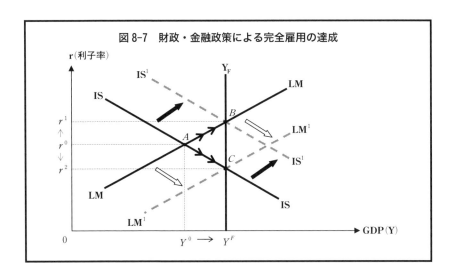

されたとき生み出されるであろう完全雇用GDPの水準Y^Fとの間には，$Y^F - Y^0$の格差があります。したがって，この格差は失業によって発生するものと考えられます。

以上のように，財市場と貨幣市場で需給の一致が実現されたとしても，労働市場では需給が一致せず，失業者が存在するのが実体経済といえます。実際に失業が存在するとき，財政・金融政策は，どのような効果を発揮するのでしょうか。

まず，**図 8-7** を参考にしながら，財政政策の効果から検討してみましょう。この図で明らかなように，失業を完全に解消するには，GDPの水準を現在のY^0から完全雇用GDPの水準Y^Fまで増加させる必要があります。したがって，拡張的財政政策を実施してIS曲線がISからIS^{1}へシフトすると，均衡点はAからBに移動します。新しい均衡点（B点）では完全雇用Y^Fが達成されると同時に，GDPもY^0からY^Fに増加します。

一方，金融政策はどうでしょうか。財政政策と同じように，GDPの水準が現在のY^0から完全雇用GDPの水準（Y^F）まで増加する必要があります。そのために金融緩和政策を実施すれば，LM曲線はLMからLM^{1}へシフト（均衡点は，AからCへ移動）し，完全雇用は実現されることになります。

以上の説明で明らかなように，拡張的財政政策と金融緩和政策の実施に
よって失業の問題は解決されます。しかし，副作用も付き物であるというこ
とを忘れてはいけません。図 8-3 からわかるように，拡張的財政政策の副作
用とは，利子率の上昇です（$r^0 \rightarrow r^1$）[9]。利子率が上昇すると企業の投資は抑
制され，いわゆるクラウディング・アウトの効果が発生します。したがって，
意図どおりの政策目標（Y^F）を達成することは難しくなるかもしれません。

> 拡張的財政政策⇒ GDP ↑⇒利子率↑⇒投資↓⇒ GDP ↓

　金融緩和政策も GDP の増加を通じて失業問題の解決に有効ですが，拡張
的財政政策とは裏腹に，利子率は下がってしまいます（図 8-7 の $r^0 \rightarrow r^2$）。
利子率が下がると，企業の投資が増加して GDP は当初の目標水準（Y^F）を超
えてしまう場合もありうると思います。

> 金融緩和政策⇒ GDP ↑⇒利子率↓⇒投資↑⇒さらなる GDP ↑

　さて，これらの副作用を解決する方法はあるのでしょうか。結論を先にい
えば，方法はあります。それは拡張的財政政策と金融緩和政策を同時に実施
することです。なぜなら，拡張的財政政策による副作用（利子率の上昇）を，
金融緩和政策の副作用（利子率の下落）が相殺してくれるからです。

　このように，ある政策目標を達成するため，複数の政策手段を同時に発動
せることを**ポリシー・ミックス**（policy mix）といいます。図 8-8 を用いて，
ポリシ－・ミックスの効果を検討してみましょう。

　図 8-8 のように，当初の財市場の均衡点は A 点であり，そのときの GDP
水準は Y^0 とします。この GDP 水準の下では失業の問題が残されており，政
府はその問題を解決するために拡張的財政政策と金融緩和政策を同時に実施
したとしましょう。そうすると，IS 曲線は IS から IS^1 へ，LM 曲線は LM か
ら LM^1 へシフトし，新しい均衡点は E 点になることがわかります。E 点で

9）　すでに述べたとおり，クラウディング・アウト効果があるからです。クラウディン
　グ・アウト効果については，図 7-3 をご参照ください。

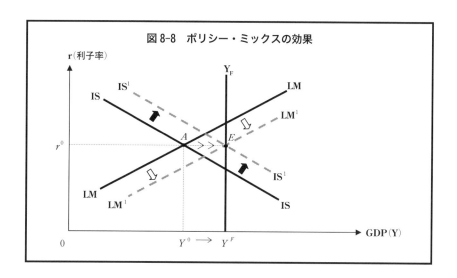

図 8-8 ポリシー・ミックスの効果

の利子率水準 (r^0) は当初のままであり，さらに新しい GDP も完全雇用 GDP の水準 (Y^F) に達しているので，GDP の増加はもちろんのこと，失業の問題も見事に解決されたことが確認できます。

それでは，なぜこのような政策効果が現れるのでしょうか。それを理解するためには，ここでもう一度，クラウディング・アウトの効果を思い起こす必要があります。つまり，クラウディング・アウトの効果が現われるのは，拡張的財政政策の実施によって GDP が増加するので，貨幣需要量（正確にいえば，取引需要量）も増加します。しかし，短期の貨幣供給量は変化しないため，利子率が上昇するのは当然のことです。

しかし，拡張的財政政策と金融緩和政策（貨幣供給量の増加）を同時に実施すれば，拡張的財政政策によって増加した貨幣需要量に対し，金融緩和政策によって貨幣供給量も増加しますので，利子率は変動しないことになります。したがって，利子率の変動による副作用はなく，政策目標は実現されることになるので，ポリシー・ミックスの効果は高く評価されてしかるべきでしょう。

░░░ **練習問題** ░░░

8-1 以下の文章の （　）の中に最も適切な用語や数値を入れなさい。

(1) 財政政策とは，政府が （　①　）や （　②　）の水準を上下させることによって （　③　）と （　④　）に影響を与えようとする政策である。

(2) 政府支出の増加は，他の条件が変わらない限り，（　①　）の増加をもたらすとともに，（　②　）を上昇させる。したがって，IS 曲線は （　③　）へシフトする。

(3) 減税によって （　①　）所得は増加し，可処分所得の増加は，（　②　）の増加をもたらす。その結果，（　③　）は増加し，（　④　）も上昇する。

(4) 金融政策とは，中央銀行が （　①　）や （　②　）を操作することで，（　③　）に影響を与えようとする政策である。

(5) 貨幣供給の増加によって （　①　）は下落する。それによって，企業の （　②　）は増加し，（　③　）と （　④　）は増加する。

8-2 以下の用語を簡単に説明しなさい。

(1) 拡張的財政政策
(2) 金融緩和政策
(3) クラウディング・アウト効果
(4) 流動性の罠
(5) ポリシー・ミックス

8-3 次の計算問題に答えなさい。

(1) あるマクロ経済は，以下のような経済モデルで表されるとする。

$$C = (3/4)Y + 20 \qquad I = -2.5r + 10$$
$$G = 100 \qquad M^S = 40$$
$$M^D = (1/5)Y - 2r$$

（ただし，C は消費関数，Y は GDP，I は投資関数，r は利子率，G は政府支出，M^S は貨幣供給量，M^D は貨幣需要量である）

①政府支出 G を 120 に増やしたときの GDP（Y）と利子率 r を求めなさい。

②貨幣供給量 M^s を 40 から 46 に増加したときの GDP（Y）と利子率 r を求めなさい。ただし，G = 100 とする。

(2) つぎのようなマクロ経済モデルを仮定する（この問題は，高増明・竹治康公編『経済学者に騙されないための経済学入門』ナカニシヤ出版，2004 年，141 ページから引用したものである）。

$$C = 0.6Yd + 60 \qquad I = -50r + 300$$
$$G = 100 \qquad M^s = 400$$
$$M_1 = 0.4Y \qquad M_2 = -50r + 400$$
$$Yd = Y - T \qquad T = 0.2Y$$

①政府支出 G を 110 に増やしたときの GDP（Y）と利子率 r を求めなさい。

②貨幣供給量 M^s を 400 から 420 に増加したときの GDP（Y）と利子率 r を求めなさい。ただし，G = 100 とする。

第9章

国際経済とマクロ経済政策

本章の目的：

○為替レートの決定要因をはじめ，為替レートの変動が国際収支および１国の
　マクロ経済に与える影響について検討します。

○解放経済において国際収支と GDP はどのように関わっているかについて説
　明します。

○開放経済における GDP の決定や財政・金融・貿易政策の効果について分析
　します。

キーワード：

▶閉鎖経済　▶開放経済　▶経常収支　▶資本収支　▶為替レートの決定要因
▶購買力平価　▶一物一価の法則　▶名目・実質為替レート　▶固定・変動為替
相場制　▶マンデル＝フレミング・モデル　▶貿易政策

9.1　為替レートの決定要因

　現在，世界には 200 か国弱の国や地域がありますが，グローバリゼーショ
ン（globalization）やボーダーレス（borderless）という言葉が象徴しているよ
うに，私たちはもはや外国との相互依存関係を無視して生活することはでき
ません。今朝食べた野菜や魚，いま身につけている上着や靴は，実は外国か
らの輸入品かもしれません。また，京都や奈良など日本の有名な観光地は，
外国からの観光客で年がら年中混雑しています。

　一方，日本以外のアジアの国々やヨーロッパなど外国ではどうでしょうか。

ほとんどの国で日本製の車が数多く走っており，ショッピング・モールでは日本製のカメラや韓国・中国製の家電製品が所狭しと並べられています。また，日本人も仕事や旅行，留学などで世界のいたるところに出かけています。とりわけ日本の正月やお盆，5月の連休のときには，海外旅行に出かける人波でごった返す空港の様子が，年中行事のように報じられます。

このように，私たちは，モノ，人，お金（資本）が国境を越えて自由に往来する時代に生きています。特に IT 革命による通信技術の進歩や交通手段の発達によって海外との経済活動は急速に拡大しています。そこで本章では，海外との取引が存在する**開放経済**（open economy）を取り上げますが，まずは，貿易収支に多大な影響を与える為替レートの変動要因について説明します。

◆為替レートの決定要因

すでに第4章と第6章で取り上げたように，為替レートの変化は，直ちに貿易収支を変動させ，1国のマクロ経済に多大な影響を与えます。たとえば，1985年の「プラザ合意」以降，日本では一挙に円高が進行しました。その結果，日本の輸出は大幅に落ち込み，それに伴って失業率も上昇し，いわゆる「円高不況」が発生しました。

ここでは，1国のマクロ経済に重要な役割を果たしている為替レートの決定要因について検討します。為替レートの決定については，通貨の需給に影響を与える諸要因のうち，どれを重視するかによってさまざまな理論モデルが展開されています。しかし，ここでは，最も基本的な三つの決定要因を取り上げることにします。

①通貨の需給

商品の価格が，財市場での需給によって変動するように，為替レートも通貨の需給状況によって変動します。たとえば，ドルより円を求める人が多ければ多いほど，ドルに対する円の価値は高くなります。したがって，この場合，「円高＝ドル安」になります。逆に，ドルの需要が円の需要を上回れば，「円安＝ドル高」になります。

第9章　国際経済とマクロ経済政策　　169

それでは，なぜ外国の通貨は，**外国為替市場**（foreign exchange market）[1]で取り引きされるのでしょうか。それについては，すでに第4章でも説明したように，旅行者のケースを思い起こせば，簡単に理解できると思います。しかし，輸出業者や輸入業者のほうが，旅行者より多くの外貨を需給しているはずなので，ここでは輸出業者と輸入業者の例を用いて為替レートの変動について説明します。

　たとえば，輸出業者は輸出の代金として手に入れたドルを国内ではそのまま使えないので，銀行で円に交換（両替）する必要があります。また，アメリカ人は日本の株式や国債を購入する場合，基本的にドルを円に交換しなければなりません。したがって，日本の輸出代金（ドル）と外国資本の流入額（ドル）が増加すれば増加するほど，円の需要（ドルの供給）は増加することになります。

　この場合，ドルを手放して円を保有するわけですから，円の需要（ドルの供給）は増加することになります。言い換えれば，「円買い・ドル売り」を行うことになるので，為替レートは円高（ドル安）になります。

　一方，輸入業者は輸入代金の支払いのために，円をドルと交換しなければなりません。また，日本人がアメリカの株式や国債などを購入するとき，円を売ってドルを用意する必要があります。なぜなら，アメリカでは基本的にドルしか通用しないからです。したがって，アメリカからの輸入と日本の資本流出が多いほど，ドルの需要（円の供給）は増加します。

　この場合，円を手放してドルを保有するわけですから，ドルの需要（円の供給）は増加します。いわば，「円売り・ドル買い」を行うことになるので，為替レートはドル高（円安）になります。いまの例でわかるように，貨幣も普通の商品と同様に買い手の多いものは高くなりますが，逆に，売り手の多いものは安くなります。

1）「外国為替市場」といっても，普通の商品市場のように特定の場所や建物があるわけではなく，多くの場合，電話やパソコンなどで外貨の取引を行います。

> 円の需要（ドルの供給）が増加すれば，円高（ドル安）になり，ドルの
> 需要（円の供給）が増加すれば，ドル高（円安）になる

②国際価格

つぎに，為替レートを決めるもう一つの重要な要因として，**購買力平価**
（purchasing power parity）という概念があります。購買力平価とは，「通貨の
購買力が等しくなるような為替レート」のことです。

それについてもう少し具体的に説明しましょう。たとえば，日本の国内で，
ある鉛筆の1本の価格は100円だとします。このとき，日本で100円の購買
力は1本の鉛筆になります。一方，まったく同じ日本製の鉛筆がアメリカで
も売られていて，アメリカでの価格が1ドルだとすれば，アメリカで1ドル
の購買力は1本の鉛筆になります。つまり，「100円」と「1ドル」はお金の
呼び名は違うものの，両方はまったく同じ購買力をもっていることがわかり
ます。この場合，購買力の側面から100円＝1ドルであり，これが購買力平
価に基づく為替レートになります。

購買力平価が成立するためには，**一物一価の法則**（the law of one price）が
前提条件となります。一物一価の法則とは，関税障壁や輸送費などのない競
争市場において，自国と外国で売買されている同一財の価格は，それを同一
通貨で表示した場合，同じ価格でなければならないというものです（9-1式）。

ところで，現実の世界で本当に一物一価の法則は成立するのでしょうか。
短期ではなく長期に限っていえば，一物一価の法則は成立するといえます。
かりに，東京とニューヨークの外国為替市場での為替レートは，それぞれ1
ドル＝100円と1ドル＝101円だとしましょう。つまり，東京の為替レート
はニューヨークのそれに比べて円高（ドル安）になっており，ニューヨーク
の為替レートは，東京のそれに比べて円安（ドル高）になっています。

このとき，東京市場で1ドルを100円で買って，ニューヨーク市場で1ド
ルを101円で売ると，1円の利益を得ることができます。たったの1円なの
かと思うかもしれませんが，もし100億円の資金を運用してこのような取引

第9章　国際経済とマクロ経済政策　　171

を行ったとすれば，あっという間に1億円の大金を稼ぐことになります[2]。

　この場合，東京市場では円売り・ドル買いが，ニューヨーク市場では円買い・ドル売りが進行するので，その結果，東京市場では円安（ドル高），ニューヨーク市場では円高（ドル安）になります。このような取引は，すべての市場において為替レートが等しくなるまで続き，同じ為替レート（たとえば，1ドル＝100円50銭）になれば，為替レートはそれ以上変化しないと考えられます。以上のように，為替レートは購買力平価水準（1ドル＝100円）で決定されることになります。

> 購買力平価：1ドル＝100円の場合，為替レート：1ドル＝100円になる

　さて，上の購買力平価の例を数式でわかりやすく表現してみることにしましょう。かりに，鉛筆（1本）の価格が日本ではP^J円，（まったく同じものが）アメリカではP^Aドル，為替レートeは1ドル＝100円とします。同じ商品の価格を，同じ貨幣単位で表現すると，同じ価格になるのは当たり前のことです。

　たとえば，いまの例から鉛筆の価格を円で表記すると，つぎのようになります。

$$P^J = eP^A \qquad (9\text{-}1)$$

これを言葉で表現すると，

$$
\begin{array}{ccccc}
国内価格(円) & = & 外国価格(ドル) & \times & 為替レート(円/ドル) \\
100 & = & 1 & \times & (100/1)
\end{array}
$$

となります。さらに，（9-1）式を変形すると，次式になります。

$$e = P^J/P^A \qquad (9\text{-}2)$$

---

2)　このように，国内外を問わず，市場間の価格差を利用して利益を得ようとする取引を「裁定取引（arbitration transaction）」といいます。

172

この式 (9-2 式) こそ，購買力平価を表すものです。この式からわかるように，購買力平価のもとで，為替レートが変動する理由は，国内価格 (P^J) か外国価格 (P^A) が変化するからです。たとえば，何らかの理由で鉛筆の国内価格が 1 本 = 100 円から 110 円に値上がりしたとしましょう。一方，アメリカでは以前と同じく，1 本 = 1 ドルで販売されているとすれば，為替レートは 1 ドル = 100 円から 1 ドル = 110 円になります（円安＝ドル高）。

逆に，日本の国内価格は 100 円（鉛筆 1 本の価格）のままなのに，アメリカでその価格が変化したとすれば，為替レートはどのように変化するのでしょうか。たとえば，まったく同じ鉛筆の価格がアメリカで 1 本 1 ドルから一本 1.25 ドルに値上がりしたとすれば，新しい為替レートは，1.25 ドル = 100 円（1 ドル = 80 円）になります。つまり，円高（ドル安）になることがわかります。

いまの例のように，日本の物価水準が上昇すれば，為替レートは円安になりますし，アメリカの物価水準が上昇すれば，為替レートは円高になります。

> 日本の物価水準↑⇒円安（ドル高），日本の物価水準↓⇒円高（ドル安）
> 外国の物価水準↑⇒円高（ドル安），外国の物価水準↓⇒円安（ドル高）

すでに第 4 章で取り上げたように，マクロ経済指標を的確に評価するためには，「名目」と「実質」の概念をしっかりと理解しておく必要がありますが，為替レートも例外ではありません。なぜなら，物価変動を無視するとすれば，両国間で生じた商品の実質的な価値の変動が正確に把握できないからです。たとえば，ドルの名目為替レートが 10％ 下落（ドル高）しても，アメリカの物価水準が 10％ 上昇（ドル安）すれば，為替レートの実質的な変動は何もなかったことになります。

ところで，名目為替レートと実質為替レートとは一体どのようなものでしょうか。まず名目為替レートから取り上げることにしましょう。**名目為替レート**（nominal exchange rate）とは，その時点の価格で評価した為替レートです。たとえば，銀行で円をドルに交換するときに適用される為替レートやテレビのニュースで，「今日の為替レートは 1 ドル 115 円 50 セントです」と

第 9 章　国際経済とマクロ経済政策　　173

か「今日の為替レートは昨日より12セント円高です」と発表されたとき，ここで登場する為替レートは，すべて名目為替レートのことです。

それに対して，**実質為替レート**（real exchange rate）とは，名目為替レートを両国の物価水準の変化を考慮して調整したものです。実質為替レートと名目為替レートの間には，つぎのような関係が成立します。

$$\varepsilon = e\ (P^A/P^J) \tag{9-3}$$

（ε：実質為替レート，e：名目為替レート，P^J：日本の価格，P^A：アメリカの価格）

実際に，つぎのような例を用いて実質為替レートを求めてみることにしましょう。ここでも説明をわかりやすくするために，2国1財モデルを使います。たとえば，日本とアメリカで，オレンジ1kgの価格が，それぞれ1000円，10ドルだとしましょう。まず，名目為替レートは1ドル＝110円とし，アメリカの農家はアメリカで1kgのオレンジを売って手に入れた代金（10ドル）で，日本ではどのくらいのオレンジが買えるかを考えてみます。名目為替レートが1ドル＝110円ですので，10ドルは1100円（10ドル×110円）になります。したがって，アメリカ人が10ドルで日本のオレンジを買った場合，1kg以上のものが買えるので，日本のオレンジ輸出量は増加します。

さて，実質為替レートはどのようになるのでしょうか。名目為替レートは1ドル＝110円，すなわち，$e = 110$（円），$P^A = 1100$円（10ドル×110円），$P^J = 1000$円ですので，これらを実質為替レートの式（$\varepsilon = e\ (P^A/P^J)$）に代入すると，つぎのようになります。

$$\varepsilon = 110\ (1100/1000) = 121$$

計算の結果，名目為替レート（1ドル＝110円）より実質為替レート（1ドル＝121円）の方が円安になっていることがわかります。この場合，日米の物価の変化以上に円安（ドル高）になっており，日本の輸出は増加することになります。その理由について簡単に説明しましょう。

もし，日本は日本産のオレンジをアメリカに輸出し，アメリカからアメリ

カ産のオレンジを輸入するとすれば，日本の輸出価格（P^J）は 1000 円で，輸入価格（P^A）は 1100 円になります。この場合，日本のオレンジがアメリカのオレンジより安いので，日本の輸出は増加することになります。逆に，実質為替レートが名目為替レートより円高になれば，日本のオレンジの価格はアメリカのそれより高くなるので，日本の輸出は減少します。

③国際利子率

自国と外国との間で利子率（金利）が異なる場合，その利子率の格差によって為替レートは変動します。実際に日本の利子率とアメリカの利子率が異なる場合，それが為替レートにどのような影響を及ぼすかについて説明しましょう。

一般に，資本（お金）は利子率の低いところから高いところへ移動すると考えられます。たとえば，ごく単純な例として（円をドルに，ドルを円に交換するときの手数料，将来時点での為替レートの変動は無視），日本の預金金利は3％，アメリカのそれは6％であるとすれば，日本の資産家は日本の銀行に預金せず，アメリカの銀行に預金をすると考えられます。なぜなら，アメリカの銀行に預金した方が，日本の銀行より 2 倍の利子所得を得ることができるからです。

したがって，日本の資産家は，アメリカの銀行に預金するために，円を手放してドルを入手します（円売り＝ドル買い）。その結果，為替レートは円安（ドル高）になります。逆に，日本の利子率がアメリカの利子率より高い場合，アメリカの資産家の間では，ドルを売って円を買う動きが活発になり，円高（ドル安）になります。

> 日本の利子率＞アメリカの利子率⇒円高
> 日本の利子率＜アメリカの利子率⇒円安

為替レートの決定要因は，以上で取り上げたもの以外にもさまざまな要因が考えられます。たとえば，貿易収支の黒字や赤字，外国との戦争や内戦などによる政治的要因，財務長官や中央銀行の総裁などの要人の発言も重要な

為替レートの変動要因です。

9.2 開放経済と GDP の決定

◆財市場の需給均衡：IS 曲線

すでに第 6 章で 45 度線モデルを用いて均衡 GDP がどのように決定されるかについて具体的に説明しました。実は，均衡 GDP の決定メカニズムの背景には，マクロ経済学の核心的な基本原理が働いていますので，もう一度それを確認してみましょう。

1 国の均衡 GDP の水準は，財市場に限っていえば，財市場での総需要（Y^D）と総供給（Y^S）が一致しなければならず，さらに有効需要（総需要）の大きさが GDP の大きさを決定するものでした。いわば均衡 GDP は，「財市場の均衡」と「有効需要の原理」によって決定されるものでした。

開放経済（外国と取引を行う経済）でも閉鎖経済（外国と取引を行わない経済）の場合とまったく同じように，財市場で総需要と総供給が一致し，そのときの GDP 水準と利子率の組合せを表す曲線が IS 曲線です。

開放経済における IS 曲線は，閉鎖経済の IS 曲線式（7-6 式）に，ただ貿易収支（NX）を加えただけのものです。総需要項目の消費と投資，政府支出については省略することにして，ここでは外国との取引によって新しく登場する貿易収支について説明することにします。

（3-5）式でわかるように，貿易収支は輸出（EX）から輸入（IM）を差し引いた差額ですが，この関係を関数の形で表したものがつぎの式です。

$$NX = EX(Y^{DA}, e) - IM(Y^{DJ}, e) \tag{9-4}$$

第 3 章で述べたように，日本の貿易収支の黒字（EX > IM）は，外国の景気が好転して外国の所得水準（Y^{DA}）が増加した場合と為替レートが円安になった時に増加します。一方，貿易収支の赤字（EX < IM）は，自国の景気がよくなって自国の所得水準（Y^{DJ}）が増加するか，為替レートが円高になれば増加します。いまだにこれらの内容がよく理解できていない人は，第 4 章と第 6 章に戻ってもう一度読み直してください。

また，開放経済における IS 曲線を消費関数，投資関数，貿易関数を用いて簡潔に表すと，以下のようになります。

$$\text{IS 曲線式}：Y = C(Y_d) + I(r) + G + NX(Y^{DA},\ Y^{DJ},\ e) \tag{9-5}$$

開放経済における IS 曲線も閉鎖経済のケースと同じように，財市場において総需要と総供給が一致するような利子率と GDP の組合せを表す右下がりの曲線です。

◆**貨幣市場の需給均衡：LM 曲線**

一方，開放市場における LM 曲線はどのようなものでしょうか。すでに第 7 章で説明したように，LM 曲線とは，貨幣市場において貨幣需要と貨幣供給が一致するような利子率と GDP の組合せを表す右上がりの曲線です。結局，LM 曲線は開放経済と閉鎖経済を区別せず，同様のものがマクロ経済の分析に用いられます。

$$\text{LM 曲線式}：M^S = M^D$$
$$M^S = M_1(Y) + M_2(r) \tag{9-6}$$

ただし，開放経済の場合，実際に採用している為替相場制度が，**固定為替相場制**（fixed exchange rate）であるか，あるいは**変動為替相場制**（floating exchange rate）であるかによって，国内の貨幣供給量が貿易収支の影響を受けて変化する場合もあります。そのような理由で，これから二つの為替相場制について説明します。

まず，固定為替相場制についてですが，文字どおり政府が外貨の需給に介入することで，為替レートが常に固定されている制度をいいます。ちなみに，日本では 1949 年 4 月から 71 年 8 月まで固定為替相場制が採用され，そのときの為替レートは 1 ドル＝ 360 円でした。

しかし，いままで検討してきているように，為替レートはさまざまな要因によって時々刻々変動します。実態はそうなのに，どのようにして固定相場制を維持することが可能でしょうか。

第 9 章　国際経済とマクロ経済政策　　177

固定相場制を維持するためには，中央銀行の役割が不可欠です。たとえば，中央銀行は両替のために持ち込まれた外貨（あるいは自国通貨）を自国通貨（あるいは外貨）に交換する義務を負っています。そうすることによって，固定相場制を維持することは可能ですが，いまの説明では理解不能かもしれませんので，簡単な例を用いてわかりやすく説明しましょう。

　かりに，ある日本の輸出業者が，1億ドルの輸出代金を都市銀行に持ち込んで円と交換するケースを考えてみましょう。そのとき，為替レートは1ドル＝360円に固定されているものとすれば，輸出業者は1億ドルを都市銀行に売って360億円を買うことになります（円買い＝ドル売り）。それによって，市中では1億ドルの供給増加と360億円の需要増加が発生し，その結果，円高＝ドル安になることはすでに説明したとおりです。

　しかし，変動相場制のもとでは上で述べたように中央銀行は固定相場を維持するために，通貨交換（両替）の義務を負っていますが，それは輸出業者の要求に中央銀行が直接対応することを意味します。中央銀行は輸出業者が持ち込んだ1億ドルに相当する360億円（需要の増加分）を輸出業者に支払うために，360億円（供給の増加分）の新札を作って輸出業者に供給します。その結果，輸出業者による円需要の増加分（360億円）＝中央銀行による円供給の増加分（360億円）となりますので，為替レートが変わることはありません。いまの説明で固定為替相場は中央銀行の通貨交換の義務によって維持可能であることが理解できたと思います。

　以上の説明で明らかになった重要な結論を2点まとめておきましょう。第1に，固定為替相場制のもとでは，中央銀行に持ち込まれた外貨（たとえば，ドル）によって円の供給量が増加するということです。円の供給量が増加すると，LM曲線はシフトし，それがGDPや利子率に影響を与えることはいうまでもありません。第2に，政府の政策目標と関係なく，中央銀行に持ち込まれる外貨や自国通貨によって貨幣の供給量が増減するので，政府は貨幣の供給量をコントロールすることが難しくなるという点です。

　一方，変動為替相場制の場合はどうでしょうか。変動相場制の下での為替レートは，通貨の需給状態によって自由に変動します。変動相場制のもとでは，中央銀行は持ち込まれた外貨（自国通貨）を交換する義務もなければ，

178

銀行以外の金融機関（たとえば，ノンバンク）や企業，個人と直接取引する義務もありません。

私たちは変動為替相場制のもとで，ドルを円に交換したり，逆に円をドルに交換する必要がある場合，外国為替業務ができる金融機関であれば，どこでも交換可能です。先の例でいえば，輸出業者が1億ドルの輸出代金をK銀行に持ち込めば，K銀行は360億円を輸出業者に支払うことになります。この場合，360億円の所有者はK銀行から輸出業者に変わっただけで，固定相場制の場合のように，中央銀行が貨幣を新しく発行して貨幣供給を増やすことはありません。すなわち，市中に存在する円の供給量は変わらず，円の需要だけが360億円分増えることになるので（円の供給＜円の需要），為替レートは円高（ドル安）になります。

以上の説明でわかるように，変動相場制を採用しているとき，外貨や自国通貨が中央銀行以外の金融機関に持ち込まれても，市中の貨幣供給量は変化しないので，LM曲線がシフトすることはありません。ただし，中央銀行はマクロ経済政策の一環として，金融政策手段を用いることによって貨幣供給量を増やしたり減らしたりすることは可能です。

◆国際利子率の決定

外国との取引を行う開放経済において，自国の利子率と外国の利子率が異なる場合，資本（貨幣資本）は移動すると考えられます。たとえば，アメリカの利子率が日本の利子率より高いとき，日本の投資家は高い利子を求めて，アメリカで資本を運用しようとするはずです。

アメリカで資本を運用するためには，まず円をドルに交換しなければなりません。そのとき，ドルの交換に使われた円は金融機関に渡ってしまうので，市中に出回っている円の供給量は，その分減少することになります。日本の国内で円の供給量が減少すれば，日本の利子率は上昇することになります（貨幣供給＜貨幣需要⇒利子率↑）。

この場合，日本は**小国**（small open economy）[3]であると仮定すれば，アメリカの利子率は変化せず，日本の資本流出は日本の利子率とアメリカの利子率が同一水準になるまで続くことになります。一方，アメリカの利子率より日

第9章　国際経済とマクロ経済政策　　179

本の利子率が高い場合はどうなるのでしょうか。いうまでもなく，先の例とはまったく逆の現象が発生します。アメリカの資本が日本に流入するので，日本の国内では円の供給量が増加し，日本の利子率は下落します。このような資本移動は，日本の利子率とアメリカの利子率がちょうど同一水準になるまで続くと考えられます。

以上の説明から，自国の利子率と外国の利子率が異なる場合，資本の流出や流入を通じて自国の利子率 r^J と外国の利子率 r^A は，いずれ同じ水準になることがわかります。

$$r^J = r^A \qquad\qquad\qquad (9\text{-}7)$$

（9-7）式のように，自国と外国の利子率が同一水準になれば，資本の移動はストップし，経済は安定します。なぜなら，資本の移動が続く限り，いい意味においても悪い意味においても，自国の金融市場や財市場に何らかの影響を与えるからです。したがって，つぎの（9-8）式は IS 曲線と LM 曲線とともに，開放経済のもとでマクロ経済の安定を表すもう一つの均衡式であることをしっかりと理解しておきましょう。

◆開放経済における均衡 GDP の決定

さて，開放経済のもとで均衡 GDP はどのように決定されるのでしょうか。これまで開放経済のもとで均衡 GDP の決め手は何かを検討してきました。しかし，現在私たちはその決め手を入手しています。それを整理すると，つぎの三つの均衡式になります。

IS 曲線：$Y = C(Y - T) + I(r) + G + NX(Y^{DA}, Y^{DJ}, e)$

LM 曲線式：$M^S = M_1(Y) + M_2(r)$

---

3) 「小国」とは，自国の経済規模が小さいため，自国のマクロ経済の変化が外国の経済にほとんど影響を与えない場合をいいます。したがって，日本の利子率が変化してもそれによってアメリカの利子率が変化することはありません。もちろん，日本とアメリカは経済大国ですから，実際には強い相関関係があると思われますが，ここでは単純化のために，日本の国内で生じたさまざまな経済変化は，アメリカ経済に何の影響も与えないと仮定します。

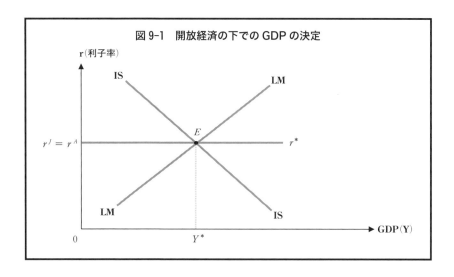

$$利子率：r^J = r^A \qquad (9\text{-}8)$$

　これらの三つの均衡式は，マンデルとフレミングという2人の経済学者によって開発されたものなので，**マンデル゠フレミング・モデル**（Mundell-Fleming model）と呼びます[4]。

　このモデルは，閉鎖経済におけるIS-LMモデル（第7章で取り上げたもの）に，開放経済のもとで行われる貿易収支（NX）と利子率（r）の均衡式（9-8式）を付け加えたものです。このマンデル゠フレミング・モデルを用いることによって，開放経済のもとで均衡GDPはどのように決定されるのか，それが簡単に理解できます。

　まず，**図9-1**のE点では財市場と貨幣市場が均衡し，さらに日本の利子率とアメリカの利子率も同じ水準です。したがって，E点は開放経済のもとでの均衡点で，開放経済の安定を表す均衡GDPと均衡利子率が示されています。言い換えれば，E点ではマンデル゠フレミング・モデルの三つの均衡式

---

[4] マンデル゠フレミング・モデルは，Robert A. Mundell（1932-）と J. Marcus Fleming（1911-76）によって1962年と1968年に発表されました。マンデルは，主にこの分野の功績が認められ，1999年にノーベル経済学賞を受賞する栄光を得ました。

が同時に交わっているので，財市場をはじめ，貨幣市場，国際市場が安定していることを表しています。

◆変動為替相場制とGDPの決定

　日本は変動相場制を採用していますが，変動為替相場制のもとで，自国の利子率と外国の利子率が異なる場合，それが自国のGDPにどのような影響を与えるのでしょうか。まず，日本の利子率がアメリカの利子率より高く（$r^J > r^A$），物価水準は変わらないものと仮定して議論を進めることにしましょう。

　図9-2のように，日本の利子率水準はr^0，アメリカのそれはr^1とします。この場合，日本の高金利を求めてアメリカの資本が日本に流入すると考えられます。日本は変動為替相場制を採用しているので，ドルと円の交換は都市銀行など外国為替業務ができる金融機関であれば，どこでも可能です。変動相場制の場合，市中に出回っている円の供給量は一定であり，そのなかで円買い（ドル売り）が行われるので，為替レートは円高（ドル安）になります。

　すでに学んだとおり，円高になると日本の輸出は減少し，その結果，日本の貿易収支（NX）も減少するので，IS曲線はISからIS^{1}へシフトします（図9-2）。図9-2のように，均衡点はE点からA点に移動し，新しい均衡点（A点）では日本の利子率とアメリカの利子率は等しく，これ以上の資本移動はありません。さらに，A点はIS曲線とLM曲線の交点であり，マンデル＝フレミング・モデルの均衡式が同時に満たされているので，マクロ経済は安定していることがわかります。ただし，この場合，日本のGDPは減少します（$Y^* \Rightarrow Y^1$）。

　一方，日本の利子率がアメリカの利子率より低い場合（$r^J < r^A$）はどうなるのでしょうか。いうまでもなく，日本の貨幣はアメリカに流出し，円安（ドル高）になります。円安になると日本の貿易収支は拡大するので，図9-2のIS曲線は右上にシフト（IS $\Rightarrow$ IS^2）し，その結果，GDPは増加します（$Y^* \Rightarrow Y^2$）。

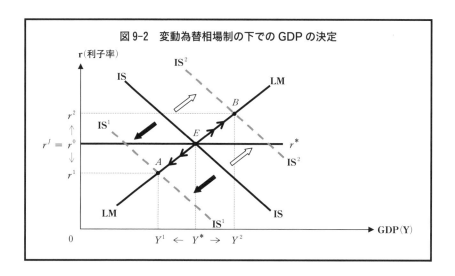

図9-2 変動為替相場制の下でのGDPの決定

日本の利子率＞米国の利子率⇒円高⇒日本の黒字↓⇒日本のGDP↓
日本の利子率＜米国の利子率⇒円安⇒日本の黒字↑⇒日本のGDP↑

これまで変動為替相場制のもとで，利子率の変化がGDPに与える影響について説明しました。日本の利子率がアメリカの利子率より高い場合（$r^J > r^A$），変動為替相場制のもとで，日本のGDPはどのようなプロセスを経て，どのように増減するかについて簡単にまとめておきましょう（図9-2を参照）。

・変動為替相場制の場合（$r^J > r^A$ のケース）
アメリカ資本の流入⇒ドルを円に交換（円買い・ドル売り）⇒円高⇒輸出↓⇒貿易収支↓⇒IS曲線のシフト（左下へ）⇒日本のGDP↓

第9章 国際経済とマクロ経済政策 183

9.3 変動為替相場制のもとでの政策効果

◆財政政策

これからマンデル＝フレミング・モデルに依拠して，変動為替相場制のもとでの財政政策について検討します。

まず，拡張的財政政策がとられた場合，IS曲線はISからIS¹へシフトし，新しい均衡点はA点になります（図9-3）。A点では一時的にGDPは増加しますが，日本の利子率（r^J）がアメリカの利子率（r^A）より高くなるので，アメリカの資本が日本の高い利子率を求めて日本の国内に流入すると考えられます。

しかし，日本の国内では基本的にドルは通用しないため，アメリカの資本家はドル売り（円買い）を行って入手した円で資本運用を図ります。その結果，為替レートは円高になります。円高は日本の貿易黒字を減らすわけですから，IS曲線はIS¹からもとのISへ戻ってしまいます。したがって，変動為替相場制のもとでの拡張的財政政策は，GDPに何ら影響を与えないことがわかります。

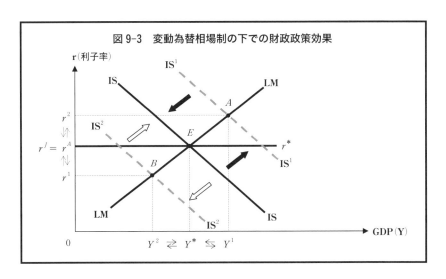

図9-3　変動為替相場制の下での財政政策効果

一方，緊縮的財政政策がとられた場合はどうでしょうか。簡単に結論だけを述べると，拡張的財政政策の場合と同じように，この政策も GDP に何ら影響を与えないことになります。つまり，GDP を減少させる目的でとられた緊縮的財政政策は，GDP に何ら影響を与えることなく，当該政策は無効であることがわかります。

> 変動為替相場制のもとでの財政政策は無効である

◆金融政策

　つぎに，変動為替相場制のもとで金融緩和政策が発動された場合，その政策効果について説明します。たとえば，中央銀行が貨幣の供給量を増加すると，LM 曲線は LM から LM^1 へシフトします（図9-4）。均衡点は一時的に A 点に移動しますが，A 点では日本の利子率がアメリカの利子率より低くなるため，日本の資本がアメリカに流出し，円安（ドル高）になります。円安（ドル高）は日本の貿易収支を増加させるので，IS 曲線も IS から IS^1 へシフトし，均衡点は B に移動します。このように，金融緩和政策は GDP の増加（$Y^* \Rightarrow$

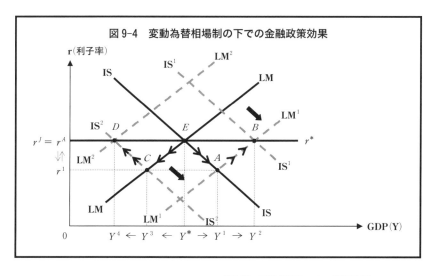

Y^2）をもたらしますので，この政策は有効といえます。

一方，金融引締政策がとられた場合には，金融緩和政策のケースとはまったく逆のプロセスを経て GDP は減少します。つまり，金融引締政策は政策目標どおり，GDP を減少（$Y^* \Rightarrow Y^4$）させるので，この政策は有効であることがわかります。

> 変動為替相場制のもとでの金融政策は有効である

◆貿易政策

最後に，変動為替相場制のもとで，保護主義的な貿易政策の効果について取り上げましょう。輸入関税の導入や輸入割当など保護主義的な貿易政策がとられた場合，まず輸入が減少しますので，貿易収支は改善されます。つまり，輸出は一定のままで輸入だけが減少すれば，貿易黒字は増加します。その結果，IS 曲線は IS から IS^1 へシフトし，そのとき均衡点は E 点から A 点に移動します（図 9-5）。

しかし，図 9-5 からわかるように，日本の利子率水準（r^1）がアメリカの利

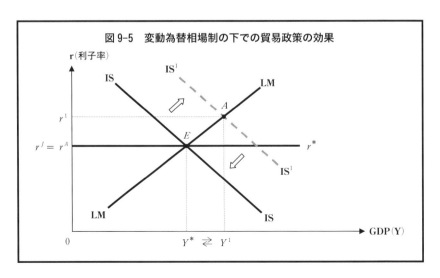

図 9-5　変動為替相場制の下での貿易政策の効果

子率水準（r^A）より高いため，アメリカの資本が日本に流入（ドル売り＝円買いが行われる）し，為替レートは円高になります。円高は保護主義的な貿易政策の効果でせっかく増加した貿易黒字を減少させ，結局，IS 曲線は IS^1 からもとの IS へ戻ってしまいます。したがって，変動為替相場制のもとで，保護主義的な貿易政策がとられたとしても，その効果は期待できず，保護主義的貿易政策は無効であるといえます。

変動為替相場制のもとでの保護主義的貿易政策は無効である

練習問題

9-1 以下の文章の（　）の中に最も適切な用語や数値を記入しなさい。

(1) 為替レートの変動要因は，貨幣の需給状態や国内外の物価水準などさまざまである。たとえば，円の需要が増加すれば，（　①　）になり，ドルの需要が増加すれば，（　②　）になる。また，日本の物価水準が上昇すれば，（　③　），日本の物価水準が下落すれば，（　④　）になる。

(2) 固定為替相場制の場合，外国の資本が日本の国内に流入すると，円の供給量は（　①　）し，日本の GDP は（　②　）する。一方，変動為替相場制の場合，外国の資本が流入すると，為替レートは（　③　）になるので，日本の GDP は（　④　）する。

(3) どのような為替相場制を採用するかによって，マクロ経済政策の効果は異なる。たとえば，変動為替相場制のもとでの財政政策は（　①　）であるが，金融政策は（　②　）である。さらに，変動為替相場制のもとでの貿易政策は（　③　）である。

9-2 以下の用語を簡単に説明しなさい。

(1) 開放経済

(2) 購買力平価

第 9 章　国際経済とマクロ経済政策　　187

(3) 一物一価の法則

(4) 裁定取引

(5) 小国

9-3 つぎのようなマクロ経済モデルを仮定する。

$$C = 0.8Y + 30 \qquad I = -4r + 10$$

$$G = 80 \qquad EX = 70$$

$$IM = 60 \qquad M^s = 1100$$

$$M_1 = 2Y \qquad M_2 = -20r + 100$$

(1) IS 曲線式を求めなさい。

(2) LM 曲線式を求めなさい。

(3) 均衡 GDP 水準と均衡利子率を求めなさい。

(4) 政府が拡張的財政政策を発動し，政府支出を 80 から 110 に増やしたとき，政策後の均衡 GDP 水準と均衡利子率を求めなさい。

(5) 政府が金融緩和政策を発動して，貨幣供給量を 1100 から 1200 に増やしたとき，政策後の均衡 GDP 水準と均衡利子率を求めなさい。ただし，政府支出は 80 とする。

9-4 1990 年代の初期に始まった「平成不況」は，日本政府の景気浮揚対策にもかかわらず，20 年以上も続いた。そのため，不況の原因解明と経済政策について，さまざまな議論が展開されたが，それはむしろ混迷を生み出し，さらに景気回復を遅らせる結果となった。なぜ平成不況は 20 年以上も長引いたのか，それについてあなたの意見を述べなさい。

188

第10章

経済成長

本章の目的：

◯マクロ経済学の第2番目の役割である経済成長について取り上げます。

◯本章では，マクロ経済学の経済成長理論ではなく，セーの法則をベースに展開される新古典派経済学の経済成長理論を中心に紹介します。

◯新古典派成長理論の特徴や限界について学びます。

キーワード：

▶技術革新　▶生産要素　▶新古典派成長理論　▶マクロ生産関数　▶コブ・ダグラス生産関数　▶限界生産力逓減　▶限界生産力逓増　▶成長寄与度　▶ソロー・モデル　▶資本分配率　▶労働分配率　▶ソロー残差　▶全要素生産性　▶人的資本　▶経済発展段階説　▶中所得国の罠

10.1　経済成長の必要性

　第1章で述べたとおり，マクロ経済学の主な役割の一つに経済成長があります。マクロ経済学における安定と成長は別々のものではなく，安定と成長の同時実現がマクロ経済の望ましい姿だといえます。

　ところで，経済成長とは具体的に何を意味するのでしょうか。経済成長とは，生産活動と消費活動の持続的な向上を表す概念です。すでに，マクロ経済の均衡式で取り上げたように，生産活動を表す経済指標はGDP，消費活動を表す指標は，消費＋投資＋政府支出＋国際収支ですが，経済成長を示す指標は，通常GDPが使われます。すでに述べたとおり，GDPの成長は経済成

長を意味するものであり，GDP の変化率が経済成長率になります。

　経済が持続的に成長するかどうかは，私たちの生活水準の決定に大きな影響を及ぼします。第 1 章の三面等価の原則のところで取り上げたように，GDP はそれぞれの経済主体の所得として分配されるからです。つまり，GDP の成長＝経済成長であり，経済成長は私たちの所得水準の増加を意味します。少し語弊があるかもしれませんが，高い所得水準は高い生活水準を保証するものであると考えれば，何よりも経済成長が必要であることはいうまでもありません。

　経済成長と経済統計研究の専門家であるアンガス・マディソン（Angus Maddison, 1926-）は，豊かな国々の成功の要因は持続的な経済成長にあると強調し，それを可能にする条件として以下の 4 点を強調しています[1]。それは，①人口が相対的にまばらで，肥沃な土地や新しい生物資源の存在，②人々や作物や家畜の移転を受け入れる潜在力のある地域の征服およびそこへの移住，③国際的な貿易と資本の移動，④技術革新と制度的革新，です。

　第 2 次世界大戦以降，日本をはじめ，いわゆるアジア NIEs の国々は著しい経済成長を遂げました。それらの国は上記の①と②の条件は当てはまらないものの，③と④の条件によって高度成長を実現し，豊かになった典型的な国・地域といえます。

　表 10-1 は，アジア主要国の経済成長と 1 人当たり所得変化の推移を表したものです。実質 GDP の成長が示されているように，1913 年から 1998 年の間に，台湾の約 129 倍の成長を筆頭に韓国と日本の順に急速な経済成長を成し遂げていることがわかります。同期間に韓国は約 39 倍，日本は約 36 倍の経済成長を達成しました。

　一方，1 人当たり実質 GDP は台湾，日本，韓国の順にそれぞれ約 20，15，14 倍の成長を記録しています。とりわけ，1 人当たり実質 GDP が大きく成長したという事実は，私たちの日常生活が大きく変化したことを意味します。

　高度経済成長とは，経済成長率が通常 4% 以上である場合を指すものですが，1950 年以降，台湾と日本の経済成長率がきわめて高いことが読み取れま

---

1)　アンガス・マディソン『経済統計で見る世界経済 2000 年史』金森久雄訳，柏書房，2004 年，18 ページ。

表 10-1　アジア主要国の実質経済成長と経済成長率推移

(100 万ドル，%)

		1913 年	1950 年	1973 年	1990 年	1998 年
実質 GDP	日　本	71,653	160,966	1,242,932	2,321,153	2,581,576
	韓　国	14,343	16,045	96,794	373,150	564,211
	台　湾	2,591	7,373	63,519	200,477	326,958
	中　国	241,344	239,903	740,048	2,109,400	3,873,352
	インド	204,241	222,222	494,832	1,098,100	1,702,712
1 人当たり 実質 GDP	日　本	1,387	1,926	11,439	18,789	20,410
	韓　国	893	770	2,841	8,704	12,152
	台　湾	747	936	4,117	9,910	15,012
	中　国	552	439	839	1,858	3,117
	インド	673	619	853	1,309	1,746
		1820〜1870	1870〜1913	1913〜1950	1950〜1973	1973〜1998
実質 GDP の成長率	日　本	0.41	2.44	2.21	9.29	2.97
	韓　国	N	N	0.30	8.13	7.31
	台　湾	N	1.95	2.87	9.81	6.77
	中　国	− 0.37	0.56	− 0.02	5.02	6.84
	インド	0.38	0.97	0.23	3.54	5.07
1 人当たり 実質 GDP の成長率	日　本	0.19	1.48	0.89	8.05	2.34
	韓　国	N	N	− 0.40	5.84	5.99
	台　湾	N	N	0.61	6.65	5.31
	中　国	− 0.25	0.10	− 0.62	2.86	5.39
	インド	0.00	0.54	− 0.22	1.40	2.91

（注）　実質 GDP および 1 人当たり実質 GDP は，1990 年のドル表示である。
（出所）　アンガス・マディソン，前掲書，251-254 ページより作成。

す（**表 10-1**）。最近，日本と韓国は安定成長期に入っているようにみえますが，中国とインドは高い成長率を維持しています。また，当たり前のことですが，実質 GDP の成長率と 1 人当たり実質 GDP の間には正の相関関係があることも確認できます。

　ある一定期間に経済規模や 1 人当たり GDP が数十倍成長したとか，経済

成長率が 10% を超えたとしても，なかなかその実感が沸いてこないかもしれません。しかし，1900 年代初期の生活実態と現在のそれを比較してみれば，ある程度その格差が想像できると思います。たとえば，1900 年代初期の一世帯当たりの家電製品や自動車の保有量をはじめ，当時の男女の平均寿命や幼児死亡率などを調べてみれば，現在と雲泥の差があることに気づきます。それだけではなく，1900 年代以降，多くの国で独立や民主化が進み，これまでの一部の政治権力による支配から「民が主体」である政治体制に変わったのも経済成長と深く関わっています。

10.2　経済成長理論

◆生産要素

　有効需要の原理によれば，有効需要（総需要）によって GDP が決定されることになります。したがって，経済成長の主役は各々の経済主体による需要です。しかし，実際に経済成長を示す指標は有効需要ではなく GDP であり，GDP の伸び率が経済成長率として公表されます。マクロ経済学の見地から矛盾しているように見えますが，その背景には古典派経済学と新古典派経済学（以下では，**新古典派経済学**（neo classical economics）と呼びます）の理論が強く影響しているといえます。すでに第 3 章で取り上げたとおり，新古典派経済学では「セーの法則」が象徴しているように，経済活動において重要な役割を果たすのは需要ではなく供給です。なぜなら，需要があるとしても供給がなければ，望ましい経済活動は不可能であり，経済は不安定な状況になるからです。本章では，ケインズ派経済学の有効需要の原理ではなく，現在に至るまで多大な影響力を及ぼしている新古典派経済理論をベースに経済成長を取り上げます。

　新古典派の経済成長理論では，二つの生産要素を経済成長の主役であるとみなしています。その生産要素とは，**資本**（capital）と**労働**（labor）のことですが，まず資本から説明しましょう。

　資本とは，企業の設備投資に必要な資金のことです。企業は生産設備やコンピューターなどの**資本ストック**（capital stock）を増加させることによって

192

生産量の拡大を図ります。たとえば，資本ストックが増加すれば生産量も増加し，それが減少すれば生産量も減少するでしょう。また，企業の設備投資は，有効需要の一つの構成項目であり，需要面でも需要増加という役割を果たしていることがわかります。言いかえれば，設備投資の増加は生産量の増加を生み出すだけではなく，有効需要の増加をももたらすものであり，いわば一石二鳥の効果が期待できます（投資の二面性）。

　一方，労働も生産に欠かせない重要な生産要素です。生産活動に参加する労働者が多ければ多いほど生産量は増加すると考えられます。たとえば，ある物を生産するのに，与えられた条件が同一であれば，10 人の労働者と 100 人の労働者が生産を行った場合，後者の方がより多くの生産量を生み出すはずです。もちろん，労働者数だけではなく，労働時間や労働者の能力も生産量の増加に大きく貢献すると考えられます。

　現在日本をはじめ，先進諸国では少子高齢化が進んでいますが，その問題が改善されない限り，それが経済成長の深刻な障害要因になるだろうという話をよく耳にします。その主な理由は，労働人口が減少することによって，私たちが必要とする財・サービスの生産量が減少する可能性があるからです。生産量の減少は私たちの所得の減少につながるので，少子高齢化は深刻な問題であるといわざるを得ません。

　つぎに，新古典派経済学の生産関数の特徴について簡単に触れておきましょう。つぎの（10-1）式は，ロバート・ソロー（R. M. Solow, 1924-）らによって提案された新古典派成長理論から導出した生産関数です。この生産関数は，すでに検討したとおり，資本ストックと労働の増減が生産量の増減（経済成長の増減）に果たす役割を簡単明瞭に示しています。一言でいえば，投入される資本ストックと労働量が増加すれば，生産量も増加しますが，逆の場合，生産量は減少することになります。

　さらに，もう一つの大きな特徴は，二つの生産要素である資本ストックと労働は互いに代替可能であるという点です。代替可能とは，互いに代わりになりうるという意味です。たとえば，労働が不足しているとき，労働の代わりに資本ストック（たとえばロボット）を増加させることによって，一定の生産量を維持することは可能です。もちろん，逆に資本ストックが不足して

第 10 章　経済成長　　193

いる場合，労働を増やすことによって，一定の生産量を維持することも可能です。

　たとえば，何らかの理由で賃金が高くなった場合，企業は労働の投入を抑えて，その代わりに資本ストックの投入を増加させることによって，利潤の最大化を実現することが可能です。しかし，このケースでは，資本ストックの需要が増加するので，資本ストックの価格は徐々に上昇すると考えられます。

　一方，労働のほうは高い賃金の場合，労働需要は減少するので，それによって賃金は徐々に安くなります。古典派理論に依拠すれば，賃金の下落は労働需要の拡大をもたらし，その結果，完全雇用は実現されることになります。つまり，資本ストックと労働価格の自動調整機能によって，資本ストックと労働は完全に利用され，望ましい生産が行われることになります。

◆マクロ生産関数

　以上の内容を踏まえつつ新古典派経済成長理論の**マクロ生産関数**（macro production function）は，つぎのように表せます。

$$Y = f(K, L) \tag{10-1}$$

　ここで，Y＝生産量(GDP)，K＝資本ストック，L＝労働投入量であり，Kが増加すれば，Yも増加します。もちろん，Kが減少すれば，Yも減少することになります。一方，労働投入量についても資本ストックのケースとまったく同様です。したがって，生産要素（K, L）と生産量（Y）との関係は，以下のようにまとめられます。

> 資本ストック↑(↓) ⇒生産量↑(↓)
> 労働投入量↑(↓) ⇒生産量↑(↓)

　さらに，コブ・ダグラス生産関数（10-2式）を用いて，生産量と資本ストック，生産量と労働量との間にどのような関係が成立しているかについて説明します。

$$Y = K^{\alpha}L^{1-\alpha}, \ 0 < \alpha < 1 \tag{10-2}$$

（10-2）式も（10-1）式と同じく，Y＝生産量，K＝資本ストック，L＝労働量，α＝資本分配率，$1 - \alpha$＝労働分配率をそれぞれ表しています。

まず，資本分配率（α）と労働分配率（$1 - \alpha$）の意味から説明しましょう。かりに，木村さんの年収（Y）は 1000 万円であるとし，さらに，木村さんの年収 1000 万円の構成は，貯蓄による利子や株式の配当金などが 100 万円，給料や手当などの賃金が 900 万円であると仮定します。この場合，資本分配率（α）は 0.1（100 万/1000 万），労働分配率（$1 - \alpha$）は 0.9（900 万/1000 万）となります。これで資本分配率とは，総所得に占める資本所得の比率（10％）であり，労働分配率とは総所得に占める労働所得の比率（90％）であることがわかります。当然ながら，資本分配率（0.1）＋労働分配率（0.9）＝ 1 となります。

いままでの生産関数では，Y は生産量（GDP）を表すものでしたが，第 2 章の「三面等価の原則」で学んだように，生産されたものは誰かの所得になると考えれば，労働と資本分配率の仮定に違和感はないと思います。

さて，以上の基礎知識を生かして，（10-2）式のコブ・ダグラス生産関数に具体的な数字を用いて，その意味を吟味してみましょう。そのために，ここでは平方根（$\sqrt{}$）を使いますが，平方根とは（10-3）式のように，K（100）と L（900）を 2 乗すると Y（1000）になる正の数のことです。たとえば，$100^{0.5}$ は $\sqrt{100}$ になりますが，平方根については，すでに中学校や高校で学んだはずなので，これ以上の説明は不要でしょう。しかし，平方根に自信がない読者は，以下の内容を飛ばして前に進んでも構いません。

ここではコブ・ダグラス型生産関数を理解しやすくするために，$K = 100$，$L = 900$，$\alpha = 0.5$ と仮定します。そうすると，（10-3）式は以下のようになります。

$$\begin{aligned} Y &= 100^{0.5} \times 900^{0.5} \\ &= \sqrt{100} \times \sqrt{900} \\ &= 10 \times 30 \end{aligned} \tag{10-3}$$

（10-3）式は，100 単位の資本ストックと 900 単位の労働量を用いて生産活動を行えば，300 単位の生産が可能であることを意味します。

◆マクロ生産関数の特性

マクロ生産関数は，「生産力一定」，「資本の限界生産力逓減」，「労働の限界生産力逓減」という三つの特殊な性質を持っていますが，以下ではそれらについて解説します。

①生産力一定

生産力一定とは，あるものを生産するのに，生産要素を 2 倍に増やせば，生産量も 2 倍に増加することを意味します。つまり，資本ストックや労働の投入量を 2 倍に増やせば，生産量も 2 倍になり，生産要素が 10 倍になれば生産量も 10 倍になるケースです。極端な例ですが，1 人の農民が一台の田植機を用いて 100 kg のコメを生産するとします。ところで，同じ生産条件のもとで，2 人の農民が 2 台の田植機を利用してコメを作ったとき，コメの生産量がちょうど 2 倍（200 kg）になったとすれば，それが**生産力一定**（constant productivity）の意味です。繰り返しになりますが，生産力一定のもとでは資本と労働が同じ倍率で増加すれば，生産量も同じ倍率で成長することになります。

ちなみに，生産要素を 2 倍に増やしたにもかかわらず，生産量は 2 倍以下しか増加しないケースを「**生産力逓減**（diminishing productivity）」，逆に，生産量が 2 倍以上増加すれば，「**生産力逓増**（increasing productivity）」といいます。

②資本の限界生産力逓減

マクロ生産関数の第 2 番目の特性として，資本の限界生産力逓減を取り上げます。まず，経済学で用いる**限界**（marginal）の意味は，私たちが日常よく使っている限界（limit）の意味と異なっており，経済学では「わずかな量 = 1 単位」の意味であることに注意しましょう。したがって，資本の限界生産力

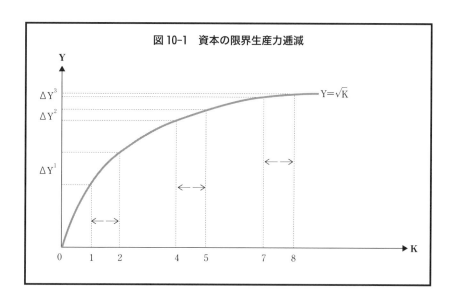

とは，資本を新しく 1 単位（たとえば，1 円）増やしたとき，それによって増加するであろう生産量のことです。

　図 10-1 を用いて資本の限界生産力逓減についてもっと具体的に解説しましょう。図 10-1 は，横軸に資本（K），縦軸に生産量（Y）を取り，資本と生産量の相関関係をグラフで表したものです。このグラフが図 10-1 のような形をしているのは，(10-3) 式のように指数関数であると仮定しているからです。なぜ指数関数なのか，その理由については，つぎの例で簡単に理解できると思います。

　たとえば，ある農家が 1 ヘクタールの水田でコメを生産しているとしましょう。コメを生産するためにはトラクタや田植機など，さまざまな資本ストックが必要になります。しかし，ここでは理解しやすく説明するため，単純に田植機だけをコメの生産に投入すると仮定します。図 10-1 でわかるように，2 台目の田植機によって生産できるコメの生産量は ΔY^1 です。同じように解釈すると 5 台目の田植機によるコメの生産量は ΔY^2，8 台目の田植機はわずか ΔY^3 しか生産に貢献しないことがわかります。もし田植機を 10 台以上投入すれば，10 台目の田植機による生産量は 0 になりうることもこの図

で推測できます。つまり，資本（田植機）が増加することによって生産量は増加しますが，その生産量の増え方は，$\Delta Y^1 > \Delta Y^2 > \Delta Y^3$ のように徐々に小さくなっていきます。いまの説明で明らかになったように，資本の限界生産力逓減とは，資本ストックが増加することによって，生産量も増加していきますが，その増え方は徐々に小さくなっていくことをいいます。

なぜ，そうなるのでしょうか。いまの農家の例で説明すると，短期的に農地も作業員も変化しないという仮定のもとで，田植機の投入台数を1台より2台，2台より3台のように増やした場合，コメの生産は増加すると考えられます。しかし，導入台数を追加的に増やすことによって生産効率は徐々に低下していきます。極端的な例ですが，農地は1ヘクタール，作業員は9人しかいないのに，10台目の田植機を投入したとしても，その田植機の作業機会はほとんどないと考えられます。なぜなら，作業員は9人しかいないのに10台目の田植機を投入してもその田植機を運転する作業員がいないからです。つまり，10台目の田植機は遊休資本ストックになる可能性が高いと考えられます。

③労働の限界生産力逓減

以下では労働の限界生産力について取り上げることにします。資本の場合，労働を一定と仮定し，資本を増加させていくことによって，生産量はどのように変化するかを検討しました。今度は，逆に資本を一定とみなして，労働の増加が生産量の変化に及ぼす影響を検討します。

ここでも極端的な例で恐縮ですが，かりに，ある農家が1万平方メートルの農地で農産物を生産するとしましょう。図10-2で明らかなように，2人目の生産量は ΔY^1，5人目と8人目の生産量はそれぞれ ΔY^2，ΔY^3 であることがわかります。資本の場合と同じように，追加的に増加した労働に対して，生産量の増え方は徐々に減少していくことが確認できます。常識的に考えて，1万平方メートルの狭い農地であれば，1人の労働力で十分であると考えられますが，そこに2人，3人，4人というふうに労働力を追加的に投入すると，生産効率は徐々に低下していきます。なぜなら，土地と資本が一定であるため，作業員を増やしたとしても，当該労働者が精一杯働く土地も機械もない

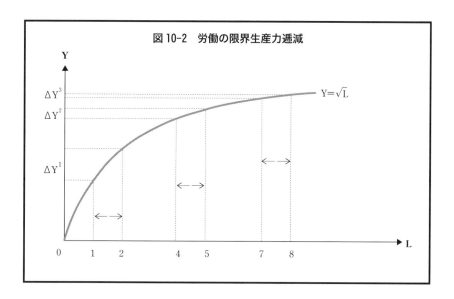

からです。図10-2の場合，9人目の生産量は0に近く，それ以上の労働力の投入は生産量の増加にほとんど影響を与えないことがわかります。

10.3　技術進歩と経済成長

　図10-1と図10-2で明らかになったように，ソロー・モデルでは二つの生産要素を一定水準以上に投入したとしても経済成長は期待できませんでした。かりに，二つの生産要素の限界生産力逓減を認めないとしても，実際に資本と労働は無限に存在するものではありません。つまり，長期的に見れば経済成長は一定水準を超えて成長することは理論的に不可能です。

　さて，この問題を解決する方法はないのでしょうか。その対策として，資本と労働以外の生産要素が必要になります。その代表的なものが技術進歩です。経済学では経済成長の限界を解決してくれる最も重要な生産要素の一つとして技術進歩の役割を強調しています。技術進歩を新しい生産要素として考慮すれば，マクロ生産関数はつぎのようになります。

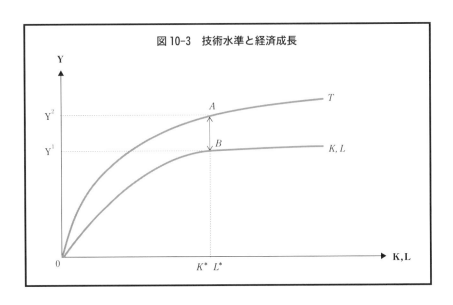

図10-3 技術水準と経済成長

$$マクロ生産関数：Y = f(K, L, T) \qquad (10\text{-}4)$$

ここで T は技術進歩を表していますが，技術水準が高くなれば，生産量は増加します。図10-3は，技術が経済成長に及ぼす影響をわかりやすく説明するために描いたものです。便宜上，横軸に資本と労働の投入量を縦軸に生産量（経済成長）を表しています。かりに，資本と労働の投入量が K^*L^* の場合，技術進歩の影響がなければ，生産量は Y^1 の水準であることがわかります。さらに，図10-3から資本と労働の投入量を K^*L^* 以上に増やしても生産量はほとんど変化しないことも明らかです。

しかし，技術革新の影響によって生産量は増加します。図10-3から明らかなように，資本と労働の投入量が K^*L^* であっても技術革新があった場合，生産量は Y^2 まで増加します。つまり，技術進歩が $A \sim B$ に等しい生産量の増加をもたらすことがわかります。

戦前の日本の農家にはトラクタもコンバインは皆無と言っていいほど普及せず，牛や在来の農機具を使って農業を営んでいました。当時の農産物の生産量を現在のそれと比較してみればわかるように，現在の生産量は技術進歩

の貢献によって飛躍的に増加しています。また，多収穫の品種改良も技術進歩なしでは実現できません。このように，技術進歩は生産量の増加や新製品の開発に不可欠なものであり，とりわけ，持続的な経済成長に最も重要な生産要素といえます。

> 技術水準↑⇒マクロ経済の供給能力↑⇒経済成長↑

　(10-4) 式は，あくまでも資本や労働や技術が生産に不可欠なものであることを漠然と表したものにすぎません。しかし，つぎの (10-5) 式は，三つの生産要素と生産量との関係をもう少し具体的に表したものです。ちなみに，A は技術を表しています。

$$Y = AK^{\alpha}L^{1-\alpha}, \ 0 < \alpha < 1 \tag{10-5}$$

◆技術進歩の経済成長への寄与度

　これから資本ストック，労働，技術進歩が経済成長にどれほど貢献するかを数量で示してみます。ここではアメリカのソローによって創案された**ソロー・モデル**に依拠して計測方法を説明します。いわゆるソローの**成長会計**（growth accounting）と呼ばれる方法ですが，ソローはコブ・ダグラス型生産関数（10-5 式）を用いて，次式のように経済成長率を資本ストック，労働，技術進歩の三つの要因に分解して成長寄与度を数量化しています[2]。

$$(\Delta Y/Y) = (\Delta A/A) + \alpha(\Delta K/K) + (1 - \alpha)(\Delta L/L) \tag{10-6}$$

　(10-6) 式の左辺の ΔY は，昨年度（基準年度）の生産量から本年度（比較年度）の生産量を差し引いたものであり，それを昨年度の総生産量で割ることで，昨年度の生産量の成長率を計測することが可能です（成長率＝$\Delta Y/Y$

---

2)　(10-5) 式の対数をとれば，$\log Y = \log A + \alpha \log K + (1 - \alpha)\log L$ となります。さらに，成長率を求めるため，この式の両辺を時間に関して微分したものが (10-6) 式になります。

第 10 章　経済成長　　201

×100)。同じように解釈すると，右辺の（$\Delta A/A$），（$\Delta K/K$），（$\Delta L/L$）はそれぞれ技術進歩，資本ストック，労働力の成長率であることがわかります。つぎの（10-7）式は（10-6）式を言葉で表現したものです。

$$経済成長率＝技術進歩率＋\alpha \times 資本増加率＋(1－\alpha)\times労働増加率 \tag{10-7}$$

　（10-7）式は，生産要素が三つもあり，（10-2）式よりやや複雑になっているので，とりあえず，シンプルな（10-2）式から経済成長への寄与度を検討することにしましょう。（10-2）式は経済成長に必要な生産要素は資本と労働であり，技術進歩は経済成長要因として考慮されていません。したがって，経済成長率は次式で示されます。

$$経済成長率＝\alpha \times 資本増加率＋(1－\alpha)\times労働増加率 \tag{10-8}$$

かりに，資本と労働の増加率がともに5％であるとすれば，経済成長率はつぎの式で計算できます。

$$経済成長率＝\alpha \times 0.05＋(1－\alpha)\times 0.05 ＝\{\alpha＋(1－\alpha)\}0.05 \tag{10-9}$$

　つまり，$\alpha＋(1－\alpha)＝1$なので，経済成長率は5％であることが容易にわかります。

　ところで，（10-5）式のように技術進歩を考慮すれば，経済成長率はどうなるのでしょうか。私たちは日常会話のなかで「技術進歩」とか「技術革新」とか「技術開発」など，技術に関連する言葉をよく口にしていますが，技術と言ってもその正体を的確に把握することは非常に困難です。たとえば，（10-7）式において，経済成長率をはじめ，資本増加率や労働増加率はもちろんのこと，資本分配率（α）の計測もそれほど難しくありません。

　一方，技術進歩率はどうでしょうか。そもそも技術そのものが資本や労働のように可視的なものではないので，技術を計測すること自体が至難の業と

いえます。ましてや技術進歩による経済成長への貢献度を計測することになると、それはいっそう難解な作業になります。現在、経済学において、技術とはなんぞやという基本的な定義すら定められていないようです。したがって、私たちは技術進歩による経済効果が正確に計測できるような方法を一日も早く考案しなければなりません。

　しかしながら、現在、技術進歩率の経済成長への寄与度を計測できる手段として、**ソローの残差**（Solow's residual）と呼ばれるモデルが使われています。それを説明するために（10-7）式をつぎのように変形します。

$$技術進歩率 = 経済成長率 - \{(\alpha \times 資本増加率) + (1 - \alpha) \times 労働増加率\}$$
$$(10\text{-}10)$$

　一見してわかるように、この式を用いることによって技術進歩率の計測は可能になります。なぜなら、（10-10）式の右辺はすべて計測可能な既知数だからです。たとえば、経済成長率＝9％、$\alpha \times$資本増加率＝2％、$(1 - \alpha) \times$労働増加率＝3％であれば、技術進歩率は4％になります。ちなみに、マクロ生産関数（10-5 式）において、技術 A を**全要素生産性**（total factor productivity：TFP）、技術進歩率を**全要素生産性上昇率**（total factor productivity growth rate）と呼びます。

　しかし、残念ながら、ソローによって開発された計測方法は、技術進歩率を正確に表すものではありません。すでに述べたとおり、あるものを生産するのに必要なものは、上で取り上げた三つの生産要素以外にもあります。とりわけ、情報は生産になくてはならない重要な生産要素の一つだといえます。もちろん、情報にもさまざまな種類の情報がありますますが、とりわけ生産活動に欠かせない情報として、競合企業の価格情報をはじめ、原材料や部品に関する情報などさまざまなものがあります。

　以上の説明のとおり、生産はさまざまな生産要素が投入された結果、可能になります。しかし、ソローの残差モデルでは、資本と労働以外の生産要素をすべて技術進歩率と見なしており、純粋な技術進歩率とはかけ離れたものになっています。つまり、ソローの残差＝技術進歩率ではなく、ソローの残差には

その他（資本や労働増加率を除いた）のさまざまな生産要素が含まれています。

ソローの残差モデルを総合的に評価するとき，補完すべき点として，しばしば指摘されるのは技術進歩に対する取り扱いです。ソローの残差モデルでは技術進歩によって長期的かつ持続的な経済成長が可能になりますが，その値はモデルの外から外生的に与えられています。つまり，外生的に与えられた技術進歩率が高い国は速いスピードで経済成長を成し遂げるとことになりますが，逆の場合，成長のスピードは遅くなります。その結果，経済成長の格差が現れることになりますが，果たしてそうでしょうか。実際の経済では必ずしもそうではなく，技術進歩率が外生的に決定されるという仮定に大きな問題があるといえます。

そのような問題を解決するため，1980 年代以降，技術進歩率の決定に関する研究が盛んになってきています。その代表的な研究例をあげるとすれば，**内生的成長理論**（endogenous growth theory）です。それは長期かつ持続的な経済成長がどのように実現できるかをモデルの中で内生的に説明することを試みています。ちなみに，内生的成長理論に関する研究成果は，すでに多くのものが公表されています。

◆技術水準の決定要因

これまでの研究成果によれば，経済成長とソロー残差に表される技術進歩率の間に，きわめて密接な相関関係があることが判明しました。技術進歩率が高いときには経済成長率も高くなりますが，逆に技術進歩率が低くなれば，経済成長率も低下します。

そのような現象は，歴史的な経験からも確認することができます。たとえば，18 世紀の蒸気機関車や近代的な紡績機の発明は，交通革命や産業革命を通じて世界経済の成長や発展に大きく貢献しました。また，近年の IT 技術による通信革命も，世界各国の生産性の上昇に計り知れない役割を果たしています。当然ながら，技術進歩は持続的な経済成長に不可欠な要因であり，技術進歩率を持続的に高めていくには，どのような戦略が必要であるかが今後の課題となります。

以下では，技術進歩に必要なのは何かについて検討してみることにします。

表 10-2　主要国の研究開発費規模と負担割合

	研　究 開発費 （兆円）	GDP 比 （%）	研究開発費の負担割合（%）			
			政府	民間	外国	その他
アメリカ	51.2	2.77	24.0	64.2	4.7	7.1
中　　国	41.9	2.07	21.3	74.7	0.7	6.1
日　　本	18.9	3.56	17.6	72.0	0.4	10.0
ド イ ツ	11.3	2.89	28.9	65.8	5.0	0.3
韓　　国	7.6	4.23	23.7	74.5	0.8	1.0
フランス	6.1	2.24	34.6	55.7	7.8	2.0
イギリス	4.5	1.68	28.4	48.0	17.5	6.1

（注）　日本，アメリカ，中国，韓国は 2015 年のデータを用いているが，ドイツ，フランス，イ
　　　ギリスは 2014 年のデータ。
（出所）　日本統計協会『統計でみる日本 2018』勝美印刷株式会社，平成 29 年，295 ページより
　　　作成。

まず，技術進歩に最も重要な要因は**研究開発**（research and development：
R&D）と考え，それに必要な研究開発費を取り上げましょう。近年，高所得
国を中心に多くの国々で新しい技術や商品を開発するための莫大な研究開発
投資が行われています。

　表 10-2 で示されているように，1 年間の研究開発費の規模はアメリカが
51.2 兆円で一番多く，次に中国，日本，ドイツの順になっています。対 GDP
に占める研究開発費の割合は，韓国が 4.23％で一番高く，つぎに日本も 3.58
％の高い比率を示しています。また，研究開発費の負担割合を見ると，ほと
んどの国において民間企業の割合が高く，研究開発投資は民間企業が主体に
なっていることが読み取れます。さらに，政府による研究費支出の特徴です
が，欧州主要 3 か国の政府による研究支出費がアジア主要 3 か国のそれより
高いのが特徴といえます。

　2 番目の要因として，**人的資本**（human capital）があります。人的資本とは，
学校教育や職場訓練などによって身に付けられる労働者の能力をいいます。
経済学では労働者が持つ能力（知識や技能）を資本として捉えており，具体
的には学歴として測定されるケースが一般的です。高学歴の労働者は高い知

第 10 章　経済成長　　205

識や技能を備えている場合が多く，学歴の低い労働者より労働生産性は高いはずです。したがって，良質の人的資本が多ければ多いほど技術進歩のスピードは速くなると考えられます。

ちなみに，教育は人的資本を向上させるために不可欠な投資であるといえますが，いわゆる**教育投資**による経済効果につぎのようなものがあります。すでに述べたとおり，教育を受けることによって，労働者は高いレベルの知識や技能を身に付けることが可能です。そのような労働者が生産活動に参加することによって生産性は上昇し，その結果，高い経済成長が実現できます。当たり前のことですが，それを所得面から見れば，教育投資によって労働者の所得水準は上昇することになります。

技術進歩に影響をもたらす3番目の要因として，知的財産権制度を取り上げましょう。**知的財産権**（intellectual property rights）とは，特許権，著作権，商標権のように知的創造活動によって生み出されたものを，創作した者の財産として法律で保護する制度です。新商品の開発や新しい発明のためには，長い年月と多額の費用が必要である場合が多いと言われていますが，もし知的財産権制度がなければ，どうなるのでしょうが。せっかく開発した製品や技術情報が簡単に他人や他社に流出し，簡単に模倣されると考えられます。そうなると，高い費用をかけて長い間開発した創作者の利益は損なわれ，技術開発への情熱は冷めてしまうおそれがあります。したがって，知的財産権制度は，持続的な技術水準の向上のために不可欠な制度であると考えられます。

◆経済成長の格差

アメリカの経済学者ロストウ（W. W. Rostow, 1916-2003）は，**経済発展段階説**（economic development stage theory）を提唱し，どの国でも5段階のプロセスを経ることで，豊かな国になれると喝破しました。彼の主張する5段階発展説は，つぎのとおりです。

第1段階は伝統的な社会で，産業構造は農業中心であり，生産活動の大部分は食料確保のための農業生産に向けられている社会です。第2段階は離陸の先行条件期で，1人当たりGDP（正確にいえばGNP）が持続的に増加していく社会です。そして第3段階は離陸（テイクオフ）期で，主導的な産業部

門が現れ，経済成長を牽引するとともに，経済成長を持続するために政治的・社会的・制度的な枠組みが成立する社会です。続く第4段階は成熟期で，近代的な産業技術が全分野に広がる段階です。主導産業は重化学工業なので，産業構造は第2次産業が中心となる社会です。そして，最後の第5段階は高度大衆消費社会で，国民の所得水準がさらに上昇することによって消費構造が変化する段階です。とりわけ，この段階では耐久消費財やサービスの消費が爆発的に増加する社会になります。

　結論として，ロストウの主張は，低所得国は中所得国へ，中所得国は高所得国へと段階的に成長することは可能であるというものでした。しかし，現実はどうでしょうか。第2次世界大戦後，低所得国から高所得国に成功した国は**アジア NIEs**（Asian Newly Industrializing Economies：アジア新興工業経済地域）の4か国・地域を含め，数えるほどしかないのが現実です。

　また，せっかく低所得国から中所得国に成長したとしても，さらに高所得国に成長することは容易なことではないという主張もあります。いわゆる**中所得国の罠**（middle income trap）の問題があるからですが，それについて簡単に触れておきましょう。中所得国が中所得国の罠にはまる理由はいくつもありますが，ここでは最も重要であると思われるものを3点だけ取り上げることにします。

　まず，低所得国は低賃金を梃子に経済成長を図ることになりますが，中所得国の仲間入りをはたした後，自国の賃金が上昇することによって競争力を失うからです。第2に，高所得国の先端技術力と中所得国のそれとは格差があり，それによって競争力を失って経済成長が停滞するからです。第3に，後発性利益が期待できず，さらに後発国からの追い上げが競争力の弱体化につながるからです。

　中所得国の罠は，2000年度に入ってから活発に議論されるようになった課題ですが，現在その定義さえも明確に定まっていないように思われます。今後，この課題についてさらなる研究や検証を行う必要があり，中所得国の罠が不変的な現象であれば，その解決は私たちの責務であるといわざるを得ません。

第10章　経済成長　　207

■ 練習問題 ■

10-1 つぎの文章の（　）内に最も適切な用語や数値を記入しなさい。

(1) マクロ生産関数において，生産要素は（　①　），（　②　），（　③　）の三つである。

(2) コブ・ダグラス型生産関数（$Y = AK^{\alpha}L^{1-\alpha}$, $0 < \alpha < 1$）を用いて，経済成長率を三つの要因に分解すれば，経済成長率＝（　①　）＋ α（　②　）＋$(1 - \alpha) \times$（　③　）となる。ここで，α は（　④　），$(1 - \alpha)$ は（　⑤　）の意味である。

(3) 技術進歩率は「ソロー残差」や「全要素生産性上昇率」と呼ばれているが，実際に，技術進歩率＝（　①　）－$\{(\alpha \times$（　②　）$+(1 - \alpha)$（　③　）$)\}$で計算することが可能である。

10-2 つぎの用語を簡単に説明しなさい。

(1) 資本分配率

(2) 全要素生産性

(3) 資本の限界生産力逓減

(4) 人的資本

(5) 中所得国の罠

10-3 つぎの問いに答えなさい。

(1) 技術進歩は持続的な経済成長に最も重要な生産要素の一つであると考えられるが，技術進歩の決定要因について具体的に説明しなさい。

(2) 低所得国が中所得国になったとしても高所得国になるのはそう簡単なことではないという考え方がある。いわゆる「中所得国の罠」であるが，その原因や対策について述べなさい。

(3) 現在，世界中には豊かな国と貧しい国が混在している。貧しい国が貧困から抜け出すにはどのような政策が必要なのか，あなたの考えを述べなさい。

第11章

所得分配の平等化

本章の目的：

○私たちの経済活動の結果によって得られる総所得の内訳と総所得がどのように決定されるかについて勉強します。

○所得不平等の計測方法としてよく用いられるローレンツ曲線とジニ係数について説明し，ジニ係数による所得不平等の実態を取り上げます。

○所得不平等を是正するために有効と思われる所得再分配政策について検討します。

キーワード：

▶総所得　▶ローレンツ曲線　▶ジニ係数　▶完全・不完全平等　▶貧困ライン
▶絶対的貧困　▶資本収益　▶国民所得成長率　▶所得再分配政策　▶累進課税率　▶社会保障　▶補助金

11.1　所得分配

　この章では，もっぱら家計の所得を取り上げ，家計の所得とは何かという家計所得の定義からスタートして，現在，深刻な社会問題とされている所得格差の実態やその改善策（所得の再分配政策）について検討します。

◆所得とは何か

　まず，家計所得（以下，「所得」と呼びます）の定義について説明しましょう。すでに三面等価の法則で説明したように，企業によって生産された

209

GDP は、それぞれの経済主体の生産活動に応じて分配されます。家計に限っていえば、私たちの大多数は企業で働き、その労働の対価として賃金という所得を獲得します。賃金が私たちの主たる所得であることに異論はないと思いますが、厳密にいえば、家計の所得には賃金以外にもさまざまなものが含まれています。

たとえば、企業に勤めている個人が預金や株式を持っている場合、それに伴う利子や配当金も所得になります。それだけではなく、土地や建物をも所有しているとすれば、それらの運用によって発生する所得も考慮しなければなりません。つまり、土地を貸して得られる地代や建物を貸して得られる家賃も所得として計上されます。さらに、所有している株式や土地が購入価格より上昇した場合、その値上がりによる収益を**キャピタルゲイン**（capital gain）といいますが、これも所得の増加要因になることはいうまでもありません。しかし、所有している土地や株式が購入価格より下落して損失が発生した場合（それを「**キャピタルロス**（capital loss）」と呼びます）、それは所得の減少要因となります。

以上の説明から、私たちの総所得をつぎのように定義することができます。

総所得＝賃金所得＋資産所得
　　　＝賃金所得＋地代・家賃所得＋利子・配当所得＋キャピタルゲイン

◆所得の決定

私たちの所得は労働の対価として得られる賃金所得と所有資産から得られる資産所得で構成されていることがわかりました。これから所得の決定について取り上げますが、一言でいえば、私たちの所得の大きさは、どれだけ働いているか（労働時間×賃金率）、また、どれだけ資産を保有しているか（資産量×収益率）によって決まります。所得の決定は私たちの生活と密接に関わっているので、もう少し丁寧に説明しましょう。

私たちの所得の大きさは、おおむねつぎの四つの項目によって決定されると考えられます。

・労働，資本，土地など生産要素の供給量
・賃金率，地代，利子率などの生産要素の収益率
・土地，株式，債券などの資産所有額
・資産所有によるキャピタルゲイン

　つまり，以上の四つの項目を所有して，その規模が大きければ大きいほど
総所得は大きくなると考えられます。すでに述べたとおり，一般的な傾向と
して，通常総所得のうち一番大きい割合を占めているのが賃金です。賃金は，
生産に対する貢献に応じて企業の売上から分配されるものですが，より多く
の賃金を得るためには労働時間を増やすか，短時間であっても賃金率（わか
りやすく言えば，時給）の高い職業に就くことが必要です。しかし，現実の
社会では賃金は千差万別であり，誰でも賃金の高い職業に就くことは不可能
です。たとえば，大企業のCEO（chief executive officer：最高経営責任者）や
プロスポーツ選手の賃金率が高いからといって，誰でも大企業のCEOや
プロスポーツ選手になれる保証はありません。

　それでは，なぜCEOやプロスポーツ選手の賃金が一般企業の平社員のそ
れより高いのでしょうか。その理由は，資本主義社会の賃金の決定メカニズ
ムにあります。すでに取り上げたように，労働需要が労働供給を上回れば，
賃金率は上昇しますし，逆の場合，賃金率は下落します。つまり，超一流の
CEOやプロスポーツ選手に対する需要は多いにもかかわらず，供給は極端
に少ないので，一部のCEOやプロスポーツ選手に天文学的な金額の賃金が
支給されるわけです。ここで重要なことは，賃金をCEOやプロスポーツ選
手（労働者）に支給するのは企業であることは間違いないですが，その賃金
の大きさを決めるのは，労働市場での需給状況であるということです。

　しかし，賃金所得が少ない人であっても，資産所得を多く保有する場合，
総所得水準は大きくなるケースもあります。事実，世の中には資産家と呼ば
れている人たちが数多くいますが，資産家のなかには真面目に働くこともな
く，地代や利子・配当金などで悠々自適に生活している者も多いようです。
巨額の遺産を相続した者をはじめ，土地長者，株式長者と呼ばれる人たちが

その代表的な例です。

　ところで，資本による収益も賃金と同じように，生産に対する貢献への対価として，基本的に企業の売上から資本家に分配されます。たとえば，利子所得の場合，まず利子率は，将来の消費のために貯蓄したい資本家と将来の生産のために投資したい企業が資本市場で出会って，その需給バランスによって決定されます。つまり，利子所得は企業から資本家に配分されますが，その利子所得の水準を決めるのは資本市場です。したがって，利子率が資本市場で決定されるとき，より高い資産所得を得るためには，より多くの資本を投入しなければなりません。

　さて，どの国や地域でもその日の生活がやっとの人たちも大勢います。日本のように高所得国であっても定職に就くことができず，アルバイトをしながら生計を立てている人たち（たとえば，「フリーター（freeter）」）も結構いると思います。とりわけ，日本では1990年代以降，20年間以上も続いた不況のもとで，「ニート（NEET）」をはじめ，「契約社員」や「派遣社員」の総称である「非正規雇用者」という言葉が流行るようになりました。

　それに該当する人たちは，生活に余裕のない低所得者が多く，現在，その人数は減少するところか，むしろ増加しつつあります。さらに，高所得者や中所得者が低所得者に転落した場合，再び中所得者や高所得者に這い上がることは，ほぼ絶望的であるともいわれています。実は，ここに不平等問題の深刻性があるといえます。このような所得不平等の問題が改善されない限り，かつて石川啄木が詠ったように，「はたらけどはたらけど，なおわが生活楽にならざり，じっと手を見る」人たちがますます増えるでしょう。

11.2　所得不平等の計測方法

　最近，所得不平等の問題が，どの国や地域でも改善すべき喫緊の課題として浮上しています。日本でも**所得格差**（income inequality）に対する研究が進んでおり，おおむね日本も所得格差の社会に突入していると警鐘を鳴らしています。上で取り上げたように，大企業のCEOや特定のプロスポーツ選手のような一握りの人が，日本でも多くの所得（富）を保有する時代になりま

した。

　その具体例として，ある NGO の報告書の内容を紹介しましょう。2019 年
1 月 21 日に「オックスファム・インターナショナル」という国際 NGO は，
2018 年に世界で最も裕福な上位 26 人の資産合計が，経済的に恵まれない所
得下位層の約 38 億人の資産合計とほぼ同額だとする報告書を発表していま
す。資本主義社会においてある程度の所得分配の不平等はやむをえないこと
かもしれません。しかし，2018 年の世界人口は 74 億人強なので，低所得階
層の 38 億人は世界人口の約半分以上であり，その事実にほとんどの人はた
だ驚愕するだけではなく，怒りさえ覚えることでしょう。

　経済学では，所得分配の不平等の程度を示す代表的な指標として，**ジニ係
数**（Gini coefficient）がよく使われています。ジニ係数は，**ローレンツ曲線**
（Lorenz curve）から求められるので，まず，ローレンツ曲線の説明から始め
ましょう。

　ローレンツ曲線とは，所得，人口，販売高などが特定のグループにどのよ
うに配分されているか，その配分の度合いを示す曲線です。ここでは，まず
簡単な事例を用いることによって，ローレンツ曲線やジニ係数の意味をしっ
かりと理解した後に，1 国の所得分配の不平等について取り上げることにし
ます。

　非現実的な例かもしれませんが，ある村に 100 人の村民が住んでいて，100
人の年間総所得は 100 億円だとしましょう。まず，100 人の所得水準が一番
低い人から一番高い順に並べてグループ化します。グループごとの人数を
10 人ずつにしますと，すべての村民は 10 のグループのどれかに分類される
ことになります。たとえば，第 1 グループは年間の所得が「500 万以下」とか
第 10 グループのそれは「2 億円以上」とかという具合です。ある変数（ここ
では所得）の大きさの順に並べたグループのことを統計学では「階級」や「分
位」という用語を使うので，以下では，「グループ」の代わりに「分位」とい
う用語を用いることにします。

　表 11-1 の（A）列は，各分位の**人口比率**（population share）を表したもの
で，どの分位も平等に 10 人で構成されています。したがって，各分位の人口
比率は 10% になります。

第 11 章　所得分配の平等化　　213

表 11-1　分位別人口比と所得比

（単位：円）

	人口比（A）	累積人口比（B）	所得比（C）	累積所得比（D）
第 1 分位	10%（10 人）	10%（10 人）	1%（1 億）	1%（1 億）
第 2 分位	10%（10 人）	20%（20 人）	3%（3 億）	4%（4 億）
第 3 分位	10%（10 人）	30%（30 人）	5%（5 億）	9%（9 億）
第 4 分位	10%（10 人）	40%（40 人）	7%（7 億）	16%（16 億）
第 5 分位	10%（10 人）	50%（50 人）	9%（9 億）	25%（25 億）
第 6 分位	10%（10 人）	60%（60 人）	11%（11 億）	36%（36 億）
第 7 分位	10%（10 人）	70%（70 人）	13%（13 億）	49%（49 億）
第 8 分位	10%（10 人）	80%（80 人）	15%（15 億）	64%（64 億）
第 9 分位	10%（10 人）	90%（90 人）	17%（17 億）	81%（81 億）
第 10 分位	10%（10 人）	100%（100 人）	19%（19 億）	100%（100 億）

　つぎに，（B）列の**累積人口比**（cumulative population ratio）とは，各分位の人口比（（A）列）を第 1 分位から当該分位まで合算したものです。たとえば，第 3 分位の累積人口比が 30% だということは，第 1 分位から第 3 分位までの人口比（10% + 10% + 10%）を単純に足し合わしたものです。

　引き続き（C）列は，各分位の構成メンバー（10 人）が保有している実際の所得が村全体の総所得（ここでは 100 億円）に占める割合を表しています。たとえば，第 1 分位の 10 人が保有している所得の合計は 1 億円であり，それは 100 億円の 1% であるということを示しています。また，**累積所得比**（cumulative income ratio）を表している（D）列は，第 1 分位から当該分位までの所得比を合算したものに過ぎません。たとえば，第 5 分位の累積所得比は，第 1 分位から第 5 分位までの所得比（1% + 3% + 5% + 7% + 9% = 25%）であることがわかります。

　表 11-1 は，ごく単純なものに見えるかもしれませんが，実は，この表から所得分配の不平等の度合いを読み取ることが可能です。それは所得水準が一番低い分位である第 1 分位の所得比（あるいは，所得金額）と一番豊かな分位である第 10 分位のそれを比較することで，簡単に理解できると思います。つまり，所得水準の一番低い第 1 分位の 10 人の所得比は全体の 1%（金額で

は，1億円）にすぎませんが，第10分位の10人のそれは19％（金額では，19億円）を占めており，第10分位の人たちは第1分位の人たちより約19倍の所得を得ていることがわかります。また，別の言い方をすれば，所得上位10％の人たちが，総所得の約20％弱を占めていることがわかります。ついでにいえば，2015年のアメリカでは，所得上位10％の分位がアメリカの総所得の約51％，さらに所得上位1％が総所得の約22％を所有しており，皮肉なことに，アメリカは経済規模だけではなく，所得格差においても世界一であるといえます。

　さて，これから所得分配の不平等を表すローレンツ曲線について具体的に学びましょう。ローレンツ曲線は，1905年にローレンツ（M. O. Lorenz, 1876-1959）というアメリカの経済学者によって考案されました。ここでは**表11-1**を用いてジニ係数の説明に必要なローレンツ曲線を描いてみることにします。

　まず，**表11-1**で検討したように，所得の低い分位から高い分位への累積人口比を**図11-1**の横軸にとります。一方，縦軸には横軸の累積人口比（10分位）に対応する累積所得比（10分位）をとります。そして，各座標を線でつなげば，それがローレンツ曲線になります。読者の皆さんも**表11-1**の（B）列を横軸に，それに対応する（D）列を縦軸にとって，実際にローレンツ曲線を描いてみてください。その結果，ローレンツ曲線は**図11-1**のような放物線になることがわかります。

　繰り返しになりますが，ローレンツ曲線は，累積人口比と累積所得比を用いて，分配の状況を視覚的に表したものです。たとえば，**図11-1**のA点は所得水準の低い順に，第1分位から第7分位までの70％（70人）の人が，総所得の40％を占めていることを表します。それを裏返せば，残りの所得上位30％（30人）の人たちが総所得の60％を所有していることを意味します。

　一方，**図11-1**の**完全平等線**（line of equality = 45 degree）とは何でしょうか。「完全平等」の文字から想像できるように，完全平等線は，全員（100人）の所得がまったく同じ水準であるとき，その状況を一つの線グラフで表したものです。所得の完全平等といえば，現実離れのように聞こえるかもしれませんが，かりに，完全平等が実現しているとして，ローレンツ曲線の意味を

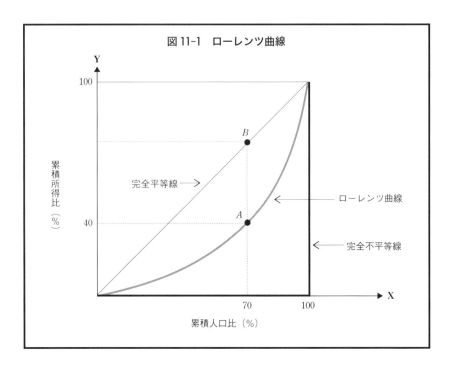

吟味してみましょう。

　図11-1の横軸（累積人口比）をX，縦軸（累積所得比）をYとすれば，所得水準が完全平等であると仮定しているので，それぞれの分位の座標は，第1分位（10%，10%），第2分位（20%，20%），第3分位（30%，30%）……第10分位（100%，100%）となります。これらの座標を直線でつなげて描いたものが，ほかならぬローレンツ曲線です。図11-1のように，原点と第10分位の座標点をつなげたローレンツ曲線は，傾きが1である45度線になることがわかります。結局，完全平等線とは，全員の所得水準が完全平等であることを表す曲線です。したがって，図11-1のB点は，累積人口の70%の人が累積所得の70%を得ているので，完全平等を示す一つの例だといえます。

　ついでに，極端的なケースとして，1人が総所得のすべてを独り占めしているとすれば，ローレンツ曲線はどのような形になるのでしょうか。それは所得の低い順に並べて累積人口比の99%（99人目）の累積所得比が0%（0

円）であることを意味します。一方，残りの 100 億円は累積人口比の 100％（100 人目）に該当する 1 人が保有することになります。このようなケースを完全不平等と言いますが，そのときのローレンツ曲線は，」字型（逆 L 字型）になります（**図 11-2** の太線）。

　以上の説明でおわかりになったと思いますが，どちらかの 1 本のローレンツ曲線から所得分配の不平等度を測ることはできません。どんなケースでも必ず完全平等線（45 度線）とローレンツ曲線を比較することによって，所得分配の不平等度を表現することができます。つまり，ローレンツ曲線が完全平等線に近ければ近いほど所得分配は平等であり，逆にローレンツ曲線が完全不平等線に近ければ近いほど，所得分配は不平等になります。それについては，以下のジニ係数を用いることによって，より具体的に理解できると思います。

◆ジニ係数

　ローレンツ曲線は個人の所得水準さえ把握できれば，人口が 1 億人であろうと，10 億人であろうと所得分配の不平等度の実態を 1 本の曲線で表現できるというところに説得力があります。さらに，ジニ係数はローレンツ曲線を具体的に数値化した指標であり，不平等の実態や動向分析に欠かせないものです。

　ジニ係数とは，**図 11-2** の $\triangle 0AB$ の面積に対する A の面積比で表されます（すなわち，A の面積 ÷ $\triangle 0AB$ の面積）。しかし，便宜上 A の面積（完全平等線とローレンツ曲線に囲まれた面積）を 2 倍にして用いられます。

$$\text{ジニ係数（G）} = 2 \times \text{A の面積} \tag{11-1}$$

また，ジニ係数の範囲は，つぎのようになります。

$$0 \leq G \leq 1 \tag{11-2}$$

なぜ，ジニ係数の範囲は（11-2）式のようになるのでしょうか。いままでの説明でおわかりになったと思いますが，所得分配が不平等であればあるほど，ローレンツ曲線は下の方にたるみますので，ジニ係数は大きくなります。

第 11 章　所得分配の平等化　　217

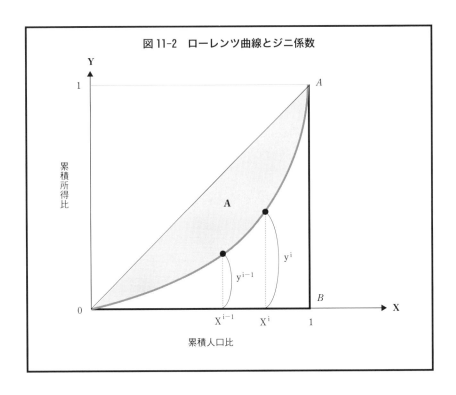

図11-2 ローレンツ曲線とジニ係数

極端的な例として，1人がすべての所得を保有している場合，図11-2（図11-2は，図11-1の両軸の単位を100％から1に変えたものにすぎません）でわかるように，ジニ係数は△OABの面積と等しく，それは0.5になります。しかし，ジニ係数の定義式である（11-1）式を適用すれば，実際のジニ係数は0.5の2倍，すなわち，1になります。一方，所得分配が完全平等あれば，ローレンツ曲線は完全平等線と一致するので，ジニ係数は0になります。これで（11-2）式の意味が理解できたと思います。

本来ならば，ジニ係数の範囲は$0 \leqq G \leqq 0.5$になるはずですが，ジニ係数の範囲を（11-2）式のように考える理由は何でしょうか。それは，ただ単にジニ係数の範囲を0から0.5の間に定めるより，その範囲を0から1間にした方が理解しやすく，かつ便利だからです。さらに，ここで重要なことは，所得分配が平等であればあるほど，ジニ係数は0に近くなり，逆に，所得分

配が不平等であればあるほど，ジニ係数は 1 に近くなるということです。

これから，ジニ係数の計算方法を紹介します。**図 11-2** のように X 軸に累積人口比，Y 軸に累積所得比をとります。また，$x^i =$ 累積人口比，$y^i =$ 累積所得比，$i = 0, 1, 3, \cdots\cdots, n$ とすれば，ジニ係数はつぎの式で簡単に求められます。

$$
\begin{aligned}
G &= 1 - \{(x^1 - x^0)(y^1 + y^0) + (x^2 - x^1)(y^2 + y^1) + \cdots\cdots \\
&\quad + (x^n - x^{n-1})(y^n + y^{n-1})\} \\
&= 1 - \Sigma (x^i - x^{i-1})(y^i + y^{i-1})
\end{aligned}
\tag{11-3}
$$

11.3　所得不平等の実態

以上のジニ係数の意味を踏まえながら，以下では日本をはじめ，世界主要国の所得分配の現状や動向について取り上げます。第 2 次世界大戦以降，世界経済はおおむね成長を続けてきており，ほとんどの国において 1 人当たりGDP も増加しました。しかし，所得分配の不平等はむしろ拡大しつつあることは冒頭で取り上げたとおりです。したがって，最近，高所得国や低所得国を問わず，不平等対策の必要性について積極的に議論するようになりました。

つぎの**図 11-3** は，OECD 加盟国のなかで所得再分配前のジニ係数が高い国や低い国の 7 か国を選んで，その傾向を示したものです。OECD 加盟国のなかで不平等度が比較的に高いといわれているブラジルのジニ係数は 0.5 を超えています。ブラジルの場合，2006 年のジニ係数は約 0.6 強でありましたが，その後，徐々に下がっているので，不平等の問題は改善されつつあるといえます。しかし，高所得国であるフランスとアメリカのジニ係数も 0.5 を超えています。とりわけ，経済大国であるアメリカの不平等についてはマスコミもよく取り上げていますが，フランスは意外と思われるかもしれません。

前近代的な社会では，資本家は莫大な資産をもっており，ほとんどの資本家は労働をしない存在でした。日本のような資本主義社会とはかなり隔たり

第 11 章　所得分配の平等化　　219

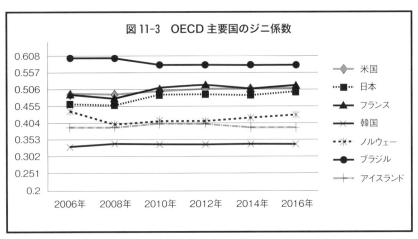

（出所）　OECD（Income Distribution Database）

のある話かもしれませんが，歴史的に見れば，持たざる労働者と豊かな資本家との間で激しく対立した時期がありました。現在もそのような対立は，多くの国や地域で現れています。最近の例として，アメリカで発生した不平等に対する市民の不満を紹介しましょう。2011年9月17日にアメリカでは，大多数の持たざる人たちが所得分配の不平等に不満を持ってデモを行いました。アメリカの金融街である「ウォール街を占拠せよ」という合言葉とともに，不平等の是正を求める運動が始まったのです。その場で「私たちは99%だ」という主張は，アメリカはもちろん，全世界に衝撃を与えました。つまり，アメリカ人の99%は持たざる人で，残り1%の人が富（資産）を独占しているとのことです。やや誇張された話だとしても，不平等の実態を端的に表しているといえます。

　一方，日本の現実はどうでしょうか。図11-3で読み取れるように，日本のジニ係数はアメリカのそれより低い水準ですが，2008年以降，上昇傾向にあることが気になります。日本の所得分配の不平等や所得格差に関する研究は数多くありますが，その研究成果から，日本のジニ係数は1980年代からおおむね上昇していることがわかります。80年代といえば，経済成長の絶頂期だったと思いますが，どうしてその時期から所得分配の不平等化が進展した

のでしょうか。

◆世界の貧困の現状

　いままで，通称先進国（高所得国）グループといわれている OECD 加盟国を例にとって所得不平等の実態を取り上げましたが，これから世界全体の不平等の問題，とりわけ貧困問題について考えてみたいと思います。

　表 11-2 で示されているように，世界には 200 を超える国や地域が存在（2018 年現在）していますが，そのうち，約 18.5％に該当する 41 か国・地域の 8 億人は，年間 1045 ドル以下の所得で生活しています。低所得国＝「最貧困国」と呼ばれる場合もあることから，これらの国・地域の人々は非常に貧しい生活を強いられていることがわかります。とりわけ，低所得国の中では栄養不足や病気などで，現時点でも 6 秒に 1 人の子供が命を落としているといわれています。

　まず，貧困の定義から説明しましょう。2015 年 10 月に世界銀行は，2011 年の購買力平価（PPP）に基づき，1 日 1.90（アメリカ）ドル未満で生活している人を指して貧困（層），また，1 日 1 人当たり 1.90 ドル以下を貧困ライン（poverty line）と定義しています。この定義を適用すれば，2015 年の現時点で世界中の貧困層の人口は約 7 億 3600 万人に達しています（**表 11-3**）。

　貧困ライン以下で生活を強いられている人たちは，食料や飲料水をはじめ，仕事，住居，教育，保健医療，エネルギーなど人間の基礎生活に欠かせないものさえ手に入れられない状態です。そのような貧困を**絶対的貧困**（absolute poverty）と呼びますが，要するに，人間が生きていくのに必要な最低限の食料さえも確保できないばかりか，普段の社会生活を営むことが困難な貧困状況をいいます。とりわけ，貧困ライン未満で生活している多くの人たちは，貧困層，失業者だからという理由で社会的排斥や疎外の犠牲者になるケースも多いです。まさに，貧困は人間の尊厳さえ蹂躙する要因になっています。

　表 11-3 から明らかなように，サブサハラ・アフリカの貧困率は 41.1％で，少し大袈裟にいえば，2 人のうち 1 人は貧困ライン未満で生活しているといえます。一方，ヨーロッパ・中央アジアやその他高所得国の貧困率は非常に

第 11 章　所得分配の平等化　　221

表 11-2　世界の所得分布（2015 年）

（単位：億人，ドル）

	高所得国 （13 億人）	中所得国（50 億人）		低所得国 （8 億人）
		上位中所得国	下位中所得国	
所得水準	12,746 以上	4,126〜12,745	1,046〜4,125	1,045 以下
国・地域総数	76	55	50	41
主な国・地域	G7 諸国 ユーロ圏諸国 韓国 シンガポール 香港 台湾 ブルネイ オーストリア スイス チリ ウルグアイ カタール 　　　　など	中国 マレーシア タイ トルコ ベラルーシ ブルガリア カザフスタン ルーマニア メキシコ ペルー アンゴラ チュニジア 　　　　など	インド インドネシア ラオス モンゴル フィリピン ベトナム ウクライナ ボリビア エジプト モロッコ カメルン コンゴ共和国 　　　　など	バングラデシュ カンボジア ミャンマー ネパール タジキスタン エチオピア ケニア リベリア マダガスカル モザンビーク ルワンダ ジンバブエ 　　　　など

（注）　所得分類は 2013 年度の 1 人当たり GNI に依拠している。
（出所）　経済産業省ホームページ（http://www.meti.go.jp）

表 11-3　世界の地域別絶対的貧困状況（2015 年）

地域	貧困ライン （ドル/1 日）	貧困率 （%）	貧困層の数 （百万人）	総人口 （百万人）
東アジア・大洋州	1.90	2.32	47.18	2,036.62
ヨーロッパ・中央アジア	1.90	1.47	7.15	487.04
ラテンアメリカ・カリブ海	1.90	4.13	25.90	626.57
中東・北アフリカ	1.90	5.01	18.64	371.65
その他高所得国	1.90	0.68	7.32	1,083.59
サブサハラ・アフリカ	1.90	41.10	413.25	1,005.57
世界全体	1.90	10.00	735.86	7,355.22

（出所）　世界開発指数（http://data.worldbank.org/indicator/SI.POV.DDAY）

低く，とりわけ，その他高所得国での絶対的貧困者は，総人口の10億8千3百万人のうち，わずか732万人です。これでアフリカの貧困がいかに深刻な状況であるかがよく理解できたと思います。

◆所得不平等の原因

所得不平等は高所得国であろうと低所得国であろうと，どの国や地域でも存在する現実問題です。これまで所得分配の不平等に関する研究は，経済学を筆頭に政治学や社会学でも積極的に行われています。ここでは日本を含む高所得国をはじめ，低所得国の所得不平等や所得格差の原因について勉強します。

まず，高所得国の所得不平等の問題を取り上げましょう。フランスの経済学者ピケティ（Tomas Piketty, 1971-）は，高所得国の経済発展と所得分配の相互関係について，主に歴史的かつ理論的な研究を行いました。特に，国民所得に占めるトップ分位の所得分配の長期的動向に関する研究が注目されています。彼は著書『21世紀の資本』[1]で，所得格差は主につぎの三つの原因によって現れるものと主張しています。

 ①教育水準
 ②スーパーマネジャー
 ③遺産相続

最初の教育水準に関しては，大学卒や大学院卒など高学歴の人は高い賃金が得られますが，低学歴の人は低い賃金しか得られないため，所得格差が生じるという内容です。2番目は，有能な大企業の経営者や一部のスポーツ選手の給料は格別に高く，そうではないほとんどの人の給料は低いので，格差が生じると考えています。最後に遺産相続のことですが，たとえば，ロレアル（フランスの化粧品大手）の創業者の娘のように，一度も働いたことがないのに，遺産相続によって世界一の女性資産家になったケースもあります。

1） Thomas Piketty, *Capital in the Twenty-First Century*, Harvard University, 2014.（トマ・ピケティ『21世紀の資本』山形浩生・守岡桜・森本正史訳，みすず書房，2014年）

さらに，ピケティは，資本主義国家において資本収益率（r）が国民所得成長率（g）を上回る限り，所得格差は拡大すると結論付けています。私たちの所得は，保有資本による収益（たとえば，利息や配当金，地代など）と労働による賃金で構成されていますが，r＞gであれば，資産家は労働をしなくても高い所得を獲得することが可能だということを意味します。そのようなピケティの主張に対して批判的な研究者もいますが，世の中には資本収益だけで生活している人もいることを考えれば，資本主義の根本的な矛盾（r＞g）を改善する方策について再考の価値はあるといえます。

　日本の場合，ジニ係数は上昇傾向にあり，所得不平等が徐々に拡大しているとの指摘があります。たとえば，橘木俊詔の研究によれば，日本のジニ係数は 1980 年度以降，おおむね上昇してきています。残念ながら，それは日本も所得格差の時代に入っていることを意味します。とりわけ，橘木俊詔は日本の主な格差原因として，高齢化と規制緩和の 2 点を取り上げています[2]。実際に，高齢者の間で所得格差は見られましたが，最近，高齢化の進展によって所得格差はますます拡大しているとのことです。それに規制緩和も高所得者と低所得者に 2 分させ，一つの重要な格差要因になっていると主張しています。

11.4　所得の再分配政策

　以上の説明で，所得不平等の実態や原因についてある程度理解できたと思います。これから所得の再分配政策，つまり，不平等の対策について説明します。

　地球上の多くの人たちは，資本主義と自由競争のもとで経済活動を行っています。特に，自由競争のもとで私たちの所得水準は平等ではなく，千差万別であることが一般的な傾向です。その理由として，さまざまな要因が考えられますが，根本的な要因は能力の格差だと思います。もし私たちの能力が平等であれば，私たちの所得水準も平等であるかもしれません。しかし，私

---

2)　橘木俊詔『格差社会──何が問題なのか』岩波新書，2006 年。

たちの能力は生まれつきの能力をはじめ，出生後の教育や訓練などによって
ばらばらです。したがって，政府は税金や社会保険料などの徴収や社会保障
制度による給付などを利用して，なるべく私たちの所得格差を縮小しようと
します。たとえば，高所得者の所得には高い税金率をかけますが，低所得者
には税金を低く抑えるだけでなく，結果的に高所得者から受け取った税金を
低所得者に給付することもあります。そのような政府の経済政策を**所得再分
配政策**（income redistribution policy）と呼びます。以下では政府による代表
的な所得再分配政策を紹介します。

◆税金による再分配政策

政府は，自らの経済活動に必要な財源を家計や企業などの経済主体から法
律に基づいて徴収します。すでに第 6 章で取り上げたように，直接税や間接
税がそれに該当します。政府の役割のうち，所得の平等化に重要な役割を果
たすのが課税制度です。

所得はそれぞれの経済主体の経済活動によって決定されますが，経済活動
の結果現れる不平等を是正するのに**累進課税制度**（progressive taxation sys-
tem）が重要な役割を果たしています。まず，累進課税について説明しま
しょう。累進課税とは，法律によって所得の低い人は少なめの税金を納め，
所得の高い人は多くの税金を納める税金システムです。つまり，所得の高い
人ほど多くの税金を納めなければならないので，累進課税は所得の不平等を
是正するのに有効な課税制度といえます。

もちろん，日本も累進課税制度を採用していますが，その実態を把握する
ため，以下では日本の所得税の計算方法を簡単に紹介します。それはつぎの
とおりです。

$$所得税＝所得金額×税率－控除額$$

表11-4 は 2018 年以降，日本の所得税の税率を示したものです。所得税率
は分離課税に対するものなどを除くと 5％から 45％の 7 段階に区分されてい
ることがわかります。たとえば，課税される所得金額が年間 195 万円以下の
場合，課税率はわずか 5％ですが，それが 900 万円以上～1800 万円以下の場

表 11-4　所得課税の速算表

課税される所得金額	税率	控除額
195 万円以下	5%	0 円
195 万円を超え，330 万円以下	10%	97,500 円
330 万円を超え，695 万円以下	20%	427,500 円
695 万円を超え，900 万円以下	23%	636,000 円
900 万円を超え，1800 万円以下	33%	1,536,000 円
1800 万円を超え，4000 万円以下	40%	2,796,000 円
4000 万円超	45%	4,796,000 円

（出所）　国税庁（https://www.nta.go.jp/taxes/shiraberu/taxanswer/shotoku/2260.htm）

合，課税率は急激に上昇します（33％）。これで累進課税制度の所得再分配への貢献が理解でできたと思います。

◆補助金による再分配政策

　政府は，累進課税によって所得の不平等を是正するだけではなく，さまざまな手当や補助金を低所得者に支給することで所得格差を是正することも可能です。たとえば，被保険者やその扶養者が出産した場合，一児につき一定金額が支給されることになっていますが，それを出産育児一時金と呼びます。さらに，出産のために会社を休んで給与の支払いがなかった場合でも一定期間内であれば，健康保険から出産手当金が支給されます。その他にも代表的な手当として児童手当があります。各地方政府は所得の低い世帯で中学生以下の子供を持つ親などに児童手当を支給します。その目的は，子供の教育や発育を支援するための支援制度ですが，所得水準を考慮するという点から，一種の所得再分配政策であるといえます。

　また，所得水準が低い人や自然災害などで最低限の生活さえ難しい人を助けるために支給される補助金もあります。いわゆる生活保護と呼ばれるものですが，日本では法律のもとで最低限の生活が保障されるように支援金を支給しています。

◆社会保険による再分配政策

　健康保険や公的年金などのように，事前に支払った保険料を原資として，加入者が一定の条件を満たしたとき，事後的に資金が支給される制度があります。それを保険制度といいますが，いわば，保険金とは事前に支払った金額にしたがって事後的に支払われる金額です。

　もちろん，保険制度を利用するかどうかは，個々人の自由選択であり，そのような側面から保険制度という仕組に所得再分配の機能はないように見受けられます。しかし，政府は社会保険制度を作って社会保険を直接運営しています。上で取り上げた健康保険や公的年金がその代表的な例ですが，その理由は，社会保険に所得の再分配機能を持たせるためです。そのため，政府はなるべく社会保険へ加入を進めています。その背景にはつぎのような理由があります。

　かりに，健康保険に未加入の人が病気になって，1000万円という多額の医療費が発生したとしましょう。この場合，自費で1000万円という大金を払わなければなりません。しかし，健康保険に加入していて，今まで支払った保険金が500万円とすれば，差額の500万円は健康保険から充当されることになります。充当された500万円は本人以外の高所得者たちが支払った保険金であり，そのような意味で社会保険は所得再分配の役割を果たしているといえます。

練習問題

11-1　つぎの文章の（　）内に最も適切な用語や数値を記入しなさい。

(1) 総所得は，（　①　）＋（　②　）で構成されている。

(2) フランスの経済学者ピケティは，所得格差の主な原因を（　①　），（　②　），（　③　）であると主張している。

(3) 橘木俊詔は，日本の主な格差要因として（　①　），（　②　）の2点を取り上げている。

第11章　所得分配の平等化　　227

11-2 つぎの用語を簡単に説明しなさい。

(1) ローレンツ曲線

(2) ジニ係数

(3) 絶対的貧困

(4) 貧困ライン

(5) 累進課税

11-3 つぎの問いに答えなさい。

(1) つぎの表はある国の5分位階級別の所得シェアを示したものである。以下のそれぞれの問いに答えなさい。

所得階級	2000年	2005年	2010年	2015年
第1分位	5.2	5.3	4.4	4.1
第2分位	12.6	12.2	10.7	9.5
第3分位	17.2	17.5	16.4	14.3
第4分位	23.5	23.4	23.8	23.0
第5分位	41.5	41.6	44.7	49.1

① 2000年と2005年のローレンツ曲線を描きなさい。

② 2010年，2015年のジニ係数を計算しなさい。

(2) 所得金額が900万円の場合，**表11-4**の税率と控除額を用いて所得税を求めなさい。

基本用語解説

【あ　行】

IS-LM モデル　財市場と貨幣市場が同時に均衡（安定）するのに必要なGDPと利子率がどのように決定されるかを示すモデル。

IS 曲線　財市場において，総需要と総供給が一致するような利子率とGDPの組合せを表す曲線。GDPと利子率との間に，負の相関関係が成立する。したがって，IS曲線は右下がりの曲線となる。

アベノミクス　安倍政権が表明した経済浮揚政策。景気回復のための，いわゆる「3本の矢」を柱とする経済政策。

一物一価の法則　同じ商品にもかかわらず，場所によって価格が異なる場合，完全競争市場においては，価格の安いところから高いところに商品が流れるので，長期的には同じ価格になるという市場の基本原理。

一般均衡理論　すべての市場で需要と供給が等しくなるような均衡価格が存在するかどうかについて連立方程式を用いて記述する理論。

インフレーション　特定の財・サービスの価格上昇だけではなく，一般商品の価格が2年以上持続的に上昇する現象。

インフレターゲット政策　中央銀行がインフレを誘導するために採用する金利政策。

売りオペ（売りオペレーション）　中央銀行が金融を引き締めるために，手形や債権を顧客に売却することにより，市中からハイパワード・マネーを吸収すること。これによって市中の貨幣量は減少する。

M1, M2, M3　貨幣供給量の尺度。M1は現金，普通預金，当座預金からなる。M2はM1に定期預金とCDを加えたものである。M3はM2に貯金をプラスしたものである。

LM 曲線　貨幣市場において，貨幣供給と貨幣需要が一致するような利子率とGDPの組合せを表した曲線。GDPと利子率との間に，正の相関関係が成立するので，LM曲線は右上がりの曲線となる。

円高不況　日本経済は1985年6月を景気の山とし，その後17か月間も不況が続いたが，これを円高不況という。

【か　行】

買いオペレーション（買いオペ）　中央銀行が金融を緩和するため，手形や債権を顧客から買うことで，ハイパワード・マネーを増加させること。こ

れによって市中の貨幣量は増加する。

外貨準備　中央銀行が国際取引を行うために保有するドルやユーロなど外国通貨のこと。

外国為替市場　さまざまな外貨が取引され，為替レートが決定される市場。これまで外貨は，ほとんど銀行間の市場で取引されたが，最近は電話やインターネットによる取引が増えている。

開放経済　外国との貿易や資本取引などが自由に行われる経済。

価格の自動調整機能　財やサービスの価格が変化することによって需要と供給の不均衡の問題が改善される機能。たとえば，需要＞供給であれば，価格は上昇し供給は減少するので，結局，需要と供給は均衡するようになる。

価格メカニズム　価格が変動することで，需要と供給の不均衡状態が調整されるメカニズム。

可処分所得　総所得から税金や社会保険料などを差し引いた後の所得。家計が自由に使える所得で，可処分所得の変化は，消費の変化をもたらすと考える。

貨幣供給量　市中に流通している現金と預金の合計金額。マネーサプライ。

貨幣の機能　貨幣には交換手段，価値尺度，価値貯蔵の機能がある。

貨幣の資産需要　貨幣の需要動機を説明する仮説の一つ。貨幣そのものが資産であるから貨幣を保有しようとするという仮説。

貨幣の取引需要　貨幣の需要動機を説明する仮説の一つ。財やサービスを購入するために貨幣を保有しようとするという仮説。

貨幣の流通速度　貨幣が取引に使われて，その貨幣の所有者が変わる回数。GDP と貨幣供給量との比率と定義される。

神の見えざる手　売り手も買い手も市場への参加が自由で，個々人が自分の利益を追求することが，社会全体の繁栄をもたらすという考え方。

為替レート　自国の通貨と外国の通貨を交換するとき適用される交換比率。「為替相場」と呼ばれる場合もある。外国為替市場で決定される。

為替レートの切り上げ　固定相場制のもとで，中央銀行が自国通貨の価値を引き上げることをいう。

為替レートの切り下げ　固定相場制のもとで，中央銀行が自国通貨の価値を引き下げることをいう。

完全競争　すべての企業は価格受容者（price taker）であり，市場価格に影響を与えることができない市場状況。つまり，企業は市場価格で商品を販売することはできるが，商品の市場価格を上げたり下げたりすることはできない状況。

完全雇用　現在の賃金水準のもとで，働く意志のあるすべての労働者が雇用されている状態。言い換えれば，非自発的失業者が１人も存在しない雇用状態をいう。

完全雇用 GDP　労働市場において完

全雇用が達成されており，そのとき生み出される GDP の水準。この水準を上回る GDP のためには，労働者が正常な勤務時間以上に働くか，外国からの労働輸入，技術進歩などが必要である。

機会費用　ある行為を行うことで，逆に失われる利益のこと。

基礎消費　可処分所得がゼロの場合でも，生命を維持するために不可欠な消費。

帰属価値　実際には市場で取引されない財・サービスを，あたかも市場で取引されたかのように仮定し，計算した場合の付加価値。

供給　財やサービスを生産し，それを消費主体まで運送すること。

供給曲線　価格と供給量との関係を曲線で描いたもの。通常，価格が上昇すれば供給量も増加するので，供給曲線は右上がりの曲線になる。

均衡　対抗する諸要因（力）が「一致する」，「等しい」状態。経済学では，主に需給が等しいとき，この用語がよく用いられる。

均衡価格　生産者も消費者も価格に対する直接的な影響力を持たず，完全競争市場で決まる価格。つまり，完全競争のもとで，需要と供給が一致しているときの価格。

均衡 GDP　財市場，貨幣市場，労働市場の需給が同時に一致するときの GDP。

均衡点　需要と供給が一致するとき，価格と取引量の相関関係を表した需要曲線と供給曲線の交点。

均衡予算　政府は政府支出額に等しい歳入額を定めており，これを均衡予算，あるいは均衡財政と呼ぶ。つまり，歳入＝歳出のときの政府予算。

均衡利子率　財市場と貨幣市場の需給が同時に一致しているときの利子率。

金融政策　中央銀行が利子率と貨幣量を調整して投資や消費を増減させ，経済の安定化をはかる経済政策。

クズネッツ仮説　資本主義経済の発展によって社会の不平等は拡大するが，それはやがて縮小・是正されるという仮説。

クラウディング・アウト効果　拡張的財政政策が実施されたとき，それによって利子率が上昇するので，民間投資が減少するマイナス効果。

経済　私たちの日常生活（生産活動＋消費活動）を経済と呼ぶ。

経済学　経済活動によって現れる経済現象や経済問題を研究する学問。

経済活動　生産活動＋消費活動。

経済史　過去の経済活動をはじめ，過去の経済現象や経済問題を研究する経済学の一分野。

経済主体　経済活動の主役。家計，企業，政府，外国がある。

経常収支　貿易・サービス収支と所得収支と経常移転収支を合計したもの。

ケインジアン　経済が不安定なとき，市場は万能ではないから（価格や賃金は硬直的であるから），財政金融政策

基本用語解説　231

を用いて有効需要をコントロールすべきだと主張する学派。

ケインズ革命　有効需要の不足によって発生する失業の問題を，有効需要の原理によって明らかにしたケインズの革命的な業績のこと。市場は万能ではなく，失業の問題は有効需要をコントロールすることで解決すべきだと主張。

ケインズ型消費関数　民間消費の大きさは，可処分所得の大きさによって決定されるという消費関数。

キャピタルゲイン　資産（債券，株式，不動産など）価格の上昇による利益。

限界効用　消費者が財やサービスを追加的に1単位消費することから得られる効用（満足や喜び，楽しみ）の増加分。

限界消費性向　可処分所得がわずかに1円増加したとき，その1円のうち，どのくらいを消費に回すかを示した指標。

限界費用　生産物を1単位追加的に生産するために必要となる費用の増加分。

建設国債　道路や港湾，通信施設など社会資本の整備のために発行される国債。

公開市場操作　市中に出回っている貨幣量を増減させるために，中央銀行が買いオペと売りオペを行うこと。主に中央銀行が国債を顧客に売買して貨幣量をコントロールする。

硬直的価格　需要と供給の不一致（不均衡）があったとしても，特に短期において価格が反応しないという価格の性質。

公定歩合（割引率）　中央銀行が民間銀行に直接資金を貸し出すときに適用される利子率。本来は銀行が保有する商業手形を中央銀行が割り引くのに用いられる割引率のこと。

購買力平価　すべての国において，同一財の価格は等しくなければならないという考え方。これに従えば，名目為替レートは各国の物価水準を反映して決まることになる。たとえば，鉛筆1本の価格が日本では100円，同一のものがアメリカでは1ドルであれば，名目為替レートは，1ドル＝100円になる。

効用　消費者が財やサービスを購入・消費することで得られる満足度。

国際収支表　ある一定期間中の1国の対外経済取引を体系的に記録したもの。

国債費　いままで発行した国債に対する利子の支払い，国債元金償還などの必要な経費。

国内総生産（GDP）　国籍を問わず，ある国の国内居住者によって，ある一定期間に生産された財・サービスの付加価値の総額。

国民総生産（GNP）　国を問わず，自国の国民によって，ある一定期間に生産された財・サービスの付加価値の総額。

固定為替相場制　中央銀行が外貨の需給に介入することで，為替レートを固定する制度。この制度を維持するために，中央銀行は必要に応じて自国通貨

と外国通貨を売買しなければならない。

混合経済　資源配分が政府部門と民間部門の両方の意思決定によって行われる経済。

【さ　行】

財・サービス市場　商品（財）やサービスが取り引きされる市場。マクロ経済学の観点から，この市場で生産されたGDPは，消費，投資，政府支出，純輸出として支出される。

財政赤字　政府歳出が政府歳入を上回る状態。

財政黒字　政府歳入が政府歳出を上回る状態。

財政政策　政府が租税と政府支出を調整して消費や政府支出を増減させ，経済の安定化を図る経済政策。

裁定取引　国内外を問わず，市場間の価格差を利用して利益を得ようとする取引。たとえば，ある財の価格に格差がある場合，その財を安い市場で購入し高い市場で売ることで利益を得ようとする取引。

最適化行動　消費者の効用最大化，生産者の利潤最大化のためにとる経済行為。

三面等価の原則　GDPを生産面，分配面，所得面のどの三面から見ても同じ値になるという原則。

市場原理　市場がさまざまな需給の不均衡状態を自ら調整し，最適化する仕組みや能力。

市場の失敗　独占，寡占，不確実性，

公共財のように市場そのものが存在しないなどが原因で，市場メカニズムでは効率的な資源配分が実現されない状況。所得格差や公害問題がその代表的な例である。

実質為替レート　名目為替レートを両国の物価水準の変化を考慮して調整したもの。通常の名目為替レートに，外国の物価水準と自国の物価水準の比率をかけることで求められる。交易条件と同じもの。

実質値　ある基準時点での市場価格で再評価したもの。

GDP　「国内総生産」。1国の経済活動の動きをはじめ，景気の判断や景気の見通しを展望するための指標である。また，その国の経済規模や豊かさ，経済成長を測る指標として重要な役割を果たしている。

GDPデフレーター　名目GDPを実質GDPで割ることによって求められる物価指数。一般物価水準の尺度となる。

ジニ係数　ローレンツ曲線を具体的に数値化したもので，不平等の実態や動向分析に欠かせない指標。

自発的失業者　働き口があるにもかかわらず，自ら望んで失業している労働者。

資本収益率（ROI）　企業の収益性を判断する指標。資本収益率＝（利益/資本）。

資本収支　国際間の資本移動をまとめた資本収支表の一項目。投資収支とそ

基本用語解説　　233

の他資本収支，外貨準備増減を合計したもの。

資本の限界生産力逓減　資本を新しく1単位増やしたとき，それによって生産量は増加するが，その増え方は徐々に減少する。

社会的余剰　消費者余剰と生産者余剰を合計したもの。総余剰と同一の意味。

需要曲線　価格と需要量との関係を曲線で描いたもの。通常，価格が上昇すれば需要は減少し，価格が下落すれば需要は増加する，したがって，需要曲線は下がりの曲線になる。

需要の価格弾力性　価格の変化に反応して需要がどのように変化するかを示した変化率。

準通貨　財やサービスの取引を行うのに使われるもので，貨幣とほとんど変らないくらい便利である代替貨幣。

準備預金　日本銀行の「準備預金制度に関す法律」にしたがって，金融機関が日本銀行に預金することが義務付けられている預金。

純輸出　輸出額から輸入額を差し引いたもの。

小国モデル　自国の経済政策や経済変化が，世界経済に何ら影響を与えないと仮定したモデル。

乗数効果　総需要の構成項目のうち，どれかを増やしたとき，それがGDPの増加に直接・間接的に及ぼす効果。たとえば，政府支出を1単位拡大するとGDPはその数倍の大きさで拡大することを表している。

乗数プロセス　政府支出や投資などが拡大すると，それは直ちに需要増加⇒生産増加⇒雇用増加⇒所得増加⇒さらなる需要増加⇒さらなる生産増加……というような好循環が形成される。これが乗数プロセスである。

譲渡性預金（CD）　誰にでも譲渡可能な自由金利の大口定期預金。

消費　日常の生活や自分の欲望を満たすために，商品やサービスを購入して使用する行為。

消費関数　消費の大きさを「何」が，「どのように」決めるかを表す関係式。たとえば，消費と可処分所得の関係を消費関数で表すと，$C = f(Y\text{-}T)$ になる。

消費者物価指数（CPI）　消費財から構成されるマーケット・バスケットの価格を，ある基準年度の同一マーケット・バスケット価格と比較したもの。一般物価水準の尺度となる。

消費者余剰　消費者が買物をするとき，支払ってもいいと考える金額と実際に支払った金額の差額。

消費性向　可処分所得に対する消費の割合（C/Y_d）。

伸縮的価格　需要と供給が一致しない不均衡の場合，特に長期において，価格は自由に上下して需給を一致させる。これを伸縮的価格という。

新古典派　セーの法則や市場メカニズムを信奉し，かりに経済が不安定であるとしても政策介入は避けるべきだと主張する学派。

数量調整機能　需要と供給が不均衡のとき，それぞれの数量で調整を行い，需給を一致させる機能。

ストック（stock）　ある時点での存在量。資本，土地，株式，貨幣供給量，国債累積額，貯蓄累積額など。

政策金利　中央銀行が市中銀行に融資するとき適用される金利。

生産者余剰　生産者が商品を生産・販売して実際に獲得した金額と，その商品を販売して必ず獲得しなければならない最低金額との差額。

生産要素　資本や労働，土地など財・サービスを生産するのに投入されるもので，生産になくてはならないもの。

セーの法則　価格は自由に上がったり下がったりするので（価格の伸縮性），経済活動の水準を決めるのは供給であり，供給はそれ自身に等しい需要を創り出すという法則。

絶対的貧困　貧困ライン以下で生活を強いられ，人間の基礎生活に欠かせないものさえ入手困難な貧困。

総供給　すべての経済主体の生産（供給）を合計したもの。

総需要　すべての経済主体の消費（需要）を合計したもの。総需要＝消費＋投資＋政府支出＋輸出である。

総所得　賃金所得と資産所得の合計。

【た　行】

短期　市場で需給が一致しない不均衡の状態があったとしても，価格が変動しない期間。

地方交付税　中央政府が地方自治体の収入を補うために支出する歳出項目。

中央銀行　主に貨幣発行や金融政策を担当する政府機関。日本の中央銀行は「日本銀行」である。

中央銀行預け金　市中銀行が預金の一部を中央銀行に預けることが法律で定められているが，そのお金を預け金という。

長期　市場で需給が一致しない不均衡の場合，価格が変動し始めて，需給が一致する均衡状態に至るまでの期間。

賃金　労働の代価として支払われる報酬。

賃金の下方硬直性　現実の経済において，失業者が存在しているにもかかわらず，賃金はさまざまな制度的，構造的理由によって下がらないという性質。

通貨　現在発行されているすべての紙幣と硬貨を通貨という。

通貨乗数　ハイパワード・マネーの変化に対して，マネーサプライがどれだけ変化するかを表す比率のこと。

投資　企業が利潤を最大化するために，新たに生産設備などを購入する行為。これによって資本ストックは増加する。

投資関数　投資と利子率の関係を示した関係式。一般に，利子率が上昇すると投資は減少する。

投資の限界効率　投資による予想収益率のこと。

特例国債　別名は「赤字国債」。公務員の給与や消耗品など政府の経常的な経費を調達するために発行する国債。

基本用語解説　　235

【な　行】

2国1財モデル　二つの国と一つの商品しか存在しないと仮定し，さまざまなシミュレーションを行うためのモデル。

日銀当座預金　市中の金融機関が日本銀行に預ける預金。

【は　行】

ハイパワード・マネー　中央銀行が直接コントロールできる現金と日銀当座預金の合計。マネタリーベース，ベース・マネーとも呼ばれる。

バブル経済　株や土地などの資産価格が実態をともなわず，異様に高騰している経済。

比較優位説　リカードによって提案されたもので，それぞれの国や地域には優位な産業と劣位な産業があり，互いに貿易を行うことによって利益を得ることが可能であるという学説。

非自発的失業者　働く意志はあるが，働き口がなく，やむを得ず失業している労働者。

貧困ライン　貧困層の割合を把握するために用いられる指標で，1日の生活費が1人当たり1.9ドル未満を貧困ラインという。

フィッシャーの方程式　名目利子率は実質利子率に予想物価上昇率を加えたものに等しいという方程式。

付加価値　企業の最終生産物の生産総額から原材料や部品などの中間財等入

額を差し引いた残額。

不換紙幣　本源的な価値は持たないが，実際に貨幣として使用されているという理由で，その価値を認めている貨幣。

不況　何らかの理由で，景気沈滞が続いている経済状態。

プラザ合意　1985年9月ニューヨークのプラザホテルで，5か国蔵相会議が開かれ，当時のドル高の是正案に合意した。それをプラザ合意と呼ぶ。

フロー　ある一定期間に行われた経済活動の成果を示したもの。GDP，消費，投資，政府支出などがある。

平均消費性向　消費者の可処分所得に対する消費の平均割合。

閉鎖経済　外国との国際貿易や国際資本取引を行わない，いわば国内経済のこと。

変動為替相場制度　為替レートは，その国の経済状況や外貨の需給などさまざまな要因によって決まるが，為替レートの自由な変動が保証されている制度。

貿易均衡　輸出と輸入が等しい状態。この場合，純輸出はゼロである。

貿易収支　一定期間内の財・サービスの輸出額から輸入額を差し引いたもの。

貿易政策　政府が関税や非関税障壁を設けて輸出入量を増減させ，経済の安定化をはかる経済政策。

法定準備金　民間金融機関は，顧客から受け入れた預金の一定割合を準備金として中央銀行に預けなければならない。これは法律で定められているので，

法定準備金という。

法定準備制度　民間金融機関は顧客から預かった預金の一定割合を中央銀行に預けなければならないが，その預け金に対する比率を定めた制度。

【ま　行】

マクロ経済学　経済活動によって現れる1国の経済現象や経済問題を研究する学問。主に1国経済のGDPや失業率，経済成長率，利子率，為替レート，貿易収支など，集計されたマクロ経済変数の決定や動向を分析し，それぞれの問題に対応する経済学。

マクロ経済学の役割　マクロ経済の安定および成長，所得分配の平等化など。

マクロ経済変数　マクロ経済学が分析の対象としているGDP，消費，投資，貯蓄，利子率，失業率，経済成長率，貿易収支などの経済変数。

マネーサプライ　貨幣供給量。市中に出回っている現金と預金の合計額。

マネタリスト　実物経済の動きは貨幣量によって決まるという，新古典派経済学を信奉する学派。

マンデル＝フレミング・モデル　国際間の取引によって為替レートが変化し，それが自国経済に影響を与えるという観点からマクロ経済を分析する短期モデル。

ミクロ経済学　消費者（家計）や生産者（企業）の経済活動を分析の対象とし，市場で決定される価格，生産量，実物経済の資源配分などを分析する経済学。

無担保コール翌日物金利　金融機関同士が資金の貸し借りをするとき，担保なしで資金を借りて翌日に返済する取引が無担保コール翌日物で，そのとき適用される金利をいう。「無担保コールレート」と呼ぶ場合もある。日本銀行は，この金利を金融政策の政策金利として使用し，市中のさまざまな金利に波及させ，実体経済に影響を与えている。

名目為替レート　その時点の市場価格で単純に評価した為替レート。新聞やテレビなどで報じられている為替レート。つまり，通常の為替レート。

名目値　ある計測時点での市場価格で単純に評価したもの。

【や　行】

有効需要の原理　経済活動の水準を決定するのは需要であり，需要はそれ自身に等しい供給を創り出すという原理。つまり，GDPは有効需要（総需要）によって決定されると考えるので，セーの法則とは正反対の考え方。

輸入割当　政府が法律で決める特定の財・サービスの輸入量。

予算制約　消費水準は所得水準によって制約されるという考え方。

45度線　生産面からみたGDPを縦軸に，分配面から見たGDPを横軸に目盛ったとき，それらはつねに等価であることを表す線。

基本用語解説　　237

【ら　　行】

利子率　自己資金を運用するのにともなう報酬と他人の資金を使用するのにともなう費用が利子であり，利子率は利子を元金で割った割合。

流動性（選好）　貨幣は，いつどこでも欲しいモノと簡単に交換することができる性質をもっており，この性質を流動性という。貨幣保有を好む性質。

理論経済学　ミクロ経済学とマクロ経済学のように，理論をベースに経済活動を研究する学問。

理論モデル　複雑かつ難解な経済実態を理解しやすくするために考案した分析ツール。

累進課税制度　法律によって所得の低い人は少なめの税金を納め，所得の高い人は多くの税金を納めなければならない租税システム。

ローレンツ曲線　所得，人口，売上高などが特定のグループにどのように配分されているかを示す曲線。

【わ　　行】

割引債　政府が一定期間後に，予め決められた金利で買い取ることを約束して発行する債券。

索　引

A—Z

CEO　211
GDI　→国内総所得
GDP　→国内総生産
GDP デフレーター　71, 72, 233
GNI　16
GNP　→国民総生産
IS-LM 曲線　126, 148
IS-LM モデル　140, 147, 181, 229
IS 曲線　126, 128-133, 140-142, 147, 150, 151, 154, 159-161, 163, 164, 176, 177, 180, 182, 184, 186, 187, 229
IS 曲線式　128, 176, 177
IS 曲線のシフト　131
LM 曲線　126, 133, 134, 136, 138, 140-142, 147, 156, 159-161, 163, 164, 177-180, 182, 185, 229
LM 曲線式　135, 156, 177
LM 曲線のシフト　137
M1, M2, M3　229
NIEs　73, 207
OECD（経済開発協力機構）　72

ア　行

アベノミクス　52, 94, 96, 229
安定化政策　45
一物一価の法則　171, 229
一般会計予算　107
一般均衡理論　9, 229
一般歳出　107
インフレ・ギャップ　118
インフレーション　53, 229
インフレターゲット政策　52, 229
売りオペレーション　101, 229
円高　80-82, 113, 184
円高不況　80, 169, 229
円安　80-82, 113, 169, 170, 185

カ　行

葛洪　5
クズネッツ（Kuznets, S. S.）　20
ケインズ（Keynes, J. M.）　58
＊
買いオペレーション　101, 229
外貨準備　230
外国　13
外国価格　172
外国為替市場　170, 230
外国支出　18
外国需要　49
外需　49
外生変数　33
開放経済　48, 168, 176, 177, 180, 181, 230
価格調整　60
価格の自動調整機能　24, 31, 230
価格の伸縮性　56
価格メカニズム　8, 24, 31, 230
拡張（拡大）的財政政策　148, 149, 153, 164, 165, 184, 185
家計　12
家計消費　46
可処分所得　86-88, 90, 152, 153, 155, 230
貨幣供給　96, 133, 134, 136-138, 140, 157
貨幣供給量　97, 98, 103, 134, 152, 155-159, 177, 179, 230
貨幣市場　iii, 32, 85, 126, 134, 141, 142, 147, 156, 161, 163, 181, 182
貨幣市場の均衡　135, 137, 140
貨幣市場の均衡式　133, 136, 151
貨幣市場の需給　137
貨幣市場の不均衡　139
貨幣需要　96, 133, 134, 136, 137, 140, 156
貨幣需要量　134, 165
貨幣の機能　230
貨幣の資産需要　134, 230
貨幣の取引需要　134, 230
貨幣の流通速度　230

239

貨幣量の調整方法　　85
神の見えざる手　　8, 230
為替相場　　79, 177
為替レート　　11, 78-81, 113, 168-173, 184,
　　187, 230
為替レートの切り上げ　　230
為替レートの切り下げ　　230
為替レートの決定要因　　169, 175
関数　　87
完全競争　　56, 230
完全雇用　　57, 143, 162, 163, 194, 230
完全雇用 GDP　　57, 143, 144, 162, 163, 165,
　　230
完全平等線　　215-218
機会費用　　231
企業　　12
技術革新　　200, 202
技術進歩　　199-202
技術進歩率　　203, 204
帰属価値　　231
帰属計算　　76
基礎消費　　89, 90, 115, 231
キャピタルゲイン　　210, 211, 232
キャピタルロス　　210
教育投資　　206
供給　　12, 24, 231
供給曲線　　24, 25, 29, 30, 33, 40, 231
均衡　　50, 231
均衡式　　180, 181
均衡 GDP　　105, 113, 117, 118, 122, 140,
　　141, 147, 176, 180, 181, 231
均衡価格　　24, 31, 231
均衡財政　　110
均衡点　　24, 31, 133, 139, 140, 163, 164,
　　185, 231
均衡予算　　231
均衡利子率　　140, 141, 147, 181, 231
緊縮(縮小)的財政政策　　148, 149, 185
金融緩和政策　　156, 158-161, 163-165, 185,
　　186
金融　　168
金融市場　　32, 180
金融政策　　62, 140, 147, 155, 156, 159, 161,
　　163, 185, 231
金融引締政策　　156, 158, 186

クズネッツ仮説　　20, 231
クラウディング・アウト(crowding out)効果
　　154, 164, 165, 231
景気過熱　　158
景気沈滞　　148, 149, 158
景気浮揚対策　　151, 152
経済　　3, 231
経済安定化　　147
経済学　　5, 231
経済活動　　i, 3, 5, 11, 209, 225, 231
経済活動水準　　16, 56, 62
経済現象　　i, 5, 19
経済史　　7, 231
経済指標　　189
経済主体　　3, 5, 11, 225, 231
経済政策論　　7
経済成長　　ii, 147, 189, 190, 199, 203, 204,
　　207
経済成長率　　74, 202, 204
経済成長理論　　iii, 189, 192
経済の安定化　　149
経済の安定条件　　32
経済発展段階説　　206
経済問題　　i, 5, 50
経常収支　　231
ケインジアン　　55, 231
ケインズ革命　　62, 232
ケインズ型消費関数　　88, 115, 123, 130,
　　232
ケインズ派経済学　　63, 192
限界革命　　8, 9
限界効用　　232
限界消費性向　　89, 90, 115, 121, 123, 124,
　　232
限界費用　　37, 232
研究開発　　205
減少関数　　152
減税　　122, 153-155
減税政策　　149, 152
減税の乗数効果　　124
建設国債　　111, 232
公開市場操作　　101, 155, 232
公共財　　18
公共投資　　91
厚生(福祉)最大化　　28, 106

硬直的価格　232
公定歩合　98, 100, 232
購買力平価　74, 75, 171-173, 221, 232
効用　35, 232
効用最大化　7, 26, 28, 40, 118
効用・利潤・厚生最大化　24
国債　15
国際市場　32, 182
国際収支　49, 168
国際収支表　232
国債費　232
国際利子率　175, 179
国内価格　172, 173
国内需要　49
国内総支出　18, 19
国内総所得(GDI)　17, 19, 77
国内総生産(GDP)　11, 17, 19, 46, 65, 75-
　77, 86, 114, 126, 129, 137, 155, 157, 159,
　161, 165, 184-186, 232, 233
『国富論』　6
国民所得成長率　223
国民純福祉　76
国民総生産(GNP)　76, 77, 232
固定為替相場制　177, 178, 232
固定相場制　178
古典派　55
古典派経済学　8, 55, 63
古典派理論　194
コブ・ダグラス生産関数　195, 201
混合経済　233

サ　行

ジェヴォンズ(Jevons, Stanley)　9
スティグリッツ(Stiglits, J. E.)　20
スミス(Smith, A.)　6, 8
セー(Say, Jean Baptiste)　8
ソロー(Solow, R. M.)　193

＊

債券　101
在庫投資　19
財・サービス　4, 67
財・サービス市場　32, 47, 126, 233
財市場　iii, 141, 142, 147, 161, 163, 169,
　180-182
財市場の均衡　126, 127, 140, 176

財政　110, 168
財政赤字　110, 111, 233
財政黒字　111, 233
財政政策　62, 140, 147, 148, 161, 163, 184,
　233
裁定取引　172, 233
最適化行動　8, 233
三面等価の原則　48, 114, 190, 195, 209,
　233
資産需要量　152, 156
市場　29
市場価格　37, 38, 70, 71
市場原理　31, 233
市場の失敗　233
市場メカニズム　31, 57
失業率　11
実質　70, 173
実質為替レート　174, 233
実質金利　160
実質 GDP　71, 190, 191
実質 GDP の成長率　191
実質値　233
実質賃金　144
実質利子率　91
ジニ係数　209, 213, 215, 217-220, 224, 233
自発的失業者　59, 145, 233
資本　192, 211
資本移動　180
資本収益率　223, 233
資本収支　233
資本ストック　90, 192, 194, 195, 202
資本の限界生産力逓減　196, 197, 234
資本分配率　195, 202
『資本論』　9
社会的余剰　24, 39, 40, 234
社会保障制度　21
自由競争　224
従属変数　87
需要　24
需要曲線　24, 25, 29, 30, 33, 40, 234
需要の価格弾力性　234
純通貨　234
準備預金　102, 234
準備率　102
純輸出　49, 85, 234

索　引　　241

小国　179
小国モデル　234
乗数　119
乗数効果　105, 118-123, 234
乗数プロセス　234
譲渡性預金（CD）　98, 234
消費　12, 18, 85, 86, 155, 234
消費活動　3, 4, 189
消費関数　86-89, 115, 128, 130, 152, 177, 234
消費者物価指数（CPI）　234
消費者余剰　24, 34, 40, 234
消費税　108, 109
消費性向　234
所得　209
所得格差　20, 212, 220, 224, 225
所得再分配政策　225, 226
所得税　108, 109
所得不平等　209
所得分配の平等化　ii, 19, 22
所得分配の不平等　213, 217, 220, 223
人口比率　213
新古典派　234
新古典派経済学　8, 189, 192
新古典派経済学の生産関数　193
新古典派成長理論　189, 193
伸縮的価格　234
人的資本　205, 206
数量調整　60
数量調整機能　235
スミソニアン協定　79
ストック（stock）　66, 67, 235
政策金利　101, 235
生産活動　3, 4, 189
生産者余剰　24, 34, 37, 40, 235
生産要素　14, 192, 199, 200, 235
生産力一定　196
生産力逓減　196
生産力逓増　196
成長会計　201
政府　13
政府歳出　107, 110
政府歳入　108, 110
政府支出　18, 46, 85, 105, 106, 121, 124, 128, 130, 150, 151

政府支出の乗数効果　131, 150, 154
政府支出乗数　122
政府投資　106
政府の役割　105
絶対的貧困　221, 235
セーの法則　8, 9, 57, 58, 62, 189, 192, 236
ゼロ金利政策　158
全要素生産性　203
全要素生産性上昇率　203
増加関数　152
総供給　ii, iii, 16, 45, 48, 50, 51, 55, 58, 65, 117, 119, 126, 127, 148, 176, 177, 235
総供給曲線　60, 114
総効用　36
総支出　16
総需要　ii, iii, 16, 46, 47, 50, 51, 55, 58, 85, 105, 115, 116, 117, 119, 126, 127, 148, 149, 158, 176, 177, 235
総需要曲線　60, 115, 116
総所得　16, 210, 211, 215, 235
増税　153
総生産　16
総費用　37, 59
総余剰　34, 40
租税の政策効果　153
租税の変化　152
ソローの残差　203, 204
ソロー・モデル　201

タ　行

高増明　78
橘木俊詔　224

*

短期　57, 58, 235
短期金利　96
知的財産権　206
地方交付税　235
中央銀行　235
中央銀行預け金　235
中間財投入額　67, 69
中期金利　96
中所得国の罠　207
超過需要　24
長期　57, 235
長期金利　96

貯金　97
直接税　109
賃金　235
賃金の下方硬直性　60, 144, 235
通貨　235
通貨乗数　235
低金利政策　159, 160
手形　98, 101
デフレ・ギャップ　118
デフレーション　52
投資　18, 46, 85, 92, 235
投資関数　91, 94, 128, 130, 177, 235
投資の限界効率　93, 235
投資の二面性　91, 193
特別会計予算　108
独立変数　87
特例国債　111, 235
取り付け騒ぎ　99
取引需要量　152, 156
ドル高　169, 170

ナ　行

野口旭　78

*

内需　49
内生的成長理論　204
内生変数　33
2国1財モデル　77, 174, 236
ニクソン・ショック　79
二重計算　69
日銀準備預金　100
日銀当座預金　99, 102, 236

ハ　行

ピケティ（Piketty, Tomas）　223
ヒックス（Hicks, J. R.）　141

*

ハイパワード・マネー　99, 102, 236
バブル経済　50, 78, 158, 236
比較生産説　9
比較優位説　78, 236
非自発的失業者　59, 143, 236
貧困ライン　221, 236
フィッシャーの方程式　236
付加価値　67, 68, 236

不換紙幣　236
不況　236
不均衡　132
不均衡点　139
不均衡の原因　132, 133, 142
不均衡の調整　147
物価指数　71
物価水準　173, 182
プラザ合意　169, 236
ブレトン・ウッズ体制　79
フロー　66, 67, 236
平均消費性向　88, 90, 236
平均費用　37
閉鎖経済　48, 128, 176, 177, 181, 236
平成不況　50
ヘリコプターマネー　33
変動為替相場制　79, 177, 178, 182-187, 236
変動相場制　178, 179, 182
貿易関数　177
貿易均衡　236
貿易黒字　112, 186, 187
貿易効果　42
貿易収支　85, 169, 175-177, 181, 182, 186, 236
貿易収支の赤字　176
貿易収支の黒字　176
貿易政策　168, 186, 236
貿易利益　46
法人税　108, 109
法定準備金　236
法定準備金制度　99
法定準備制度　237
法定準備率　103
法定準備率操作　102, 103, 155
保護主義的な貿易政策　186, 187
補助金　226
補正予算　108
ポリシー・ミックス　164, 165

マ　行

マーシャル（Marshall, Alfred）　9
マディソン（Maddison, Angus）　190
マルクス（Marx, Karl）　9
メンガー（Menger, Carl）　9

＊

マクロ経済 　180
マクロ経済学 　*i*, *iii*, 3, 6, 10, 58, 86, 168, 189, 237
マクロ経済学の均衡式 　65
マクロ経済学の役割 　19, 21, 237
マクロ経済政策 　*iii*, 11, 62, 147, 149, 179
マクロ経済の安定 　126
マクロ経済の安定化 　*ii*, 19, 22, 85, 161
マクロ経済の安定式 　47
マクロ経済の安定条件 　*iii*, 50
マクロ経済の成長化 　*ii*, 19, 22
マクロ経済変数 　10, 237
マクロ生産関数 　194, 196, 199
マネーサプライ 　237
マネタリスト 　237
マンデル＝フレミング・モデル 　181, 184, 237
見えざる手 　237
ミクロ経済学 　*iii*, 6, 7, 237
民間投資 　91
無担保コール翌日物金利 　101, 237
名目 　70, 173
名目為替レート 　173, 174, 237
名目金利 　160
名目 GDP 　71, 74, 75
名目値 　237
名目利子率 　91

ヤ 行

有効需要 　60, 85, 118, 122, 131, 148, 193
有効需要の原理 　60, 62, 122, 149, 176, 192, 237
輸出 　46
輸出関数 　113
輸入 　65
輸入関税 　186
輸入割当 　186, 237
要求払い預金 　97
預金 　97
予算制約 　24, 26, 237
予算編成 　106
予想価格 　26

予想収益率 　93, 94
予想物価上昇率
45 度線 　113-115, 237
45 度線モデル 　116, 176

ラ 行

リカード（Ricardo, David） 　9, 78
ロストウ（Rostow, W. W.） 　206
ローレンツ（Lorenz, M. O.） 　215
＊

利子率 　11, 85, 91-93, 95, 126, 129, 130, 135, 137, 150-152, 155-158, 164, 165, 185, 211, 238
利子率の決定 　96
利潤最大化 　7, 28, 38, 40, 118
流動性 　97
流動性（選好） 　238
流動性選好 　134
流動性の罠 　159-161
量的緩和政策 　156, 158, 159
量的引締政策 　156
理論経済学 　6, 238
理論モデル 　238
累進課税 　225, 226
累進課税制度 　21, 109, 225, 238
累積人口比 　214, 216
累積所得比 　214-216
労働 　192, 211
労働供給 　143
労働市場 　*iii*, 32, 60, 126, 147, 161
労働市場の均衡 　143
労働市場の不均衡 　161
労働需要 　143, 194
労働投入量 　194
労働の限界生産力逓減 　198
労働分配率 　195
ローレンツ曲線 　209, 213, 215-217, 238

ワ 行

ワルラス（Warlas, Leon） 　9
＊

割引債 　238
割引率 　98

■著者略歴

韓　福　相（はん・ぼくさん）

韓国慶尚北道生まれ。京都大学経済学部および同大学大学院経済学研究科博士課程修了。博士（経済学）。関東学園大学経済学部教授を経て，現在大阪産業大学経済学部教授。著書に，『財政金融政策のマクロ経済学』（ナカニシヤ出版，2007年），『韓国の経済成長と工業化分析』（勁草書房，1995年），『北東アジアにおける経済連携の進展』〔編著〕（日本評論社，2010年），『グローバル化するアジア』〔共著〕（晃洋書房，2007年）などがある。

マクロ経済学入門

2019 年 9 月 28 日　　初版第 1 刷発行

著　者	韓	福	相
発 行 者	中	西	良

発行所　株式会社　ナカニシヤ出版

〒606-8161　京都市左京区一乗寺木ノ本町15
TEL (075)723-0111
FAX (075)723-0095
http://www.nakanishiya.co.jp/

© Bocksang HAN 2019　　　　　　印刷・製本／亜細亜印刷

＊乱丁本・落丁本はお取り替え致します。
ISBN 978-4-7795-1403-6　Printed in Japan

◆本書のコピー，スキャン，デジタル化等の無断複製は著作権法上での例外を除き禁じられています。本書を代行業者等の第三者に依頼してスキャンやデジタル化することはたとえ個人や家庭内での利用であっても著作権法上認められておりません。

財政金融政策のマクロ経済学

韓　福相

初心者大歓迎！誰でも経済ニュースや経済現象を理解できるようになることを目指し、難解な専門用語や数式まで回避。ゼロからマクロ経済学の仕組みを最大限まで学べる丁寧で親身な入門テキスト。

二八〇〇円＋税

経済学の知恵【増補版】
―現代を生きる経済思想―

山﨑好裕

経済学の巨人たち二六人の生涯と思想を、エピソードをまじえ分かりやすく解説。その中から私たちの生活へのヒントを読み取り、現代経済を捉える複眼的な思想と独自の視点を提供するコンパクトな経済学入門。

二五〇〇円＋税

ポピュリズムと経済
―グローバリズム、格差、民主主義をめぐる世界的問題―

橘木俊詔

グローバリズム×格差問題×ポピュリズム。世界を揺るがす難問群はいかにリンクするのか？経済学者の視点で斬る、経済問題をダシに政治を操ろうとするポピュリストたちに騙されないための必読書。

二〇〇〇円＋税

日本を貧しくしないための経済学
―ほんとうにだいじなお金の話―

上条　勇

真に日本を「貧しく」するのは誰だ!?　快刀乱麻に説く日本経済の現状、お金の正体に迫る豊富なコラム、「豊かさ」を真っ向から問い直す「面白い」経済学入門！　時代遅れの成長至上主義を喝破する痛快な一冊。

二四〇〇円＋税

表示は二〇一九年九月現在の価格です。